Rechtsberatung in den Medien im Spannungsfeld von Rechtsberatungsgesetz und grundrechtlicher Freiheit aus Art. 5 I GG

Europäische Hochschulschriften

Publications Universitaires Européennes
European University Studies

Reihe II
Rechtswissenschaft

Série II Series II
Droit
Law

Bd./Vol. 3619

PETER LANG
Frankfurt am Main · Berlin · Bern · Bruxelles · New York · Oxford · Wien

Xenia Bremer

Rechtsberatung in den Medien im Spannungsfeld von Rechtsberatungsgesetz und grundrechtlicher Freiheit aus Art. 5 I GG

PETER LANG
Europäischer Verlag der Wissenschaften

Bibliografische Information Der Deutschen Bibliothek
Die Deutsche Bibliothek verzeichnet diese Publikation in der Deutschen Nationalbibliografie; detaillierte bibliografische Daten sind im Internet über <http://dnb.ddb.de> abrufbar.

Zugl.: Köln, Univ., Diss., 2002

D 38
ISSN 0531-7312
ISBN 3-631-50661-9

www.peterlang.de

Meinen Eltern

Vorwort

Diese Arbeit wurde von der Rechtswissenschaftlichen Fakultät der Universität zu Köln im Sommersemester 2002 als Dissertation angenommen. Rechtsprechung und Literatur konnten bis einschließlich Januar 2002 berücksichtigt werden. Soweit die Rechtsprechung des BGH vom Dezember 2001 zu der hier behandelten Thematik inzwischen im Volltext veröffentlicht worden ist, wurden auch diese Fundstellen zu den bereits aufgenommenen angegeben.

Ich bedanke mich bei meinem Doktorvater Herrn Prof. Dr. Otto Depenheuer für die Annahme des Themas und bei ihm sowie Frau Prof. Dr. Barbara Grunewald für die zügige Begutachtung der Arbeit. Bedanken möchte ich mich ferner besonders bei allen, die mich sowohl während der Arbeit an dieser Dissertation als auch während meiner gesamten Ausbildung gefördert, unterstützt und begleitet haben. Hier gilt mein Dank besonders Herrn Prof. Dr. Joachim Lang, meinen Freunden und meiner Familie. Meinen Eltern, die meine Ausbildung jederzeit unterstützt und gefördert haben, widme ich diese Arbeit.

Köln, im Dezember 2002 Xenia Bremer

Inhaltsverzeichnis

Einleitung

Das Interesse des Fernsehpublikums und der Zeitungsleser an rechtlichen Informationen ist hoch[1]. In der Presse werden verschiedene Rubriken zu Rechtsfragen veröffentlicht; über die Fernsehkanäle läuft eine Vielzahl von Sendungen, die juristischen Inhalts sind oder Bezüge zu rechtlichen Themen aufweisen[2]. Zu diesen Sendungen zählen Kriminal- und Gerichtsfilme, Magazine und Ratgebersendungen, Nachrichten und Dokumentationen, Fahndungssendungen und Unterhaltungsshows. Während die Kriminal- und Gerichtsfilme meist auf vergangenen oder fiktiven Ereignissen beruhen, weisen andere Sendeformen häufig deutliche Bezüge zu tatsächlichen aktuellen Ereignissen auf. So greifen Nachrichten und Dokumentationen, Magazine, Ratgeber- und Fahndungssendungen einzelne aktuelle Ereignisse auf und berichten darüber, teils nachdem diese abgeschlossen sind, teils während die Geschehnisse noch laufen. So wurden in einer Gerichtsshow[3] die Ereignisse vor die Kamera geholt und „live" ein Schiedsgerichtsverfahren durchgeführt; in einer Variante der Verhandlungssendung wurden Gerichtsverhandlungen nachgespielt[4] und in einem Sendeformat dürfen die Zuschauer abstimmen, wie sie einen Rechtsfall entscheiden würden[5].

Im Gegensatz zu den beiden letztgenannten Sendeformaten, in denen es um Vergangenes geht, werden in anderen Sendungen die Zuschauer aufgefordert, ihre eigenen (rechtlichen) Probleme vorzutragen. Diese werden dann in verschiedener Form zum Gegenstand einer Sendung gemacht: Es werden „Experten" in die Studios geholt, die in Telefonaktionen juristische Fragen der Zuschauer beantworten. Oder es wird ein Kamerateam zu den jeweiligen bzw. vermeintlichen Anspruchsgegnern geschickt, das sich nach der Sachlage erkundigt, die Angelegenheit überspitzt, ins Komische zieht und anschließend unter Nennung der vollen (Firmen-)Namen der Beteiligten über die Angelegenheit berichtet.

Nicht selten geraten solche Sendungen in Kollision mit dem Rechtsberatungsgesetz, das in Deutschland ein Berufsmonopol für Rechtsanwälte schafft und die geschäftsmäßige Rechtsberatung und Rechtsbesorgung für andere unter

1 Dazu: Interview R. Römermann mit Klaus Töpper, AnwBl 2001, S. 10 ff.
2 Lauterbach, Anwalt 6/2001, 6 ff.
3 „Richterin Barbara Salesch", Sat 1.
4 „Streit um drei", ZDF; „Richterin Barbara Salesch", Sat 1, in abgewandelter Form.
5 „Wie würden sie entscheiden", ZDF.

einen Erlaubnisvorbehalt stellt. Fernsehsender finden sich ebenso wie Zeitungsverleger in Abmahn- und Gerichtsverfahren wieder, in denen die Rechtmäßigkeit ihrer Sende- und Publikationsformen an den Normen des Rechtsberatungsgesetzes gemessen werden.

Die Gerichte beschäftigt hier die Frage, ob und inwieweit die Behandlung konkreter Rechtsfragen einer bestimmten Person in Programmbeiträgen von Rundfunkveranstaltern gegen das Rechtsberatungsgesetz verstößt[6]. Das in Art. 1 § 1 RBerG normierte Präventivverbot[7] gestattet die geschäftsmäßige Rechtsbesorgung und Rechtsberatung nur Inhabern einer Erlaubnis. Rundfunkveranstalter, Medienunternehmer, Redaktionsmitarbeiter, Redakteure und Journalisten können in diesen Funktionen die Erlaubnis jedoch nicht erhalten[8]. Verurteilungen sind zum einen mit Unterlassungsgeboten und damit mit der Abänderung der Sendeform oder der Abschaffung eines Formats verbunden, zum anderen können sie als Ordnungswidrigkeit nach Art. 1 § 8 RBerG mit einer Geldbuße bis zu 10.000 DM geahndet werden[9].

Bekannt geworden sind hier vor allem das Verbot der RTL-Show „Mahnman" sowie das der Sendung „Jetzt reicht's! – Wir kämpfen für ihr gutes Recht", Sendungen, in denen vermeintliche Erfüllungsansprüche von Zuschauern verfolgt und Vermittlungsversuche zwischen Streitenden unternommen wurden. Die Verurteilungen in diesen Fällen haben in der Fachliteratur vielfältige Kritik ausgelöst[10], deren Gegenstand es immer wieder war, ob die Normen des Rechtsberatungsgesetzes auf die Fälle von Publikationen[11] in Massenmedien überhaupt

6 Vgl. Bethge, AfP 1999, 309.

7 Zum Begriff des Präventivverbotes mit Erlaubnisvorbehalt: Maurer, Allgemeines Verwaltungsrecht, § 9 Rz. 51 ff. Zur Einordnung des Art. 1 § 1 S. 1 RBerG: Rennen/Caliebe Art. 1 § 1 Rz. 8; Henssler/Prütting-Weth Einl. RBerG Rz. 27; Erbs/Kohlhaas-Senge Art. 1 § 1 Rz. 1; LG Essen, AnwBl 1965, 153.

8 Wenzel, AfP 1995, 646; Bethge, AfP 1999, 309.

9 Bei Beantragung einer einstweiligen Verfügung, die jeweilige Tätigkeit zu unterlassen, droht ferner die Verhängung eines Ordnungsgeldes in Höhe von bis zu DM 500.000, § 890 I S. 2 ZPO.

10 Bethge, AfP 1999, 309 ff.; Busse, NJW 1999, 1084 ff.; Flechsig, ZUM 1999, 273 ff.; Ricker, NJW 1999, 449 ff.; Römermann, Anwalt 6/2001, 13, 14 f.; Wenzel; AfP 1995, 646 ff.; Töpper, DRiZ 1999, 172, 173; Bethge/v.Coelln, Rechtsberatung, S. 39 ff. S. auch Antwort der Bundesregierung auf die Große Anfrage der Abgeordneten Rainer Funke u.a., BT-Drucks. 14/3959 vom 28.07.2000, S. 14 ff.

11 Die Begriffe „Publikation" und „publizieren" werden über den engeren Sinn der Druckveröffentlichung hinaus im folgenden im Sinne von „Veröffentlichung" bzw. „veröffentlichen, öffentlich machen", d. h. auch für Veröffentlichungen durch Rundfunkausstrahlung gebraucht; vgl. Duden, Das Fremdwörterbuch, S. 648. Stichworte: Publikation, publizieren, Publizistik.

passen und ob den Erfordernissen der verfassungsrechtlichen Kommunikationsfreiheiten aus Art. 5 I GG bei ihrer Auslegung Genüge getan worden sei[12].

Die vorliegende Untersuchung nimmt diese Problematik auf und geht der Frage nach, wann und in welchem Umfang die Behandlung eines juristischen Themas in Presse und Fernsehen gemessen an Art. 1 § 1 RBerG und Art. 5 I GG erlaubt und wann sie nach dem Rechtsberatungsgesetz verboten ist.

Im ersten einfachrechtlichen Teil wird zunächst geklärt, was die Rechtsprechung unter Rechtsbesorgung und Rechtsberatung nach dem Rechtsberatungsgesetz versteht und in welchen Fällen sie in den Medien unerlaubte Tätigkeiten erkannt hat. Dabei soll die Rechtsprechung zu Rechtsberatungen in Presse, Fernsehen und den sogenannten Telefonhotlines herangezogen werden.

Im zweiten Teil wird untersucht, ob die Auslegungen des Präventivverbotes des RBerG durch die Gerichte den Erfordernissen des Art. 5 I GG entsprechen. Nachdem die Schutzbereiche der Medienfreiheiten und Möglichkeiten der Eingriffslegitimation dargestellt wurden, wendet sich die Untersuchung den Verboten einzelner medialer Tätigkeitsformen zu. Dabei werden die einzelnen Verbotsauslegungen bezüglich medialer Recherchetätigkeiten, der Ausübung öffentlichen Drucks, von gezielten Vermittlungstätigkeiten durch redaktionelle Mitarbeiter oder Rechtsanwälte sowie mündlicher und schriftlicher Beratungen auf ihre Verhältnismäßigkeit gemessen an Art. 5 I GG untersucht.

Schließlich wird in einem Gesamtergebnis in Grundzügen zusammengefaßt, welche der medialen Tätigkeiten im Umfeld von Rechtsberatung und Rechtsbesorgung rechtmäßig sind.

---

12 Dem Bundesverfassungsgericht liegen bereits drei Verfassungsbeschwerden (Az. 1 BvR 1807/98; 1 BvR 313/99 u. 1 BvR 517/99) zu dieser Frage vor.

1.Teil
Rechtsberatung in den Medien nach der Rechtsprechung

I. Geschichte und Geltungsbereich des Rechtsberatungsgesetzes

Am 13.12.1935 wurde auf der Grundlage des Ermächtigungsgesetzes[13] das „Gesetz zur Verhütung von Mißbräuchen auf dem Gebiete der Rechtsberatung“[14] erlassen. Nach diesem Gesetz wurde die geschäftsmäßige Rechtsbesorgung aus dem Anwendungsbereich der Gewerbefreiheit herausgenommen[15] und erlaubnispflichtig gemacht; die bis dahin freie Rechtsbesorgung wurde verboten. Zur Begründung wurde darauf verwiesen, daß der Staat die „Volksgenossen“ vor „schweren Gefahren“ schützen müsse, die durch die „Inanspruchnahme nicht sachkundiger oder unzuverlässiger Personen erwachsen“ könnten, sowie darauf, daß dem Berufsstand der Rechtsanwälte ein Arbeitsfeld gesichert werden müsse[16]. Gleichzeitig wurden in § 5 der 1. Ausführungsverordnung zum RBerG vom 13.12.1935[17] die ehemaligen jüdischen Rechtsanwälte, die als Rechtsbeistände tätig waren[18], von der Zulassung ausgeschlossen. Die Erlaubnis zur Rechtsbesorgung durfte Juden nicht erteilt werden. Seit 1933 waren jüdische Beamte, Richter, Steuerberater und Rechtsanwälte zunehmend entlassen oder von der Anwaltsliste gestrichen worden[19]. Soweit jüdische Steuerberater und Rechtsanwälte, denen die Zulassung entzogen worden war, versucht hatten, als Rechtskonsulenten tätig zu werden, wurde ihnen dies durch § 5 AVO zum RBerG vom 13.12.1935 unmöglich gemacht[20].

Nach dem Ende des Dritten Reiches wurde das Ermächtigungsgesetz durch Art. 1 Ziff. 1 a Kontrollratsgesetz Ziff 1[21] aufgehoben; diese Aufhebung beein-

13 Gesetz zur Behebung der Not von Volk und Reich vom 24.03.1933, RGBl I 1933, S. 141.

14 RGBl I 1935, S. 1478.

15 Hermanns, Rechtsberatung, S. 32.

16 Jonas, Rechtsberatungsmißbrauchsgesetz, Vorbem., S. 4.

17 RGBl I 1935, S. 1481.

18 Dazu im einzelnen: v.Schweinitz, Rechtsberatung, S. 54.

19 Dazu im einzelnen: v.Schweinitz, Rechtsberatung, S. 54 f.

20 Eine wortgleiche Regelung zu § 5 AVO RBerG “Juden wird die Erlaubnis nicht erteilt” fand sich in § 6 I der Verordnung zur Durchführung des § 107 a der Reichsabgabenordnung vom 11.1.1936, RGBl I 1936, S. 9, 10.

21 Kontrollratsgesetz vom 20.09.1945, Amtsblatt der Militärregierung Deutschlands, Britisches Kontrollgebiet, S. 35.

trächtigte aber nicht den Fortbestand der auf dem Ermächtigungsgesetz beruhenden Gesetze[22]. Das Rechtsberatungsmißbrauchsgesetz blieb daher mit Ausnahme der Vorschriften, die Juden diskriminierten oder Angehörige nationalsozialistischer Organisationen mit besonderen Befugnissen ausstatteten, in Kraft[23]. 1958 wurde das Gesetz entsprechend dem Gesetz über die Sammlung des Bundesrechts vom 10. Juli 1958[24], dem sogenannten Rechtsbereinigungsgesetz, unter der Bezeichnung „Rechtsberatungsgesetz" in die Sammlung des Bundesrechts aufgenommen. Das Bundesverfassungsgericht hat die Fortgeltung des Rechtsberatungsgesetzes nicht in Zweifel gezogen[25]. Der Geltungsbereich des Rechtsberatungsgesetzes umfaßt heute das gesamte Bundesgebiet, seit dem 03.10.1990 auch Berlin und die neuen Bundesländer; lediglich in Bremen gilt es mit einigen Modifizierungen[26].

Nach wie vor unterstellt es in Art. 1 § 1 die geschäftsmäßige Besorgung fremder Rechtsangelegenheiten und die Rechtsberatung einer Erlaubnispflicht.

II. Grundbegriffe des Rechtsberatungsgesetzes

Das Rechtsberatungsgesetz selbst definiert die Begriffe Rechtsbesorgung und Rechtsberatung nicht; ebensowenig bestimmt es eindeutig das Verhältnis beider Tätigkeitsformen zueinander. Die Bezeichnung des Gesetzes selbst deutet darauf hin, daß Rechtsberatung die allgemeine Bezeichnung für die vom Rechtsberatungsgesetz geregelten Tätigkeiten sei, Art. 1 § 1 RBerG aber spricht von der „Besorgung fremder Rechtsangelegenheiten, einschließlich der Rechtsberatung", ordnet also den Begriff der Rechtsberatung als speziellen Fall der Rechtsbesorgung unter[27]. Der Inhalt der Begriffe sowie ihr Verhältnis zueinander muß im folgenden geklärt werden, um anschließend die verschiedenen Begriffsauslegungen durch die Rechtsprechung hinsichtlich medialer Tätigkeiten verdeutlichen zu können.

---

22 Dazu: BGH NJW 1952, 1139; OLG Neustadt, AnwBl 1956, 92, 93; v.Schweinitz, Rechtsberatung, S. 60 ff. m.w.N.

23 Dazu v.Schweinitz, Rechtsberatung, S. 60 ff. m.w.N.

24 BGBl I 1958, S. 437.

25 BVerfGE 97, 12, 26 f.; 75, 246 ff.; 75, 284 ff.; 41, 378 ff.

26 Dazu: Caliebe in: Seitz (Hg.), Inkassohandbuch, Rz. 1022 f.; König, Rechtsberatungsgesetz, S. 20; Hermanns, Rechtsberatung, S. 44 ff.

27 A.A. Dumoulin, NJW 1966, 810, 811.

1. Besorgung fremder Rechtsangelegenheiten

Der Begriff des „Besorgens" findet sich auch im Auftragsrecht des BGB[28], § 662 BGB spricht von dem unentgeltlichen Besorgen eines Geschäftes. Ein Geschäft für einen Auftraggeber zu besorgen, bedeutet hier eine Tätigkeit in fremden Interesse, ein bloßes Unterlassen, Gewährenlassen, Dulden oder Geben soll nicht genügen[29]. Darunter gefaßt werden Tätigkeiten rechtsgeschäftlicher, rechtsgeschäftsähnlicher oder faktischer, wirtschaftlicher oder ideeller Art. Dabei kann auch die Erteilung von Rat oder einer Empfehlung Gegenstand der Besorgung sein, wenn sie rechtlich verbindlich vereinbart ist[30].

Eine – erlaubnispflichtige – Besorgung fremder Rechtsangelegenheiten im Sinne des Art. 1 § 1 RBerG liegt dann vor, wenn die betreffende geschäftsmäßige Tätigkeit darauf gerichtet und geeignet ist, konkrete fremde Rechtsangelegenheiten zu verwirklichen oder konkrete fremde Rechtsverhältnisse zu gestalten[31]. Verwendet wird auch die kürzere Definition, unter Rechtsbesorgung sei jede Tätigkeit zu verstehen, die auf die unmittelbare Förderung konkreter fremder Rechtsangelegenheiten gerichtet ist[32]. „Besorgen" soll darüber hinaus aber jede Tätigkeit bedeuten, die entweder auf die Durchsetzung, Sicherung und Klarstellung von Rechten oder auf die Schaffung oder Änderung von Rechtsverhältnissen einer anderen Person abzielt[33]. Die Angelegenheit muß also nicht abschließend erledigt werden[34] in dem Sinne, daß sie zu einem Ergebnis geführt wird. Vielmehr soll es für die Annahme einer Rechtsbesorgung bereits genügen, daß die fremde Angelegenheit durch die Tätigkeit unmittelbar gefördert wird[35].

---

28 Dazu: Dumoulin, NJW 1966, 810, 811; Hermanns, Rechtsberatung, S. 99.

29 Palandt-Sprau, § 662 Rz. 6; Münchener Kommentar-Seiler § 662 Rz. 20.

30 Münchener Kommentar-Seiler § 662 Rz. 16; Herrmanns, Rechtsberatung, S. 99 m.w.N.

31 BGH NJW 2000, 2108; NJW1998, 3563, 3564; NJW 1995, 3122; NJW 1989, 2125; BGHZ 48, 12, 19 f.; 38, 71, 75.

32 BGH NJW 1995, 3122; 1989, 2125 = NJW-RR 1989, 1126 = GRUR 1989, 437, 438; BGH NJW 1987, 3003, 3004; MDR 1970, 656; OLG Düsseldorf, AnwBl 1987, 199; WRP 1991, 558; OLG Frankfurt WRP 1983, 211 212; OLG Karlsruhe, AnwBl 1985, 323; AnwBl 1979, 487; OLG Köln WRP 1995, 864; Henssler/Prütting-Weth Art. 1 § 1 Rz. 13; Rennen/Caliebe Art. 1 § 1 Rz. 24; Erbs/Kohlhaas-Senge Art. 1 § 1 Rz. 13; Altenhoff/Busch/Chemnitz Art. 1 § 1 Rz. 62.

33 Schorn, Rechtsberatung (2. Aufl.), S. 105 f.; KG DJ 1936, 384. Diese Definition wird teilweise fälschlich als Definition der Rechtsbesorgung dem BGH in NJW 1956, 591, zugeschrieben – so bspw. König, Rechtsberatungsgesetz, S. 28.

34 Caliebe in: Seitz (Hg.), Inkasso-Handbuch, S. 497 Rz. 1039.

35 OLG Düsseldorf, AnwBl 1987, 199; WRP 1991, 558; Caliebe in: Seitz (Hg.), Inkasso-Handbuch, S. 497 Rz. 1039; Rennen/Caliebe Art. 1 § 1 Rz. 34; Henssler/Prütting-Weth Art. 1 § 1 Rz. 13; BayObLG AnwBl 1964, 143, 144.

Eine unmittelbare Förderung soll zum Beispiel darin liegen, daß der Besorgende in eigener Entscheidungsverantwortung tatsächliches Material und Auskünfte für einen Auftraggeber sammelt[36] oder daß nach rechtlicher Vorprüfung dem Rechtsuchenden der Rat erteilt wird, sich an einen Rechtsanwalt zu wenden oder bei einer Behörde zu erkundigen[37]. Darauf, ob es sich um rechtliche Tätigkeiten schwieriger oder einfacher Art handelt, soll es für die Anwendung des Art. 1 § 1 RBerG ebenfalls nicht ankommen[38]. Erforderlich soll aber sein, daß der Besorgende unmittelbar auf rechtlichem Gebiet tätig wird[39].

a. Rechtsangelegenheiten

Unter Rechtsangelegenheiten werden demgemäß Angelegenheiten verstanden, die irgendeinem Rechtsgebiet angehören und so rechtliche Interessen einer Person berühren und für die Beteiligten unmittelbar rechtliche Wirkungen auslösen. Diese Wirkungen sind entweder auf Rechtsverwirklichung, d.h. Durchsetzung, Sicherung und Klarstellung von Rechten, oder auf Rechtsgestaltung, d. h. Schaffung neuer oder Veränderung bestehender Rechtsverhältnisse gerichtet[40]. Dabei wird als unerheblich angesehen, ob sich die Angelegenheit auch auf rein kaufmännische oder geschäftsmäßige Weise erledigen ließe[41].

b. Abgrenzung zu Wirtschaftsangelegenheiten

Abzugrenzen sind die Rechtsangelegenheiten von Wirtschaftsangelegenheiten, die nicht dem Rechtsberatungsgesetz unterfallen[42]. Die Abgrenzung ist schwierig, da die Besorgung von Geschäften wirtschaftlicher Art meist auch eine rechtliche Seite aufweist. Dies verdeutlicht bereits der Abschluß und die Erfüllung eines einfachen Kaufvertrages. Er ist auf die Verschaffung der Kaufsache ge-

---

36 Henssler/Prütting-Weth Art. 1 § 1 Rz. 13.

37 BGH NJW 1956, 591; LG Hamburg, MDR 1979, 234; Henssler/Prütting-Weth Art. 1 § 1 Rz. 14; Erbs/Kohlhaas-Senge Art. 1 § 1 Rz. 13.

38 BGH NJW 2000, 2108; 1995, 3122, 3123; 1987, 3003, 3004; NJW 1987, 3005.

39 BVerfG NJW 1998, 3481, 3482; BGH NJW 1998, 3563, 3564; Rennen/Caliebe Art. 1 § 1 Rz. 34; Henssler/Prütting-Weth Art. 1 § 1 Rz. 13; Caliebe in: Seitz (Hg.), Inkasso-Handbuch S. 497 Rz. 1039; Schorn, Rechtsberatung (2. Aufl.), S. 106.

40 BGH NJW 1967, 1558, 1561; NJW 1956, 591, 592; KG DJ 1939, 1668; BayObLG AnwBl 1964, 143; Dumoulin, NJW 1966, 810, 811; Erbe/Kohlhaas-Senge R 55 § 1 Rz. 3; Henssler/Prütting-Weth Art. 1 § 1 Rz. 3; Schorn, Rechtsberatung (2. Aufl.), S. 92.

41 BGHZ 48, 12 = NJW 1967, 1558; BGH NJW 1978, 322; MDR 1970, 656; Erbs/Kohlhaas-Weth R 55 § 1 Rz. 3.

42 BGH NJW 1967, 1558, 1561.

richtet. Dies beinhaltet einen wirtschaftlichen Vorteil, ist aber untrennbar mit der Verschaffung der entsprechenden Rechte wie Erfüllungsansprüchen, Gewährleistungsrechten und schließlich des Eigentums verbunden. So ist auch umstritten und nicht eindeutig geklärt, nach welchen Kriterien die Unterscheidung zwischen Rechtsangelegenheit und Wirtschaftsangelegenheit vorzunehmen ist. Es wurde hier in der älteren Rechtsprechung und Literatur die Ansicht vertreten, eine Rechtsbesorgung liege nur dann vor, wenn die Geschäftsbesorgungstätigkeit „unmittelbar die Rechtssphäre betreffe“[43]. Heute wird weitgehend auf die Frage abgestellt, was den Hauptteil der Tätigkeit ausmacht. Die Formulierungen, die dafür gefunden werden, sind vielfältig. So wird zum einen vorgeschlagen, darauf abzustellen, ob der „Kern und Schwerpunkt“ der Tätigkeit auf rechtlichem oder wirtschaftlichem Gebiet liegt[44] bzw. ob die rechtliche Erörterung „im Vordergrund“ der Tätigkeit steht[45]. Zum anderen wird vorgeschlagen, in jedem Einzelfall zu prüfen, welches Ziel der Handelnde verfolgt, ob er in erster Linie die rechtliche oder die wirtschaftliche Gestaltung anstrebt[46]. Und schließlich sind Fallgruppen entwickelt worden, anhand derer die Zuordnung zu den wirtschaftlichen oder den rechtlichen Angelegenheiten erfolgen soll[47]. Klare Abgrenzungskriterien, die eine eindeutige Unterscheidung zwischen einer Rechtsangelegenheit im Sinne des Rechtsberatungsgesetzes und einer reinen wirtschaftlichen Angelegenheit ermöglichen, bestehen also nicht, so daß jeweils im Einzelfall geprüft werden muß, ob die wirtschaftliche oder die juristische Betätigung Kern und Schwerpunkt der Handlung ist.

43 Jonas, Rechtsberatungsmißbrauchsgesetz, Art. 1 § 1 Anm. 2 a, S. 12 f.; OLG Celle DJ 1938, 604; KG DJ 1938, 384; KG DJ 1939, 57.

44 BGH WRP 1998, 976, 977; NJW 1995, 3122 = MDR 1995, 851; nun auch BGH ZUM 2002, 639, 640 und 642, 646; NJW 2002, 2877, 2878; 2879, 2880 und 2880, 2882.

45 BGH WRP 1998, 976, 977; NJW 1995, 3122 mit weiteren Literaturangaben; BGH NJW-RR 1987, 875; NJW 1956, 591, 592; neuerdings auch: BGH ZUM 2002, 69, 640; weiterhin: OLG Düsseldorf (2. Zivilsenat), AfP 1992, 153, 154; Ebenso weitere Literaturangaben bei OLG Düsseldorfdorf v. 8.12.1998, Az.: 20 U 54/98, Urteilsumdruck S. 8 (nicht veröffentlicht); OLG Dresden, AfP 1996, 180; Rennen/Caliebe Art. 1 § 1 Rz. 19.

46 OLG Düsseldorf, WRP 1991, 588; OLG Schleswig AnwBl 1987, 343; LG Hannover NJW 1987, 3013; Rennen/Caliebe Art. 1 § 1 Rz. 19; Schorn, Rechtsberatung (2. Aufl.), S. 100 ff.

47 Altenhoff/Busch/Chemnitz-Kampmann 1993, Rz. 71-74.

c. Fremdheit der Rechtsangelegenheiten

Dem Erlaubniszwang unterworfen ist nur die Besorgung fremder Rechtsangelegenheiten, die Erledigung eigener Rechtsangelegenheiten ist erlaubnisfrei. Das Gesetz bestimmt den Begriff der Fremdheit in diesem Zusammenhang nicht näher, nach dem regelmäßigen Verständnis von Rechtsprechung und Literatur sollen „fremd" Angelegenheiten sein, die nicht die eigene Rechtsposition des Besorgenden betreffen[48]. Die Besorgung einer fremden Angelegenheit wird immer angenommen, wenn jemand nach außen erkennbar als Beauftragter oder Beistand für einen anderen auftritt[49], ansonsten soll die Frage der Fremdheit vom wirtschaftlichen Standpunkt aus zu beurteilen sein. Maßgeblich ist, in wessen wirtschaftlichem Interesse die Besorgung der Rechtsangelegenheit liegt[50]. Auch eine Tätigkeit in eigenem Namen für fremde Rechnung wie im Rahmen eines Treuhandverhältnisses wird daher als Erledigung einer fremden Angelegenheit angesehen[51], die Weisungsgebundenheit des Besorgenden gegenüber dem Auftraggeber soll keinerlei Rolle spielen, da es nur auf die wirtschaftliche Interessenlage ankomme.

d. Konkretheit der Rechtsangelegenheiten

Konkret sind Rechtsangelegenheiten, wenn sich die Tätigkeit auf eine wirkliche und sachverhaltsbezogene, nicht lediglich fingierte Rechtssache einer bestimmten anderen, ratsuchenden Person bezieht[52]. Dies bedeutet, daß allgemeine Erläuterungen über rechtliche Angelegenheiten oder Problematiken nicht der Gruppe der nach Art. 1 § 1 RBerG relevanten Rechtsbesorgungen angehören. Eine juristische Vortragstätigkeit oder eine schriftstellerische Tätigkeit auf juri-

---

48 BayObLG NStZ1985, 33; NStZ 1985, 224, 225; OLG Schleswig AnwBl 1987, 343; Erbs/Kohlhaas-Senge Art. 1 § 1 Rz. 8; Henssler/Prütting-Weth Art. 1 § 1 Rz. 7.

49 Rennen/Caliebe Art. 1 § 1 Rz. 28; Altenhoff/Busch/Chemnitz Art. 1 § 1 Rz. 45; BayObLG NStZ 1985, 224; Jonas, Rechtsberatungsmißbrauchsgesetz, Art. 1 § 1 Anm. 2 c α, S. 14.

50 BGHZ 61, 317, 320; BayObLG NStZ 1985, 33; NStZ 1985, 224, 225; OLG Hamburg, AnwBl 1967, 122, 123; OLG Schleswig AnwBl 1989, 245; OLG Stuttgart, NJW 1966, 665, 666; OLG Karlsruhe AnwBl 1985; 323, 324; Henssler/Prütting-Weth Art. 1 § 1 Rz. 7 m.w.N.

51 BGHZ 48, 12, 17, 18.

52 Henssler/Prütting-Weth Art. 1 § 1 Rz. 5 mit Nachweisen zur Rechtsprechung. BGH NJW 1956, 591 = AnwBl 1956, 69; OLG Düsseldorf AnwBl 1987, 199; OLG Hamm NJW 1954, 516, 518 m. Anm. Brangsch; OLG Oldenburg OLGSt zu § 1 RBerG, S. 3; Rennen/Caliebe Rz. 21; Erbs/Kohlhaas/Senge Rz. 5.

stischem Gebiet ist demnach erlaubnisfrei[53]. Erst die auf einen tatsächlich existierenden Einzelfall gerichtete Tätigkeit genügt der Konkretheit der Angelegenheit.

e. Geschäftsmäßigkeit

Die Erlaubnispflicht betrifft nur die geschäftsmäßige Rechtsbesorgung. Geschäftsmäßig ist nach herrschender Auffassung eine selbständige, mit Wiederholungsabsicht erfolgende Tätigkeit, die nicht nur aus besonderen Gründen als Gefälligkeit ausgeübt wird[54]. Die Feststellung der Geschäftsmäßigkeit hängt also wesentlich von der inneren Einstellung des Tätigen ab, sie ist eine Frage des inneren Tatbestandes[55], der auch dann gegeben sein kann, wenn äußerlich nur eine einzige rechtsbesorgende Tätigkeit erfolgt ist[56]. Als nicht mehr erforderlich im Gegensatz zu § 35 RGO wird die Gewerbsmäßigkeit der Tätigkeit und die damit verbundene Gewinnerzielungsabsicht angesehen[57]; vielmehr erfüllt bereits die unentgeltliche Rechtsbesorgung das Merkmal der Geschäftsmäßigkeit, wenn sie nur mit der Absicht erfolgt, planmäßig in gleicher Weise wiederholt und zum

---

53 Altenhoff/Busch/Chemnitz Art. 1 § 2 Rz. 343.

54 BVerwG NJW 1988, 220; OVG Koblenz NJW 1988, 2555, 2556; OLG Koblenz NJW-RR 1987, 490; OLG Hamm NStZ 1982, 438; OLG Hamm, AnwBl 1965, 350, 352; OLG Karlsruhe AnwBl 1979, 487, 488; OLG Köln MDR 1961, 437; OLG Köln NJW 1973, 437 f.; Schorn, Rechtsberatung (2. Aufl.), S. 108; Rennen/Caliebe Art. 1 § 1 Rz. 56; Altenhoff/Busch/Chemnitz Art. 1 § 1 Rz. 102 ff.; Erbs/Kohlhaas-Senge Art. 1 § 1 Rz. 21, 22; Henssler/Prütting-Weth Art. 1 § 1 Rz. 26; Herrmanns, Rechtsberatung, S. 105 ff.; König, Rechtsberatungsgesetz, S. 62 mit anderer Auffassung zur Wiederholungsabsicht S. 85 ff.: König vertritt die These, daß der Begriff der Geschäftsmäßigkeit in Art. 1 § 1 RBerG objektiv zu verstehen sei, da er der Zivilprozeßordnung und nicht dem Strafgesetzbuch entnommen worden sei, allein der strafrechtliche Begriff der Geschäftsmäßigkeit aber subjektiv zu verstehen sei. Der dem Zivilprozeßrecht entnommene Begriff läuft laut König auf den Begriff der Entgeltlichkeit oder Honorierbarkeit hinaus (S. 88).

55 Schorn, Rechtsberatung (2. Aufl.), S. 108.

56 OLG Karlsruhe, AnwBl 1989, 244.

57 Schorn, Rechtsberatung (2. Aufl.), S. 108 m.w.N; BGH AnwBl 1964, 52, 53; OLG Koblenz AnwBl 1984, 446; NJW-RR 1987, 490; OLG Hamm AnwBl 1965, 350, 352; Altenhoff/Busch/Chemnitz Art. 1 § 1 Rz. 119; Erbs/Kohlhaas-Senge Art. 1 § 1 Rz. 22; Henssler/Prütting-Weth Art. 1 § 1 Rz. 29; Rennen/Caliebe Art. 1 § 1 Rz. 56; allerdings wird teilweise schon die Geltendmachung eines Honoraranspruches für eine einmalige Tätigkeit in fremden Rechtsangelegenheiten als ausreichend für die Annahme der Geschäftsmäßigkeit angesehen, vgl. OLG Hamburg, AnwBl 1973, 311, 312; Kritisch dazu: Vogl: Rechtsberatung durch nicht zugelassene Personen, in: Rpfleger 1998, 138, 144.

Bestandteil der Beschäftigung gemacht zu werden[58]. Wie sich dem Wortlaut von Art. 1 § 1 RBerG entnehmen läßt, ist es für die Beurteilung der Geschäftsmäßigkeit auch unerheblich, ob die Tätigkeit haupt- oder nebenberuflich ausgeübt wird[59]. Damit handelt geschäftsmäßig, wer im Rahmen seines Gewerbes oder seiner freiberuflichen Tätigkeit rechtsbesorgend tätig wird oder Rechtsrat erteilt. Denn bei Leistungen, die im Zusammenhang mit dem Beruf erbracht werden, kann davon ausgegangen werden, daß sie auf Wiederholung angelegt sind[60]. Allerdings soll auch in Fällen, in denen Rechtsberatung wiederholt aus Liebhaberei oder anderen Gründen wie Nächstenliebe oder sozialem Engagement, d.h. weder haupt- noch nebenberuflich betrieben wird, die Geschäftsmäßigkeit gegeben sein. Denn nach dem Gesetzeszweck soll der Rechtssuchende vor schlechtem Rechtsrat geschützt werden und die Gewähr dafür geboten werden, daß der Rechtsverkehr reibungslos abgewickelt werden kann. Beiden Zwecken kann auch die regelmäßig aus Liebhaberei betriebene Rechtsberatung eines Rechtsunkundigen zuwiderlaufen[61]. Dennoch gehört zur Geschäftsmäßigkeit, daß die Tätigkeit über einen aus besonderen Gründen ausgeführten Gelegenheitsfall hinausgeht[62]. Schließlich können ein Arbeitnehmer oder ein weisungsgebundener Verbandsfunktionär nicht geschäftsmäßig handeln[63], weil die Selbstständigkeit der Tätigkeit die freie Entscheidungsmöglichkeit über die Annahme des Auftrags erfordert[64].

f. Fälle der Rechtsbesorgung

Die Rechtsbesorgung kann sowohl der Rechtsgestaltung als auch der Rechtsverwirklichung dienen[65]. Zu den rechtsgestaltenden Rechtsbesorgungen zählen z. B. der Abschluß eines Vertrages, die Änderung eines bestehenden Vertragsverhält-

58 BVerwG NJW 1988, 220; OLG Hamm, NStZ 1982, 438; AnwBl 1965, 350; OLG Karlsruhe, AnwBl 1979, 487; a.A. König, Rechtsberatungsgesetz, S. 85 ff., 105: König will das Merkmal der Geschäftsmäßigkeit durch das der Entgeltlichkeit ersetzen.

59 BVerfG NJW 1988, 220; OLG Karlsruhe AnwBl 1979, 487.

60 Dazu: Gross, AnwBl 1989, 155.

61 OLG Karlsruhe, AnwBl 1989, 244; OLG Stuttgart, NStZ 1989, 274; OLG Hamm, NStZ 1982, 438; Gross, AnwBl 1989, 155; Altenhoff/Busch/Chemnitz Art. 1 § 1 Rz. 112; Erbs/Kohlhaas-Senge Art. 1 § 1 Rz. 22; Rennen/Caliebe Art. 1 § 1 Rz. 69; a.A. Schorn, Rechtsberatung (2. Aufl.), S. 109.

62 Altenhoff/Busch/Chemnitz Art. 1 § 1 Rz. 104.

63 RGSt 72, 313; OLG Köln JMBlNRW 1967, 187; OVG Münster NJW 1060, 595; Erbs/Kohlhaas-Senge Art. 1 § 1 Rz. 22.

64 OLG Stuttgart NJW 1992, 3051 = Justiz 1992, 421.

65 BGH NJW 1956, 591; 1967, 1558, 1561; BGH GRUR 1989, 437, 438 = WRP 1989, 508; BGH NJW 1995, 3122; BGH WRP 1998, 976, 977.

nisses, der Antrag an das Grundbuchamt auf Eintragung einer Rechtsänderung, der Antrag an das Handelsregister auf Eintragung einer Firmenänderung oder die Tätigkeit in einem Vertragshilfe- oder Offenbarungssicherungsverfahren[66]. Rechtsverwirklichende Rechtsbesorgungen sind demgegenüber Zahlungsaufforderungen, Klagen, Anträge auf Erlaß einstweiliger Verfügungen, Anträge an die Registergerichte auf Berichtigung sowie auf Eintragung von Vormerkungen und Widersprüchen[67]. Ob die Tätigkeit sich auf deutsches oder ausländisches Recht bezieht, ist unerheblich[68].

Das reine Beschaffen von Gesetzestexten und Schrifttum wird jedoch nicht als Rechtsbesorgung angesehen[69]. Auch bei der bloßen Bekanntgabe eigenen Wissens über das Bestehen oder Nichtbestehen von Rechten soll mangels der „Sorge“ um die Angelegenheit eines Dritten ebenfalls keine Rechtsbesorgung vorliegen[70]. Diese soll erst dann gegeben sein, wenn der Wille des Auskunftgebenden hinzukommt, durch die Bekanntgabe des Wissens eine Rechtsangelegenheit des anderen konkret zu fördern[71]. Demgemäß ist auch die Erteilung von Auskünften über Vermögensverhältnisse oder persönliche Angelegenheiten anderer Art, wie sie durch Auskunfteien, Buchprüfer, Detektivbüros und andere Überwachungsunternehmen erfolgt, nicht als Tätigkeit auf rechtlichem Gebiet zu betrachten, solange der Auftraggeber selbst entscheidet, welche tatsächlichen Feststellungen er benötigt, und dem Dritten lediglich den Auftrag zu ihrer Beschaffung erteilt[72].

2. Rechtsberatung i.S.d. Art. 1 § 1 RBerG

Die Rechtsberatung ist nach der Auffassung des Bundesverfassungsgerichts grundsätzlich die umfassende und vollwertige Beratung der Rechtsuchenden[73].

---

66 Vgl. Altenhoff/Busch/Chemnitz Art. 1 § 1 Rz. 63.

67 Altenhoff/Busch/Chemnitz Art. 1 § 1 Rz. 64.

68 Henssler/Prütting-Weth Art. 1 § 1 Rz. 13; Erbs/Kohlhaas/Senge Rz. 12; OLG Frankfurt GRUR 1984, 882.

69 Henssler/Prütting-Weth Art. 1 § 1 Rz. 13; Rennen/Caliebe Art. 1 § 1 Rz. 36.

70 Caliebe in: Seitz (Hg.), Inkasso-Handbuch, S. 498 Rz. 1040; Rennen/Caliebe Art. 1 § 1 Rz. 36; Henssler/Prütting-Weth Art. 1 § 1 Rz. 13; Erbs/Kohlhaas-Senge Art. 1 § 1 Rz. 17; Altenhoff/Busch/Chemnitz Art. 1 § 1 Rz. 58.

71 BGH NJW 1953, 60, 61; OLG Köln, GRUR 1999, 93; Henssler/Prütting-Weth Art. 1 § 1 Rz. 13; Rennen/Caliebe Art. 1 § 1 Rz. 36.

72 Henssler/Prütting-Weth Art. 1 § 1 Rz, 13; Altenhoff/Busch/Chemnitz Art. 1 § 1 Rz. 43 f.; Rennen/Caliebe Rz. 43; Gehrlein, AnwBl 1999, 137, 138; BayObLG AnwBl 1964, 143, 144.

73 BVerfGE 97, 12, 28; 75, 246, 267 f.

Nach gängigem Verständnis umfaßt sie die Unterrichtung des Ratsuchenden über die Rechtslage eines Einzelfalles sowie die zu ergreifenden Maßnahmen und die Hilfeleistung bei der Sammlung von Unterlagen. Sie ist also eine Tätigkeit, die nur dem Ratsuchenden gegenüber entfaltet wird, ohne daß der Beratende nach außen hin einem Dritten oder einer Behörde gegenüber auftritt. Sie kann sowohl mündlich als auch schriftlich erfolgen[74]. Der Unterschied zur Rechtsbesorgung liegt darin, daß die Rechtsberatung nur im Innenverhältnis gegenüber dem Auftraggeber ausgeübt wird. Als einzelne Aspekte, die zum Begriff der Rechtsberatung nach diesem Verständnis gehören, hat das OLG Stuttgart die folgenden zusammengestellt[75]:

1. die Aufklärung über die Rechtslage in einem Rechtsfall des praktischen Lebens;
2. die Aufklärung über die Möglichkeiten, Folgerungen aus der Rechtslage zu ziehen;
3. der Rat an den Ratsuchenden, sich in einem bestimmten Sinn zu verhalten;
4. Hilfe bei der Befolgung dieses Rats, soweit der Beratende nicht nach außen hin auftritt;
5. das Sammeln von Unterlagen für die Durchführung und Durchsetzung von Ansprüchen.

Aus dieser Auflistung wie auch aus dem Verständnis der Rechtsberatung als Tätigkeit im Innenverhältnis zwischen Mandant und Anwalt ergibt sich, daß eine Rechtsbesorgung erst vorliegt, wenn die Rechtsberatung zur Folge hat, daß der Beratende auch nach außen für den Beratenen tätig wird. Tritt der Beratene selbst nach außen auf, bleibt es dabei, daß die Beratungstätigkeit als Rechtsberatung und nicht als Besorgung einzustufen ist. Daraus ergibt sich, daß, wer eine fremde Rechtsangelegenheit besorgt, fast immer vorher einen Rechtsrat erteilt haben wird[76], und damit, daß die Rechtsberatung im Verhältnis zur Rechtsbesorgung nach außen ein „Weniger“ ist.

3. Verhältnis von Rechtsbesorgung und Rechtsberatung

Für das Verhältnis beider Begriffe zueinander ist aus der Verschiedenheit eines Handelns nach innen und nach außen von einer älteren Auffassung gefolgert worden, Rechtsbesorgung und -beratung stünden als verschiedene Möglichkeiten

---

74 Altenhoff/Busch/Chemnitz Art. 1 § 1 Rz. 36; Rennen/Caliebe Art. 1 § 1 Rz. 40.
75 So wörtlich: OLG Stuttgart AnwBl 1975, 406, 407.
76 Schneider, MDR 1976, 1.

des Vorgehens gleichwertig nebeneinander[77]. Nach dieser Auffassung ist das Wort „einschließlich“ in der Formulierung des Art. 1 § 1 RBerG: „Die Besorgung fremder Rechtsangelegenheiten, einschließlich der Rechtsberatung...“ als ein „wie auch“ zu lesen[78]. Die herrschende Gegenauffassung folgert aus dem Wortlaut des Art. 1 § 1 RBerG, daß die Rechtsberatung ein spezieller Fall der Rechtsbesorgung sei[79]. Der Begriff der Rechtsberatung des Art. 1 § 1 RBerG sei nicht identisch mit dem, der dem Gesetz seinen Namen gegeben habe. Diese – gesetzesbenennende – Rechtsberatung meine jegliche Hilfeleistung auf rechtlichem Gebiet[80]. Dabei wird die Rechtsberatung im Sinne des Art. 1 § 1 RBerG als Rechtsberatung im engeren Sinne neben der Rechtsvertretung im Außenverhältnis dem Begriff der Rechtsbesorgung als Unterfall zugeordnet. Die Rechtsbesorgung als allgemeiner Oberbegriff ist demnach gleichbedeutend mit der Rechtsberatung im weiteren Sinne, die dem Gesetz seinen Namen gegeben hat[81]. Versteht man das Auftreten nach außen als Rechtsbesorgung im engeren Sinne, dann stehen die Begriffe tatsächlich – wie von der älteren Auffassung angenommen – gleichwertig nebeneinander und werden vereint in dem Oberbegriff der Rechtsberatung oder der Rechtsbesorgung im weiteren Sinne. Festzuhalten ist, daß nach der Rechtsprechung und der herrschenden Meinung die Rechtsberatung im Sinne des Art. 1 § 1 RBerG im Verhältnis zur Rechtsbesorgung ein spezieller Fall ist.

Beide Tätigkeitsformen werden von der Rechtsprechung auch in Vorgehensweisen verschiedener Medien oder in Vorgehensweisen über verschiedene Medien konstatiert.

III. Zur Genese der Rechtsprechung zur Rechtsbesorgung in den Medien

Kriminalität, Justiz und Recht sind quoten- und auflageträchtige Themen, weshalb sie vielfach Gegenstand von Presseartikeln und -aktionen sowie von Fernsehsendungen sind. Hinzu kommt eine große Zahl von verbraucherorientierten Publikationen in Form von Beratungen zu Themen wie Geld, Gesundheit oder

---

77 Schorn, Rechtsberatung (2. Aufl.), S. 105; Dumoulin, NJW 1966, 810, 811.

78 Schorn, Rechtsberatung (2. Aufl.), S. 105.

79 OLG Karlsruhe, Justiz 1992, 419; Erbs/Kohlhaas-Senge Art. 1 § 1 Rz. 15; Henssler/Prütting-Weth Art. 1 § 1 Rz. 16; Rennen/Caliebe Art. 1 § 1 Rz. 40; Lohmeier DÖV 1980, 331; v.Schweinitz, Rechtsberatung, S. 20, 21.

80 Rennen/Caliebe Art. 1 § 1 Rz. 42.

81 V.Schweinitz, Rechtsberatung, S. 21.

Recht, die im Rundfunk hohe Marktanteile erreichen[82]. Hier wird häufig der besonders sensible Anwendungsbereich des Rechtsberatungsgesetzes berührt, so daß sich verschiedene Probleme der Zulässigkeit medialer Tätigkeiten nach Art. 1 RBerG stellen. Das folgende Kapitel bietet eine Übersicht über typische Konstellationen medialer Tätigkeiten mit juristischem Bezug und ihre Einstufung durch die Gerichte. Berücksichtigt wird die Rechtsprechung zu Presse, Telefon und Fernsehen. Das Medium „Telefon" wird zum einen aus aktuellem Anlaß, nämlich der Einrichtung der sogenannten „Anwaltshotlines", in die Darstellung einbezogen, zum anderen aber aufgrund der Ähnlichkeiten in der rechtlichen Konstellation zu Telefonaktionen von Rundfunk und Presse.

1. Überblick

Historisch gesehen war es zuerst die Presse, die zu juristischen Fragen in den sogenannten Zeitungsbriefkästen Stellung nahm. Die Ratgeberspalte in Zeitungen und Zeitschriften zur Beantwortung juristischer Anfragen war seit Mitte des 19. Jahrhunderts allgemeines Redaktionsgut[83]. Das „Gesetz zur Verhütung von Mißbräuchen auf dem Gebiete der Rechtsberatung" vom 13. Dezember 1935[84] regelte diesen Bereich neu, indem es der bis dahin zugelassenen freien Betätigung mit Einführung des Erlaubniszwanges für die Besorgung fremder Rechtsangelegenheiten eine Schranke setzte[85]. Damit war die Rechtsbesorgung im Sinne des RBerG auch für die Presse erlaubnispflichtig geworden. Die Praxis im Dritten Reich sah allerdings anders aus: In einem Abkommen vom 30.09.1936[86] wurde zwischen dem Reichsleiter des Reichsrechtsamtes der NSDAP sowie dem NSRB[87] einerseits und dem Reichsleiter der NSDAP für die Presse sowie dem Reichsverband der deutschen Zeitungsverleger e.V. andererseits vereinbart, daß „das Rechtsberatungswesen der Tageszeitungen" „im Rahmen der NS-Rechtsbetreuung erfolgt"[88]. Die NS-Rechtsbetreuungsstellen waren ihrerseits in § 3 Nr. 1 des Gesetzes zur Verhütung von Mißbräuchen auf dem Gebiete der

82 Dazu: Arnu, Der belehrte Zuschauer, in: Programmbericht zur Lage und Entwicklung des Fernsehens in Deutschland 1998/99. Hrsg. von: Arbeitsgemeinschaft der Landesmedienanstalten (ALM), 1999.

83 Dazu: OLG Neustadt, AnwBl 1956, 92, 94.

84 RGBl I 1935, S. 1478.

85 Dazu: OLG Hamm, NJW 1954, 516, 518.

86 Abkommen betr. Zeitungsbriefkästen sowie schriftliche und mündliche Rechtsauskünfte der Tageszeitungen vom 30.09.1936. In: JW 1936, 3223.

87 NS-Rechtswahrerbund. Vgl. Schorn, Rechtsberatungsmißbrauchsgesetz (1. Aufl.), S. 178.

88 JW 1936, 3223.

Rechtsberatung vom Erlaubniszwang ausgenommen und die von den Zeitungen eingerichteten Rechtsberatungsstellen waren Nebenstellen der NS-Rechtsbetreuung. Damit erfolgte die Rechtsbesorgung durch Tageszeitungen nach 1936 im Rahmen der NS-Rechtsbetreuung[89].

Nach dem Zusammenbruch 1945 wurde das Abkommen durch Wegfall der NS-Betreuung und der die Vereinbarung tragenden Verbände gegenstandslos[90]. Im Bereich des Rechtsberatungsgesetzes galt nun der Erlaubniszwang[91].

In der Presse wurden teilweise jedoch die Rubriken der Zeitungsbriefkästen ohne die vorgeschriebene Erlaubnis weitergeführt, was frühzeitig zu verschiedenen Gerichtsverfahren führte, in denen die Vereinbarkeit dieser juristischen Stellungnahmen mit dem Rechtsberatungsgesetz überprüft wurde[92].

Auch gegenwärtig nehmen sich Presse und Rundfunk regelmäßig in unterschiedlicher Weise juristischer Themen an: neben der Berichterstattung zu Gesetzgebungsverfahren, Gerichtsprozessen, Strafverfahren und Straftaten finden sich als Publikationsformen für rechtliche Gegenstände Kolumnen zu juristischen Fragestellungen, Artikel zu allgemeinen Rechtsfragen, Nachrichten- und Dokumentationssendungen zu diesen Themen, Kriminal- und Gerichtsfilme sowie -romane, Magazine und Ratgebersendungen, Fahndungssendungen und Unterhaltungsshows.

---

89 BGH NJW 1956, 591; OLG Hamm, NJW 1954, 516, 518.

90 Dazu: BGH, NJW 1956, 591; OLG Hamm, NJW 1954, 516, 518. Dazu auch: Schorn, Rechtsberatungsmißbrauchsgesetz (1. Aufl.), S. 178 ff.

91 Der verschiedentlich (insbes. von Runge, NJW 1957, 302) vertretenen Auffassung, daß die Rechtsberatung in der Presse gewohnheitsrechtlich auch nach 1945 weiter zulässig geblieben sei, ist die Rechtsprechung nicht gefolgt. Eine gewohnheitsrechtliche Zulässigkeit lehnten bspw. ab: BGH NJW 1956, 591=AnwBl 1956, 69; OLG Hamburg, AnwBl 1951, 100=MDR 1951, 305; OLG Hamburg, AnwBl 1955, 72, 73; OLG Hamm, MDR 1952, 58; NJW 1954, 516; OLG Neustadt, AnwBl 1956, 92, 94; LG Hamburg NJW 1953, 1590, 1591 = AnwBl 1953, 335; LG Bochum, AnwBl 1952, 30. Dieser Ablehnung ist zuzustimmen, da eben nicht, wie Runge meinte, quasi hundert Jahre lang derselbe Gewohnheitsrechtszustand geherrscht hatte, sondern mit Erlaß des Rechtsberatungsgesetzes 1935 dieser Zustand gerade beendet worden war (dazu auch OLG Hamburg, AnwBl 1955, 72, 73; LG Hamburg, NJW 1953, 1590. 1591). Darüberhinaus war das Vorliegen der allgemeinen Übung zweifelhaft, zumal die Duldung der Vornahme von Rechtsberatungen durch Zeitschriften nach 1945 auf anderen Gründen beruhte. So herrschte zum einen Unsicherheit darüber, welches Recht nun (fort-)gelte, zum anderen aber fortdauernde Handlungsunfähigkeit des Staates, da dessen Organe und Organisationen nach 1945 erst nach und nach wieder zu arbeiten begannen (dazu: Schorn, Rechtsberatung (2. Aufl.), S. 277).

92 Bspw.: LG Düsseldorf, VII-17/51- 3 Ms 83/50, JR 1952, 205; OLG Hamburg, Az. 3 U 279, 1950, MDR 1951, 305 = AnwBl 1951, 100; OLG Hamm, Az. 2 Ss 337/51, MDR 1952, 58; LG Bochum, Az. 4 Q 9/51, AnwBl 1952, 30; LG Hamburg v. 1.7.1953, NJW 1953, 1590, 1591.

Als zulässig angesehen wird dabei die allgemeine Berichterstattung über rechtliche Themen sowie die Behandlung rechtlicher Gegenstände ohne Bezug zu einem existierenden Einzelfall. Zu diesen zulässigen Publikationsformen gehören zum Beispiel die Darstellung von Kriminalität oder laufenden Gerichtsverfahren, allgemeine Berichte über Rechtsfragen, Berichterstattung über rechtliche Hintergründe, über allgemeine Zusammenhänge oder generelle Fragen der Entwicklung von Gesetzgebung und Rechtsprechung sowie die Analyse von bestimmten Rechtsgeschehen[93]. Entsprechend dem historisch früheren Auftreten der Kollisionsproblematik mit dem Rechtsberatungsgesetz wendet sich die Untersuchung nun zunächst dem Bereich der Presse zu.

2. Rechtsprechung zur Presse

a. Einführung

Wie bereits dargestellt, ist das entscheidende Kriterium für die Annahme einer Rechtsbesorgung oder einer Rechtsberatung, daß die Tätigkeit sich auf einen konkreten, existierenden Einzelfall bezieht.

Als zulässig in der Presse erachtet werden dementsprechend außer der eben beschriebenen allgemeinen Berichterstattung in jedwedem Presseprodukt zum einen die Publikation von Ratgeberbüchern, juristischen Lehr- und Fallösungsbüchern, Repetitoriums-Unterlagen, allgemeiner Fachliteratur wie wissenschaftlicher Beiträge in juristischen Fachzeitschriften sowie juristischer Zeitungen und Zeitschriften zum anderen[94]. Soweit auf Einzelfälle zurückgegriffen wird, wie es in Lehrbüchern beispielsweise der Fall ist, handelt es sich in der Regel um vergangene oder fiktive Fälle, die nicht unmittelbar gefördert werden können, da sie entweder bereits abgeschlossen sind oder eben nicht existieren, so daß überhaupt keine konkrete Rechtsangelegenheit vorliegt[95]. Im übrigen greift hier Art. 1 § 2 RBerG ein, wonach die Erstattung wissenschaftlich begründeter Rechtsgutachten erlaubnisfrei ist, selbst wenn diese geschäftsmäßig und bezogen auf einen Einzelfall erfolgt[96].

Neben echten oder erfundenen Zeitungsbriefkästen sind rechtsdarstellende Artikel eine regelmäßige Präsentationsform für juristische Fragen. Immer wieder angekündigt wurde auch die Beantwortung von Leseranfragen ohne Veröffentli-

---

93 Auflistung bei Prütting, Rechtsberatung durch Medien? In: Bundesministerium der Justiz (Hg.): Kriminalität in den Medien, S. 134.

94 Dazu schon: Jonas, Rechtsberatungsmißbrauchsgesetz, Art. 1 Anm. 2 b, S. 13.

95 So auch: Rennen/Caliebe Art. 1 § 1 Rz. 21; Henssler/Prütting-Weth Art. 1 § 1 Rz. 5.

96 Rennen/Caliebe Art. 1 § 2 Rz. 1.

chung der Antworten, die stattdessen dem Ratsuchenden direkt zugestellt werden sollte. Weiter bieten Zeitschriften Telefonaktionen an, bei denen Leser die Möglichkeit haben, über Telefonnummern des Verlages direkt Kontakt zu einem Rechtsanwalt in der Redaktion aufzunehmen. Eine Variante ist die Weitergabe der Anfragen an Erlaubnisinhaber mit oder ohne vorhergehendes Auswahlverfahren durch die Redaktion. Daneben ist auch das schriftliche Eingreifen durch Zeitungsredaktionen zu beobachten. Die rechtliche Beurteilung dieser verschiedenen Fälle durch die Rechtsprechung soll im folgenden dargestellt und untersucht werden.

b. Zeitungsbriefkästen und Schriftsätze der Redaktionen

aa. Zeitungsbriefkästen

Zeitungsbriefkästen sind redaktionelle Seiten in Zeitungen oder Zeitschriften, auf denen Anfragen von Lesern beantwortet werden[97].

(1) Unzulässigkeit nach der Rechtsprechung

Soweit Fragen juristischer Art Gegenstand solcher Zeitungsbriefkästen waren, hat die Rechtsprechung bereits in den fünfziger Jahren des 20. Jahrhunderts mehrfach ihre Unzulässigkeit nach dem Rechtsberatungsgesetz festgestellt[98]. Diese Rechtsprechung wird bis heute als grundlegend herangezogen.

Entscheidende Merkmale bei der Beurteilung der Zulässigkeit von Zeitungsbriefkästen sind die der Konkretheit des behandelten Falles[99] sowie das Merkmal seiner unmittelbaren Förderung[100]. Wenn diese Rechtsberatung im konkreten Fall im Vordergrund des juristischen Briefkastens steht, dann soll eine mißbräuchliche Rechtsberatung anzunehmen sein[101].

Eine konkrete Rechtsangelegenheit liegt vor, wenn auf einen wirklichen, existierenden und nicht abgeschlossenen Sachverhalt bezogene und nicht lediglich fingierte Rechtsfragen behandelt werden[102]. Sofern die Anfrage auf einem konkreten existierenden Sachverhalt beruht, soll aber auch unerheblich sein, wenn

97 BGH NJW 1956, 591 "Von Mensch zu Mensch".

98 OLG Hamburg, AnwBl 1955, 72, 73 f.; OLG Hamm, MDR 1952, 58, 59; LG Bochum AnwBl 1952, 30; LG Hamburg NJW 1953, 1590.

99 BGH NJW 1956, 591, 592; OLG Neustadt, AnwBl 1956, 92, 95; OLG Hamburg, AnwBl 1951, 100, 101; OLG Hamburg, AnwBl 1955, 72, 74.

100 BGH NJW 1956, 591, 592.

101 BGH NJW 1956, 591, 592.

102 BGH NJW 1981, 1616; NJW 1956, 591 592; OLG Hamburg, AnwBl 1955, 72, 74.

sie abstrakt formuliert ist[103]. Sobald also eine Auseinandersetzung mit einem tatsächlich existierenden Fall erfolgt, ist das Merkmal der Konkretheit zu bejahen.

Die Unmittelbarkeit der Förderung einer konkreten fremden Rechtsangelegenheit sah der BGH als gegeben an, wenn die Förderung in der Weise erfolgte, daß die Rechtsangelegenheit durch Rechtsberatung einem gewissen Abschluß, sei es zwecks Rechtsgestaltung, sei es zwecks Rechtsverwirklichung, zugeführt wurde[104]. Feste Kriterien für die Bestimmung der (Un-)mittelbarkeit nannte er nicht, sondern verwies auf die jeweiligen Umstände des Einzelfalles. Es komme darauf an, ob die rechtliche Erörterung der Angelegenheit im Vordergrund stehe. Dieses letzte Kriterium hat der BGH im Falle des Zeitungsbriefkastens, der Anfragen zu existierenden Fällen behandelte, jedenfalls als gegeben angesehen[105].

Ausdrücklich wendet sich der BGH aber gegen die Auffassung, daß auch das Heranziehen eines typischen Falles zur Darlegung eines Rechtsverhältnisses eine verbotene Rechtsberatung sei[106]. Die Einkleidung der an die gesamte Leserschaft gerichteten Rechtsbelehrung über juristische Fragen in die Form des juristischen Briefkastens sei unbedenklich[107]. Dies bedeutet im Ergebnis, daß auch eine einen konkreten, existierenden Einzelfall betreffende Anfrage in einem Zeitungsbriefkasten beantwortet werden darf, sofern der Einzelfall nur typisierend zur allgemeinen Darstellung rechtlicher Problematiken und Fragen herangezogen wird. Dies wird von einem Teil der Rechtsprechung verneint, da sich im Einzelfall kein Kriterium finden lasse, anhand dessen entschieden werden könne, ob die Intention des Verlages nun mehr auf die Beantwortung der einzelnen Leseranfrage oder mehr auf die allgemein rechtliche Belehrung der Leserschaft gerichtet sei[108].

Sofern der Schwerpunkt des Artikels aber auf der rechtlichen Lösung des vorgetragenen konkreten existierenden Falles liegt, wird ein Verstoß gegen das Rechtsberatungsgesetz auch dann angenommen, wenn die Beratung mit dem Rat endet, sich an einen Anwalt oder eine zuständige Stelle zu wenden[109]. Auch in diesem Fall bejaht die Rechtsprechung also die unmittelbare Förderung der Rechtsangelegenheit. Entscheidend ist danach, daß der Beratende sich überhaupt mit dem konkreten Rechtsfall befaßt hat, selbst wenn er eine endgültige Aus-

103 OLG Hamburg, AnwBl 1955, 72, 74.
104 BGH NJW 1956, 591, 592.
105 BGH NJW, 1956, 591.
106 BGH NJW 1956, 591, 592. Anderer Ansicht in der Rechtsprechung bspw. OLG Neustadt, AnwBl 1956, 92, 95.
107 BGH NJW 1956, 591, 592.
108 OLG Neustadt, AnwBl 1956, 92, 95 f.
109 BGH NJW 1956, 591, 592; OLG Neustadt, AnwBl 1956, 92, 95.

kunft ablehnt[110]. Hier ist das Kriterium der Intention des Verlages nicht wiederzufinden, es kommt allein darauf an, ob sachlich eine konkrete existierende Rechtsangelegenheit untersucht und durch eine Antwort gefördert wurde, unabhängig davon, ob die äußere Form auf eine konkrete Anfrage oder auf eine abstrakte schließen läßt[111].

Dies bedeutet für die Rubrik der Zeitungsbriefkästen, daß die Beantwortung tatsächlich gestellter Leseranfragen zu rechtlichen Gegenständen, die ein konkretes und existierendes Rechtsproblem des jeweiligen Anfragenden betreffen, grundsätzlich unzulässig ist. Zu überprüfen ist nach der Rechtsprechung im Einzelfall, wo der Schwerpunkt der Beratung liegt und ob der konkrete Einzelfall im Vordergrund der Publikation steht. Liegt der Schwerpunkt der Beratung auf der konkreten Angelegenheit und ihrer rechtlichen Lösung und ist diese nicht lediglich typisierend als Beispiel herangezogen worden, dann soll ein Verstoß gegen Art. 1 § 1 RBerG anzunehmen sein[112].

(2) Zulässigkeit nach der Rechtsprechung

Juristische Briefkästen der Presse sollen vom Standpunkt des Rechtsberatungsgesetzes aus nicht zu beanstanden sein, wenn ihrer Gestaltung nach der wesentliche Inhalt die an die gesamte Leserschaft gerichtete allgemeine Rechtsbelehrung über juristische Fragen, z.B. des täglichen Lebens, ist und die Form der Antwort auf eine Anfrage sachlich nur eine Art Einkleidung darstellt[113]. Allgemein rechtsdarstellende Artikel sind demnach also zulässig und unterfallen nicht der Rechtsbesorgung im Sinne des Rechtsberatungsgesetzes. Dies bedeutet aber weiter, daß generelle Anfragen, die aufgrund eines reinen Interesses an der Sache gestellt werden, beantwortet werden dürfen. Denn mangels Vorliegens einer Rechtsangelegenheit kann hier auch keine unmittelbare Förderung erfolgen. Darüberhinaus muß dann aber aus demselben Grund die Beantwortung fingierter Fragen erlaubt sein[114]. Dies bedeutet, daß eine Redaktion sich einen voll-

---

110 OLG Neustadt, AnwBl 1956, 92, 95.

111 In der Entscheidung OLG Hamburg, AnwBl 1955, 72, 74 wird darauf abgestellt, was der Anfragende erstrebte, dessen Anfrage ein konkreter Sachverhalt zugrunde lag, die er jedoch abstrakt formuliert hatte. Nach Auffassung des Gerichts kam es nur auf das tatsächliche Vorliegen des konkreten Einzelfalles an.

112 BGH NJW 1956, 591, 592.

113 BGH NJW 1981, 1616; NJW 1956, 591, 592; ebenso: OLG Hamm, NJW 1954, 516, 518; OLG Köln, AfP 1997, 551; OLG Nürnberg, NJW-RR 1998, 137, 138.

114 So auch BGH NJW 1981, 1616; OLG Hamm NJW 1954, 516, 518; OLG Hamm MDR 1952, 58, 59; Erbs/Kohlhaas/Senge Rz. 5; Schorn, Rechtsberatung (2. Aufl.), S. 281; Henssler/Prütting-Weth Art. 1 § 1 Rz. 6.

ständigen „Briefkasten" ausdenken, d.h. erfundene Anfragen beantworten darf[115].

(3) Unterscheidung der Kategorien

Ob eine konkrete Einzelangelegenheit oder eine allgemeine Angelegenheit vorliegt, läßt sich also relativ einfach danach entscheiden, ob ein Rechtsproblem tatsächlich für eine Person in einem bestimmten Zusammenhang existiert. Wird dies – also das Vorliegen der konkreten Angelegenheit – festgestellt, ist als weiteres Korrektiv zu prüfen, ob die Rechtsangelegenheit durch die Berichterstattung unmittelbar oder nur mittelbar gefördert wird. Die Unmittelbarkeit ist festzustellen, indem im Einzelfall geprüft wird, ob die rechtliche Erörterung im Vordergrund der Angelegenheit steht. Das bedeutet, daß nochmals zu prüfen ist, ob die Rechtsangelegenheit tatsächlich als solche, nämlich mit Schwerpunkt im rechtlichen Bereich Gegenstand des Presseartikels ist und ob im Vordergrund des Artikels steht, die konkrete Angelegenheit einem gewissen Abschluß zuzuführen.

Im Ergebnis ist festzuhalten, daß der Rechtsprechung nach theoretisch klare Gruppen der zulässigen Art von Zeitungsbriefkästen und klare der Unzulässigkeit gebildet werden können. Zulässig ist der Druck von Artikeln, die allgemeine, fingierte und verallgemeinerte Probleme behandeln. Unzulässig ist die konkrete, tatsächliche Einzelberatung in einem Artikel, dessen Schwerpunkt darauf liegt, die Angelegenheit einer Lösung zuzuführen. Ein Grenzfall der Zulässigkeit ist nach der Rechtsprechung die Typisierung: die typisierende Behandlung eines tatsächlichen Einzelfalles in der Weise, daß er erweitert, für ein größeres Publikum interessant gemacht und beispielhaft zur Verdeutlichung einer allgemeinen Rechtsproblematik verwendet wird, soll zulässig sein.

bb. Beantwortung von Leserpost ohne Veröffentlichung[116]

Für die Beantwortung von Leserpost ohne Veröffentlichung werden dieselben Grundsätze angewandt. Soweit Leser bestimmte Fragen zu eigenen Rechtsangelegenheiten stellen, sind danach Verleger und Redaktionen nicht befugt, diese Fragen zu beantworten. Anders kann die Konstellation bei einer Fachzeitschrift zu beurteilen sein. Sofern die Fachzeitschrift das Mitteilungsblatt einer auf be-

115 Dazu BGH NJW 1981, 1616.

116 OLG Hamburg, AnwBl 1955, 72; 1951, 100= MDR 1951, 305; OLG Neustadt, AnwBl 1956, 92, 95; LG Hamburg NJW 1953, 1590, 1591; LG Bochum AnwBl 1952, 30; Auch: OLG Köln v. 15.01.1997, AfP 1997, 551. BGH AnwBl 1957, 39 = NJW 1957, 301.

rufsständischer oder ähnlicher Grundlage gebildeten Vereinigung oder Stelle im Sinne des Art. 1 § 7 RBerG ist, entfällt der Erlaubniszwang. Diesen Zeitungen oder Zeitschriften sind unter den engen Voraussetzungen von § 7 RBerG auch postalische Einzelbeantwortungen von Rechtsanfragen gestattet[117]. Eine Rolle spielt diese Konstellation hauptsächlich dann, wenn die Leserschaft im Mitteilungsblatt zu Anfragen aufgefordert wurde. Die Beantwortung einer allgemeinen Rechtsfrage ist in jeder Art von Zeitschrift zulässig, wobei es praktisch selten vorkommen dürfte, daß Leser sich mit einer allgemeinen Rechtsfrage an Zeitungen oder Zeitschriften wenden und diese auch willens sind, diese allgemeinen Fragen auf postalischem Wege ohne publizistische Verwertung zu beantworten.

cc. Schriftliches Eingreifen und Weiterleitung an Dritte

Entsprechend den dargelegten Grundsätzen wird auch das Eingreifen durch Verleger und Redaktionen mittels eigener direkt an die Kontrahenten der Anfragenden adressierter Schriftsätze und das Zusenden von Schriftsatzentwürfen an die Anfragenden selbst als (erlaubnispflichtige) Rechtsbesorgung oder –beratung angesehen. Einen regelmäßig wiederkehrenden Fall stellt die Weitergabe der Rechtsfragen durch die Redaktionen an Dritte zur Stellungnahme, Weiterbearbeitung oder Abhilfe dar. Die Rechtsprechung hat in dieser Konstellation mehrfach eine verbotene Rechtsbesorgung durch die Weitergabe zur Überprüfung oder Bearbeitung gesehen[118] mit ähnlicher, allerdings nicht mit ganz einheitlicher Begründung.

So hatte in einem Fall eine Zeitschrift zur Durchführung einer „Rentenberechnungs-Aktion" Erklärungsformulare abgedruckt, die von den Lesern ausgefüllt und an die Redaktion gesandt werden sollten. Die Redaktion leitete diese ausgefüllten Vordrucke dann weiter an ein Versicherungsunternehmen, das mit seinen Computern die Berechnungen durchführte[119]. Die Annahme einer verbotenen Rechtsbesorgung wurde zum einen damit begründet, die Redaktion habe durch die Ankündigung der Tätigkeit zu erkennen gegeben, daß sie einen Teil der Verantwortung für die Aktion übernehme[120], zum anderen damit, daß sie mit Bekanntgabe der Aktion, Abdruck, Sammlung und Weiterleitung von Erklärungsvordrucken einen eigenen Tatbeitrag geleistet habe, ohne den die Aktion nicht hätte stattfinden können[121].

---

117 So auch Schorn, Rechtsberatung (2. Aufl.), S. 279.

118 BGH NJW-RR 1987, 875 f. = AnwBl 1987, 342 f.; OLG Düsseldorf, AfP 1992, 153 f.

119 BGH v. 5.2.1987, NJW-RR 1987, 875.

120 BGH AnwBl 1987, 342, 343.

121 BGH AnwBl 1987, 342, 343.

Dementsprechend wurden in einem weiteren Fall auch Vermittlungsversuche durch die Weiterleitung von Briefen, in denen sich Leser über Probleme mit bestimmten Firmen beklagten, an diese Firmen mit der Bitte um Überprüfung und Stellungnahme als Verstoß gegen Art. 1 § 1 RBerG[122] angesehen:

Die Verlegerin einer Zeitschrift hatte eine solche Vermittlungstätigkeit angekündigt, indem sie in einer regelmäßig erscheinenden Spalte folgenden Text publizierte: „Ärger mit der Werkstatt? Probleme mit dem Gebrauchten? Mängel am Neuwagen? A. hilft. Haben Sie auch Ärger mit ihrem Wagen? A. versucht, bei Streitigkeiten zu vermitteln. Sehr oft mit großem Erfolg, wie es die Beispiele auf dieser Seite belegen. ... Liebe Leser, A. hilft, wann immer es uns möglich ist. Schreiben Sie uns, ... wenn Sie Ärger mit der Werkstatt haben, ... wenn versteckte Macken am Auto nicht behoben werden können, ... wenn Sie auf eine Antwort von Firmen oder Verbänden warten, ... wenn Sie mit Ihrem neuen Wagen nicht zufrieden sind, ... wenn Sie mit der Versicherung nicht klarkommen oder ganz einfach einen Rat brauchen. Unsere Adresse: ...“[123].

In der Spalte wurde auch regelmäßig über Fälle berichtet, in denen die Einschaltung von „A.“ in Auseinandersetzungen zwischen Lesern und Kfz-Händlern, Werkstätten, Versicherungen etc. für die Leser zum Erfolg geführt hatte. Die Verlegerin traf unter den bei ihr eingehenden Schreiben eine Vorauswahl danach, wie aussichtsreich ihr eine Vermittlung erschien. In den Fällen, in denen sie gute Erfolgsaussichten sah, leitete sie Kopien der Leser-Schreiben an die genannten Beteiligten weiter unter Beifügung eines Formularanschreibens mit folgendem Text: „Beiliegend finden Sie die Fotokopie des Schreibens eines A-Lesers, der sich an uns mit der Bitte um Hilfe gewandt hat. Wir wären Ihnen dankbar, wenn Sie den Vorgang überprüfen könnten. Bitte teilen Sie uns mit, ob Sie eine Möglichkeit sehen, auf schnelle und unbürokratische Art zu helfen“[124].

Das Gericht sah sowohl in der Ankündigung[125] der Tätigkeit als auch in der Handhabung verbotene Rechtsbesorgungen. Denn die Verlegerin habe Tätigkeiten entfaltet, die dazu dienten und dienen sollten, unmittelbar Rechtsangelegenheiten der Einsender zu erledigen. Dabei sei unerheblich, daß die Verlegerin keinerlei Rechtsausführungen gemacht habe und es ihr möglicherweise nur darum gegangen sei, zu Kulanzregelungen beizutragen. Eine Rechtsbesorgung liege schon vor, wenn sich derjenige, der einen Anspruch geltend mache oder in seinem Namen ein Dritter an den vermeintlichen Anspruchsgegner richte und um

---

122 OLG Düsseldorf, AfP 1992, 153, 154.
123 OLG Düsseldorf, AfP 1992, 153= WRP 1991, 588.
124 OLG Düsseldorf, AfP 1992, 153 = WRP 1991, 588.
125 OLG Düsseldorf, WRP 1991, 588, 589 = AfP 1992, 153, 154.

Erfüllung des Anspruchs bitte, ohne die Bitte mit Rechtsausführungen zu untermauern.

Der BGH hat aber in einem Beschluß nunmehr Anzeichen dafür erkennen lassen, daß er seine Auffassung ändern könnte. Nach neuerer Rechtsprechung ist die reine Überprüfung von Leserzuschriften „nicht nach rechtlichen Gesichtspunkten"[126] zur Auswahl derjenigen Schreiben, „bei denen es bei verständnisvoller Betrachtung auf den ersten Blick als angemessen und gerecht erscheinen könnte", und die folgende Weiterleitung an die Beschwerdeadressaten – ohne daß eine rechtliche Wertung erfolge – keine unerlaubte Besorgung fremder Rechtsangelegenheiten, sondern lediglich eine Hilfeleistung[127]. Da nicht nach rechtlichen Gesichtspunkten, wohl aber nach solchen der Gerechtigkeit des „Sich-Einsetzens" geprüft wurde, unterscheidet der BGH hier wohl zwischen einer juristisch-technischen Anspruchs-Prüfung und einer Entscheidung nach Rechtsgefühl, die er den sozialen Tätigkeiten zuordnet und als Hilfeleistung aus der Terminologie des Rechtsberatungsgesetzes herausnimmt[128].

c. *Rechtsberatung durch Rechtsanwälte bei Redaktionssprechstunden/ Telefonaktion einer Zeitung*[129]

Ähnlich ist die Veranstaltung von Telefonsprechstunden durch Redaktionen beurteilt worden, wenn Rechtsanwälte die direkten Ansprechpartner der Anrufer waren. Während mündliche Rechtsberatungen durch Redakteure oder sonstige Mitarbeiter eines Verlages, einer Zeitung oder Zeitschrift grundsätzlich für unzulässig erachtet werden[130], ist die Rechtslage nicht eindeutig, wenn Rechtsanwälte in Redaktionssprechstunden „auftreten" und telefonische Anfragen beantworten.

Diesen Fall hatte das OLG Stuttgart zu entscheiden[131]. Die Zeitung „Sonntags Aktuell" hatte eine Telefonaktion veranstaltet, bei der interessierte Personen an einem Sonntag zwischen 11 und 13 Uhr unter verschiedenen Telefonnummern in der Zeitungsredaktion anrufen und Rechtsauskünfte einholen konnten.

---

126 BGH, Beschluß v. 11.02.1999, I ZR 105/98, amtlicher Umdruck, S. 3.

127 BGH, Beschluß v. 11.02.1999, I ZR 105/98, amtlicher Umdruck, S. 3.

128 Ähnlich auch: BGH NJW 2000, 2108, 2109: Die Weiterleitung eines KfZ-Unfallberichts durch ein Mietwagenunternehmen, das dem Unfallopfer einen Wagen vermietet hat, an einen Haftpflichtversicherer des Unfallgegners sei deshalb keine Rechtsbesorgung, weil die Tätigkeit keine ins Gewicht fallende Hilfe für den Mieter darstelle.

129 OLG Stuttgart v. 07.07.1995, AfP 1995, 673; LG Hamburg v. 01.07.1953, NJW 1953, 1590, 1591.

130 LG Bochum, AnwBl 1952, 30; so auch Schorn, Rechtsberatung (2. Aufl.), S. 283.

131 OLG Stuttgart AfP 1995, 673.

Unter den Telefonnummern waren zu den angegebenen Zeiten jeweils Rechtsanwälte erreichbar. Die Zeitung hatte die Aktion vorher angekündigt, die Ankündigung mit Porträt-Fotos der Rechtsanwälte versehen und die Anwälte als Experten für verschiedene Rechtsgebiete vorgestellt. Weiter war darauf hingewiesen worden, daß Leser, die keine der Nummern erreichen konnten, sich an die Rechtsanwaltskammer Stuttgart wenden sollten, um dort Adressen von Rechtsanwälten aus den sie interessierenden Rechtsgebieten zu erfragen. In der Ausgabe der Zeitung des folgenden Sonntags erschien ein Bericht über die Aktion, in dem auch einige ausgesuchte Telefonanfragen und deren Beantwortung abgedruckt waren.

Das Oberlandesgericht hielt die Aktion für nach dem Rechtsberatungsgesetz zulässig, da die Zeitung sich darauf beschränkt habe, die Aktion anzukündigen und den Ratsuchenden und Rechtsanwälten zwei Stunden lang die Telefonanschlüsse zur Verfügung zu stellen. Darüberhinaus sei deutlich auf die Kontaktnahmemöglichkeit bei der Rechtsanwaltskammer hingewiesen worden. Und schließlich scheide ein eigener Tatbeitrag der zur Rechtsberatung nicht befugten Zeitung aus, weil es einen unmittelbaren Kontakt nur zwischen dem Anrufer und dem direkt per Durchwahl angerufenen Rechtsanwalt gegeben habe, ohne daß die Zeitungsredaktion dabei in Erscheinung getreten sei[132]. Weiter grenzte sich das Oberlandesgericht ab von der oben zitierten Entscheidung des BGH aus dem Jahre 1987[133]. In dieser Entscheidung hatte der BGH in der Bekanntgabe der Rentenberechnungsaktion, in Abdruck, Sammlung und Weiterleitung von Erklärungsvordrucken einen eigenen Tatbeitrag zu einer verbotenen Rechtsbesorgung durch individuelle Rentenberechung gesehen, der ein Unterlassungsgebot nach § 1 UWG i.V.m. Art. 1 § 1 RBerG rechtfertige. In der Vorgehensweise der Zeitschrift in diesem Fall und darin, daß die Vorbereitungen länger als einen Monat währten, sah das Oberlandesgericht Stuttgart einen eigenen Tatbeitrag der Zeitschrift, der im Falle der Telefonaktion nicht vorliege, da hier lediglich die Aktion angekündigt und die Telefonanschlüsse zur Verfügung gestellt worden seien[134].

Das Durchführen einer telefonischen Beratungsaktion, bei der ausschließlich zugelassene Rechtsberater unmittelbar angerufen und um Auskunft ersucht werden können, ist also nach dieser Rechtsprechung keine im Sinne des Rechtsberatungsgesetzes verbotene Rechtsberatung durch die Redaktion. Die Rechtsberatung wird vielmehr durch die angerufenen Rechtsanwälte erteilt.

---

132 OLG Stuttgart v. 07.07.1995, AfP 1995, 673, 675.
133 BGH v. 5.2.1987, NJW-RR 1987, 875 = AnwBl 1987, 342 = NJW 1987, 1894.
134 OLG Stuttgart, AfP 1995, 673, 675.

d. Rechtsdarstellende Artikel[135]

Eine weitere Form juristischer Beratungen in der Presse ist die von rechtsdarstellenden Artikeln, die Rechtsfragen in anderer Form als die sogenannten Zeitungsbriefkästen, d.h. nicht in Frage-Antwort-Form behandeln[136]. Diese rechtsdarstellenden Artikel sind zu unterscheiden von wissenschaftlich begründeten Gutachten im Sinne des Art. 1 § 2 RBerG, die der Erlaubnispflicht per se nicht unterliegen.

Die rechtsdarstellenden Artikel werden innerhalb des Rahmens der zu den Briefkästen entwickelten Grundsätze allgemein als zulässig angesehen. Dies bedeutet, daß wiederum die konkrete Einzelfallberatung als verbotene Rechtsberatung gilt, während die allgemeine Rechtsdarstellung für zulässig erachtet wird. Ein Ausnahmefall soll auch hier vorliegen, wenn ein konkreter, existierender Rechtsfall zum Gegenstand einer allgemeinen Rechtserläuterung gemacht wird, in der er als typischer Fall für eine gängige Rechtsproblematik beispielhaft verwendet wird: In diesem Fall soll kein Verstoß gegen Art. 1 § 1 RBerG gegeben sein[137]. Dies entspricht der Rechtsprechung des BGH zu den Zeitungsbriefkästen. In diesem Fall ist die Förderung der konkreten fremden Rechtsangelegenheit nicht als im Vordergrund des Artikels stehend zu sehen.

Über das Vorliegen einer solchen konkreten unmittelbar fördernden Einzelberatung in einem rechtsdarstellenden Artikel hatten 1996 die Oberlandesgerichte Köln und Dresden zu entscheiden[138]. Die Tatsache, daß einem Artikel gleich in sieben Fällen ein konkreter, tatsächlich existierender Sachverhalt zugrunde lag, der jeweils noch nicht abschließend geregelt oder entschieden war[139], soll danach nicht ausreichen, um eine konkrete Rechtsberatung im Sinne

135 OLG Dresden v. 19.01.1996, AfP 1996, 180 „7 Todsünden“; OLG Köln v. 15.01.1997, NJW 1999, 504 „7 Todsünden“ = AfP 1997, 551.

136 Ein neueres Beispiel ist zum Beispiel der Abdruck der sogenannten „Tips des Monats“, die von der Deutschen Anwaltsauskunft herausgegeben werden. Dabei handelt es sich um in Verbrauchersprache gekleidete Rechtsfragen des alltäglichen Lebens, die monatlich erscheinen und von regionalen und überregionalen Zeitungen sowie von Anzeigenblättern gedruckt werden. Dazu: AnwBl 2000, 184.

137 OLG Dresden, AfP 1996, 180; dazu auch: OLG Nürnberg, NJW-RR 1998, 137 = AfP 1998, 230 und OLG Nürnberg v. 28.1.1997 – 3 U 3649/96, Urteilsumdruck S. 8: Hier wird das Fehlen der Typisierung als Hinweis auf konkret erbrachte Rechtsberatung gewertet.

138 OLG Köln, AfP 1997, 551; OLG Dresden, AfP 1996, 180.

139 Zu diesem Kriterium Rennen/Caliebe Art. 1 § 1 Rz. 22.

des Art. 1 § 1 RBerG anzunehmen[140]. Im Gegensatz zum BGH, der einen Verstoß annahm, sofern die unmittelbare Förderung einer konkreten existierenden Rechtsangelegenheit vorlag und der Schwerpunkt der Publikation sich im Rechtlichen bewegte[141], stellten die Gerichte hier darauf ab, daß der Schwerpunkt der Berichterstattung im journalistischen Bereich liege. Hinter diese journalistische Zielsetzung, die sich in der Typizität der Fälle von allgemeinem Interesse für die gesamte Leserschaft, in der Intention des Verfassers, eine allgemeine Rechtsbelehrung zu erteilen, und in der angewandten Berichtsform äußere, tritt danach der – unbestritten – rechtliche Schwerpunkt zurück, obwohl tatsächlich existierende Einzelfälle behandelt werden. Dies bedeutet eine Eingrenzung der Begriffsdefinition des BGH (auf die sich das OLG Köln ausdrücklich bezieht) dahin, daß die konkrete Einzelfallberatung mit Schwerpunkt im rechtlichen Bereich dann nicht mehr als verbotene Rechtsberatung im Sinne des Rechtsberatungsgesetzes gilt, wenn der Artikel primär unter journalistischen Gesichtspunkten zustande gekommen ist und nach Form und Inhalt erkennbar schwerpunktmäßig der Unterrichtung und Belehrung der Leserschaft im allgemeinen dient. Die Ausweitung der vom BGH genannten Ausnahme der Typisierung von Einzelfällen auf gleich sieben aus der Leserschaft vorgetragene konkrete rechtliche Einzelfälle bedeutet hier, daß das Kriterium des BGH für das Vorliegen einer Rechtsberatung in der Presse dahin präzisiert wurde, daß die rechtliche Erörterung des Einzelfalles als Einzelfall im Vordergrund der Berichterstattung stehen muß.

Anlaß zu diesen Entscheidungen gab die Zeitschrift „DM“, die im August 1995 einen Artikel unter der Überschrift „BAUSPAREN Die sieben Todsünden“ veröffentlicht hatte. Dieser Artikel befaßte sich mit sieben – laut Artikel typischen – Beratungsfehlern beim Abschluß von Bausparverträgen. In diesem Artikel waren sieben konkrete Fälle dargestellt worden, die jeweils für den fraglichen Fehler typisch sein sollten. Anhand dieser Beispiele wurden die rechtlichen Probleme einer Falschberatung dargestellt. Dem Artikel vorausgegangen war in der Westausgabe von „DM“ ein Aufruf im Februar-Heft des Jahres 1995, in dem den Lesern der Zeitschrift eine Überprüfung ihrer Bausparverträge angeboten worden war, wenn sie einen gleichzeitig veröffentlichten Fragebogen ausfüllten und der Zeitschrift übersandten. Die Überprüfung wurde „DM“ per einstweiliger Verfügung durch das LG Köln untersagt[142]. Die Auswertung der Fragebögen erfolgte dennoch durch die Redaktion und war Grundlage für den streitigen Artikel

---

140 So aber noch BGH NJW 1956, 591, 592; vgl. auch Rennen/Caliebe Art. 1 § 1 Rz. 21 f.; Altenhoff/Busch/Chemnitz Art. 1 § 1 Rz. 51; Erbs/Kohlhaas/Senge Rz. 5; Schorn, Rechtsberatung (2. Aufl.), S. 281; Henssler/Prütting-Weth Art. 1 § 1 Rz. 6.

141 BGH NJW 1956, 591, 592.

142 Dazu näher OLG Köln, AfP 1997, 551.

„Die sieben Todsünden". Auch in der Ostausgabe von „DM" beruhte der Artikel auf Einsendungen der Leser.

Beide Gerichte nahmen eine präzise Einzelfallbewertung vor. So analysierte das OLG Dresden, ein Verstoß gegen das Rechtsberatungsgesetz liege nicht vor, da im Vordergrund der Darstellung nicht der konkrete Fall stehe. Vielmehr behandele der Artikel typische Fälle von allgemeinem Interesse[143] und wende sich an die gesamte Leserschaft, die er informieren wolle[144]. Intention des Verfassers sei also die allgemeine Rechtsbelehrung über juristische Fragen, was auch in dem jedem Beitrag nachgestellten „Fazit" mit allgemeinen Ratschlägen zum Ausdruck komme[145]. Schließlich sei eine journalistische Zielsetzung ersichtlich, da der Autor aus mehreren hundert Zuschriften typische Beratungsfehler herausgearbeitet habe[146].

Das OLG Köln sah in dem Artikel keine unmittelbare konkrete Antwort auf die sieben Leseranfragen aufgrund der äußeren und der inhaltlichen Gestaltung der Veröffentlichung[147]. Die Berichtsform des Artikels stelle eben keine unmittelbar an den jeweiligen Leser gerichtete Antwort dar, sondern wende sich ausweislich der Überschrift und der einleitenden Bemerkungen an das gesamte Publikum. Die Ausführungen des Artikels wiesen diesen als allgemeine Berichterstattung aus[148]. Die dargestellten Fälle seien nur beispielhaft verwendet worden, um so dem gesamten Publikum die Probleme nahezubringen. Daß es sich bei diesen Fällen um Fälle „aus dem Leben" handele, wecke beim Publikum ein gesteigertes Interesse an der Berichterstattung und den aufgezeigten Fragen[149]. Daß die Einzelfälle nur der Illustration dienten, werde auch daran deutlich, daß die Ausführungen zu diesen Fällen sich nicht auf die Erörterung dieser Sachverhalte und der sich daraus ergebenden Fragen beschränkten. Zudem schließe jede Ausführung mit einem „Fazit", das allgemein formulierte Grundsätze enthalte. Der Artikel enthalte also keine unmittelbare, sondern lediglich eine mittelbare Förderung einer Rechtsangelegenheit. Die Befassung mit den Einzelfällen stelle lediglich das „Mittel"[150] der Information und Aufklärung des Publikums dar.

143 OLG Dresden, AfP 1996, 180.
144 OLG Dresden, AfP 1996, 180.
145 OLG Dresden, AfP 1996, 180, 181.
146 OLG Dresden, AfP 1996, 180, 181.
147 OLG Köln NJW 1999, 504, 505.
148 OLG Köln NJW 1999, 504, 506.
149 OLG Köln NJW 1999, 504. 506.
150 OLG Köln NJW 1999, 504, 506.

e. Ausnahmen von der Erlaubnispflicht: §§ 5 und 7 RBerG

Die Presse kann – mit einer Einschränkung – nach der Rechtsprechung auch nicht die Ausnahmevorschriften der §§ 5 und 7 RBerG für sich in Anspruch nehmen.

aa. Art. 1 § 5 RBerG

Nach § 5 Nr. 1 RBerG können kaufmännische oder sonstige gewerbliche Unternehmer für ihre Kunden rechtliche Angelegenheiten erledigen, die mit einem Geschäft ihres Gewerbebetriebes in unmittelbarem Zusammenhang stehen. Das Vorliegen des unmittelbaren Zusammenhanges zwischen der gewerblichen Tätigkeit von Presseunternehmen und der Erteilung rechtlicher Auskünfte[151] wird jedoch verneint.

Grundsätzlich ist nach Auffassung der Rechtsprechung der erforderliche unmittelbare Zusammenhang gegeben, wenn die Besorgung rechtlicher Angelegenheiten im Zusammenhang mit der eigentlichen Gewerbetätigkeit steht, wenn sie sich in deren Rahmen vollzieht und deren Zwecken dient[152]. Abzustellen ist danach auf das Berufsbild bzw. darauf, ob es nach gesetzlicher Beschreibung oder Entwicklung oder durch Überlieferung die Besorgung fremder Rechtsangelegenheiten als zugehörig unmittelbar erfaßt[153]. Zu dem betreffenden Geschäft soll eine enge Verbindung bestehen und im Verhältnis zu dem Hauptgeschäft soll die Rechtsbesorgung nur nebengeschäftlichen Charakter haben[154]. Der Aufgabenbereich und das überbrachte Berufsbild der Presse, nämlich die Unterhaltung der Leser, die Unterrichtung über Tagesfragen und die Förderung der allgemeinen Bildung[155] erfordern nach der Rechtsprechung und herrschenden Meinung jedoch nicht das Besorgen fremder Rechtsangelegenheiten.

Differenzierter wird die Frage bezüglich der Fachzeitschriften erörtert; im Ergebnis wird die Rechtsberatung im Sinne des Rechtsberatungsgesetzes aber

---

151 BGH AnwBl 1957, 39, 40; OLG Hamburg, AnwBl 1955, 72, 74; OLG Hamm, MDR 1952, 58, 59; LG Hamburg NJW 1953, 1590; OLG Neustadt/Weinstraße AnwBl 1956, 92, 96; OLG Hamburg AnwBl 1951, 100; LG Bochum, AnwBl 1952, 30; LG Düsseldorf, JR 1952, 205.

152 BGH MDR 1979, 909, 910; BGH BB 1954, 512; BGHSt 6, 134 = AnwBl 1954, 126 = NJW 1954, 1295; KG DJ 1939, 56, 1089; OLG Hamm, JMBL NW 52, 82; Schorn, Rechtsberatung (2. Aufl.), S. 232; Altenhoff/Busch/Chemnitz Art. § 5 Rz. 514; Erbs/Kohlhaas-Senge Art. 1 § 5 Rz 8.

153 BGH MDR 1979, 910.

154 BGHSt 6, 134 = AnwBl 1954, 1126 = NJW 1954, 1295; BGH NJW 1987, 3003, 3004; Altenhoff/Busch/Chemnitz Art. 1 § 5 Rz. 514 m.w.N.

155 OLG Hamburg, AnwBl 1951, 100, 101.

auch hier für unzulässig erachtet. Drei Gruppen von Fachzeitschriften sind zu unterscheiden: erstens juristische Fachzeitschriften, die von einer juristischen berufsständischen Vereinigung herausgegeben werden und in deren Eigentum stehen, zweitens andere juristische Fachzeitschriften und schließlich Fachzeitschriften anderer Fachrichtungen. Abzusehen ist dabei zunächst von den Fachzeitschriften, die von berufsständischen Vereinigungen herausgegeben werden und in deren Eigentum stehen, somit also nach § 7 RBerG von der Erlaubnispflicht befreit sein können. Die anderen beiden Arten von Fachzeitschriften sollen der Erlaubnispflicht des Art. 1 § 1 RBerG unterliegen, da nach allgemeiner Auffassung diese Presseorgane ebenfalls ihre Aufgaben sachgemäß erfüllen können, ohne juristische Beratungen im Einzelfall durchzuführen.

So soll es zwar zum Aufgabenkreis einer Fachzeitschrift gehören, ihren Leserkreis in allen einschlägigen Fragen zu unterrichten, wozu auch aktuelle Rechtsfragen gehörten; dies bleibe aber auf den Bereich der allgemeinen, d.h. der nicht einzelfallbezogenen Ausführungen beschränkt[156]. Die Beantwortung von konkreten Einzelfragen könne nach Sinn und Zweck der Regelung erst dann zum Geschäft des Gewerbebetriebes gehören, wenn dessen Ausübung ohne die Beantwortung dieser Rechtsfragen nicht mehr möglich wäre. Das Wesensmerkmal eines verlegerischen Gewerbebetriebes liege darin, daß er sich an einen umfangreichen anonymen Leserkreis wende, an diesen seine Erzeugnisse herantrage und dieser Personengesamtheit die Kenntnis von fachlichen Abhandlungen vermittle[157]. Diese Aufgabe könne aber erfüllt werden, ohne Rechtsberatungen im Einzelfall zu erteilen. Zur ordnungsgemäßen Erfüllung der verlegerischen Tätigkeit gehöre damit nicht die Erteilung von Rechtsauskünften an Einzelpersonen.

Der BGH sieht den Grund der Ausnahmeregelung des § 5 darin, daß sich manche Berufe nicht immer sachgemäß ausüben ließen, wenn nicht gleichzeitig eine rechtliche Beratung erfolgen würde. Sinn der Vorschrift sei also, einem Unternehmer die Ausübung seines Berufes nicht deshalb über Art. 1 § 1 RBerG unmöglich zu machen, weil mit der Tätigkeit gleichzeitig eine rechtliche verbunden sei[158]. Den Gegenstand des Gewerbebetriebes eines Verlegers sieht der BGH ganz eng in dem Abschließen und Erfüllen von Abonnements- und Lieferverträgen[159]. Diese Tätigkeit sei aber möglich, ohne Rechtsbesorgungen wie in oben genannten Zusammenhängen vorzunehmen oder Rechtsberatungen im Sinne des Rechtsberatungsgesetzes zu erteilen. Dieses Verständnis zeigt zugleich auf, welche Bedeutung Art. 1 § 5 Nr. 1 RBerG nach der Rechtsprechung für

---

156 BGH NJW 1957, 301, 303; OLG Hamburg, AnwBl 1955, 72, 74.
157 BGH NJW 1957, 301, 303; OLG Hamburg AnwBl 1955, 72, 74.
158 BGH NJW 1957, 301, 303; BGH AnwBl 1954, 126.
159 BGH AnwBl 1957, 39, 40.

Verlage haben kann: Es dürfen Rechtsberatungen und -besorgungen vorgenommen werden, die auf den Abschluß von Abonnement- und Lieferverträgen gerichtet sind. Denn ohne eine solche Tätigkeit wäre den Verlagsunternehmen ihr Geschäftsbetrieb nicht möglich.

bb. Art. 1 § 7 RBerG

Nachdem in der Literatur die Auffassung vertreten worden war, juristische Briefkästen in einem Fachblatt der betreffenden berufsständischen oder ähnlichen Organisation unterfielen dem Schutz von Art. 1 § 7 RBerG[160], urteilte der BGH, daß nicht die von der berufsständischen Vereinigung herausgegebene Zeitschrift als Organ, sondern lediglich die Vereinigung selbst durch § 7 begünstigt sei, die dementsprechend in ihrem eigenen Fachblatt juristische Briefkästen betreiben dürfe[161].

Nach Art. 1 § 7 RBerG bedarf es keiner Erlaubnis, wenn auf berufsständischer oder ähnlicher Grundlage gebildete Vereinigungen oder Stellen im Rahmen ihres Aufgabenbereiches ihren Mitgliedern Rat und Hilfe in Rechtsangelegenheiten gewähren.

Der Begriff der Vereinigung ist nicht legaldefiniert. Unter einer auf berufsständischer Grundlage gebildeten Vereinigung wird ein Zusammenschluß verstanden, in dem die Mitglieder demselben Berufsstand angehören, wobei der Zweck der Vereinigung darin besteht, die den Berufsstand im ganzen betreffenden Interessen zu verfolgen, und wobei der Vereinigung nach der absoluten und relativen Zahl ihrer Mitglieder in ihrem Bezirk eine gewisse Bedeutung zukommt[162]. Eine bestimmte Rechtsform ist nicht vorgeschrieben: so kann die Vereinigung in einem eingetragenen oder auch einem nicht rechtsfähigen Verein bestehen. Darüber, ob sie auch in Form einer Gesellschaft bürgerlichen Rechts, einer Kapital- oder einer anderen Personengesellschaft vorkommen kann, herrscht Unsicherheit[163]. Entscheidend ist hier aber die oben benannte Zusammensetzung und Funktion der berufsständischen Vereinigung, nämlich die Interessenverfolgung eines Berufsstandes durch eine gewisse Anzahl seiner Mitglieder[164].

---

160 Jonas, Rechtsberatungsmißbrauchsgesetz, Art. 1 § 7 Anm. 2 a, S. 42 f.

161 BGH NJW 1957, 301, 303.

162 OLG Düsseldorf ZIP 1993, 347; Altenhoff/Busch/Chemnitz Art. 1 § 7 Rz. 671; Henssler/Prütting-Weth Art. 1 § 7 Rz. 4; Erbs/Kohlhaas-Senge Art. 1 § 7 Rz. 5.

163 Erbs/Kohlhaas-Senge Art. 1 § 7 Rz. 5; Henssler/Prütting-Weth Art. 1 § 7 Rz. 6-7; Rennen/Caliebe Art. 1 § 7 Rz. 4.

164 Darüber, wie hoch diese gewisse Anzahl liegen muß, herrscht in der Rechtsprechung Unsicherheit. Dazu: Henssler/Prütting-Weth Art. 1 § 7 Rz. 21 ff.

Diese Voraussetzungen erfüllen weder Zeitungsverlage und Presseunternehmen noch Rundfunksender. Allerdings genügen juristische Fachvereinigungen wie zum Beispiel der Berufsverband der Rechtsanwälte[165] diesen Vorgaben. Da Art. 1 § 7 RBerG den Verband selbst begünstigen soll[166], folgert die Literatur teilweise und nach ihrer Auffassung in Übereinstimmung mit der Rechtsprechung[167], aber weitergehend, daß ein solcher Verband in einer Fachzeitschrift, die er selbst herausgibt und deren Eigentümer er ist, Rechtsrat im Sinne des Art. 1 § 1 RBerG erteilen[168] darf. Diese Raterteilung soll möglich sein im Rahmen seines Aufgabenbereichs und gegenüber einem Mitglied der Vereinigung, wobei das Verbandsorgan auch nur an Mitglieder ausgegeben werden dürfe[169]. Der BGH hat demgegenüber allein darauf abgestellt, daß die Ausnahmevorschrift des § 7 im Falle eines juristischen Briefkastens in einem Fachblatt einer berufsständischen oder ähnlichen Organisation gelte[170].

Eine Zuordnung der Rundfunksender, Presseunternehmen und Verlage zu den „auf ähnlicher Grundlage gebildeten Vereinigungen“ wird von der Rechtsprechung ebenfalls nicht vorgenommen. Diese Vereinigungen zeichnen sich dadurch aus, daß sie nicht für den Berufsstand im ganzen, sondern lediglich für einen Teil oder eine Gruppe tätig sind. Danach soll der Zusammenschluß der Angehörigen mehrerer Berufsstände oder eines Berufes zur Förderung bzw. zur Vertretung gemeinsamer Interessen auf wirtschaftlichem bzw. wirtschaftspolitischen oder geistigem Gebiet hier einzuordnen sein[171].

cc. Zwischenergebnis

Art. 1 § 5 RBerG wird auf die Presse von der Rechtsprechung nicht angewendet. Unter Art. 1 § 7 RBerG wird der Rechtsrat in Fachzeitschriften erlaubt, die von einem Verband i. S. d. Art. 1 § 7 RBerG, der gleichzeitig Eigentümer der Fachzeitschrift ist, herausgegeben werden.

---

165 Dazu: Rennen/Caliebe Art. 1 § 7 Rz. 7; Schorn, Rechtsberatung (2. Aufl.), S. 279.
166 BGH, NJW 1957, 301, 303 = BGH AnwBl 1957, 39, 49.
167 Schorn, Rechtsberatung (2. Aufl.), S. 279.
168 Schorn, Rechtsberatung (2. Aufl.), S. 279, 280; weiter Schorn folgend, aber unter irrtümlicher Berufung auf den BGH: Herrmanns, Rechtsberatung, S. 255.
169 Kritisch zu diesen Folgerungen und der Rechtsprechung des BGH: Henssler/Prütting-Weth Art. 1 § 7 Rz. 31.
170 BGH NJW 1957, 301, 303.
171 Altenhoff/Busch/Chemnitz Art. 1 § 7 Rz. 676.

f. Zusammenfassung

Die konkrete Einzelfallberatung in der Presse wird nach der Rechtsprechung grundsätzlich als nach Art. 1 § 1 RBerG verboten angesehen. Diesem Verbot unterfallen alle denkbaren Tätigkeiten der Presse, die einen konkreten Einzelfall unmittelbar zu fördern geeignet sind und die schwerpunktmäßig im Rechtsbereich liegen.

Von diesem grundsätzlichen Verbot sollen einige enge, denkbare Ausnahmen gelten:

- So sind in Fachzeitschriften berufsständischer Vereinigungen nach Art. 1 § 7 RBerG konkrete Rechtsbesorgungen erlaubt, sofern die berufsständische Vereinigung Herausgeberin und Eigentümerin der Fachzeitschrift ist.
- Soweit die konkreten Einzelfallrechtsfragen an Dritte weitergegeben werden, wurde lange von einem Verstoß durch die Organisation der Weitergabe ausgegangen. Inzwischen hat der BGH die Vermittlung von befugter Rechtsbesorgung und -beratung nur noch als nicht zu berücksichtigende Hilfeleistung angesehen, wenn nicht zu der Weitergabe weitere Tätigkeiten wie die vorherige juristisch-technischen Anspruchs-Prüfung im Gegensatz zu einer reinen Entscheidung nach Rechtsgefühl hinzukomme.
- Und schließlich können konkrete, existierende Rechtsfälle, ohne daß ein Verstoß gegen die Vorschriften des Rechtsberatungsgesetzes angenommen wird, als typische Fälle für gängige Rechtsproblematiken beispielhaft in Artikeln verwendet werden, da in diesem Fall die journalistische Zielsetzung überwiegt.

3. Rechtsprechung zu Telefonhotlines

a. Grundkonstellation der Beteiligten an Telefonhotlines

Telefonische Rechtsberatung gibt es nicht nur über direkten Kontakt zur Kanzlei des eigenen Rechtsanwaltes, auch andere Stellen bieten regelmäßig diesen Service an: Rechtsschutzversicherungen beraten ihre Kunden, Verbraucherzentralen die dort Anfragenden, Mieterschutzvereine ihre Mitglieder. Eine relativ neue Form der telefonischen Rechtsberatung ist die über die sogenannten Anwalts- oder Rechtsberatungshotlines[172] oder das sogenannte Anwaltstelefon. Auch im

172 Beispiele sind: InfoGenie!Recht, profifon-recht, Tele-Rechtsanwalt (www.suasus.de/Tele-Rechtsanwalt.htm. Tel.: 0190/880 880 8800), JustitiaDirect, KomLine-Recht.

Internet sind Beratungsadressen zu finden[173], ein Jahr lang versuchte sich sogar die virtuelle Kanzlei Advopolis zu etablieren[174]. Gemeinsam ist diesen verschiedenen Beratungsmöglichkeiten, daß jeweils Kontakt zu einem Rechtsanwalt vermittelt wird, der die Rechtsfragen des Anrufenden oder Mailenden beantwortet. Dennoch sind Telefonhotlines von der Rechtsprechung wegen Verstoßes gegen das Rechtsberatungsgesetz für unzulässig erklärt worden.

Die Grundkonstellation der Hotline sah dabei folgendermaßen aus: Beteiligt waren die Inhaberin einer 0190-Service-Telefonnummer als Hotline-Betreiberin, die Rechtsanwälte und die Deutsche Telekom. Die Rechtsanwälte erhielten gegen Zahlung einer Pauschale und einer Zeitvergütung die Möglichkeit, Anrufern über die Hotline-Telefonnummer Rechtsrat zu erteilen. Die Anrufer wurden nach dem Wählen der Telefonnummer mit einem Rechtsanwalt verbunden, der die telefonische Beratung durchführte. Dem Anrufer wurden für diese Beratung DM 3,63 pro Minute inklusive Mehrwertsteuer von der Telekom mit der Telefonrechnung in Rechnung gestellt. Die Telekom behielt von dieser Gebühr DM 1,15 pro Minute ein und überwies den Rest an die Hotline-Betreiberin. Diese zog die Gebühren, die ihr der Rechtsanwalt schuldete, ab und überwies den Restbetrag an denselben. Das Honorar des Rechtsanwaltes bestand also aus dem Restbetrag der Telefongebühren.

---

173 Bspw.: www.gigarecht.de, Rechtsanwalt Stefan Sadowsky, Imstedt 40, 22083 Hamburg, Tel: 040 / 254 955 13, Fax: 040 / 254 955 19, E-Mail: sadowsky@gigarecht.de; www.infogenie.de, Niederlassung Berlin, An den Treptowers 1, 12435 Berlin, Tel: 030 / 72 61 03 – 0, Fax: 030 / 72 61 03 – 299, Hotline: 01908 / 7 32 40 (3,63 DM pro Minute), Mo.-So. 8 - 22 Uhr, E-Mail: info@infogenie.de; www.netline-recht.de, netline-solutions.com GmbH, Heimstettenstr. 17b, 80805 München, E-Mail: info@netline-recht.de, www.oreba.de, Inselstr. 1, 40479 Düsseldorf, E-Mail: info@oreba.de; www.rechts-auskunft.de, Marcus Gutzeit & Georg Pistorius, Rechtsanwälte, Raiffeisenstraße 4-6, 34225 Baunatal, Tel: 05601 / 89499-0, Fax: 05601 / 89499-2, E-Mail: Kontakt@Rechts-Auskunft.de; www.rechtsfinder.de, ra-online GmbH i.Gr., Boyenstraße 41, 10115 Berlin, Tel: 030 / 280 43 800, Fax: 030 / 280 43 899, E-Mail: info@ra-online.de, Fax: 030 / 280 43 899; www.recht-online.com, Woschko Beteiligungen GmbH, 74189 Weinsberg, http://www.rechtslotse.de, Ahnfeldt & Geercken, Rechtsanwälte, Am Landpflegeheim 36, 22549 Hamburg. Weitere Internet-Adressen: www.anwaltssuche.de, www.meinanwalt.de, www.recht-online.de, www.rechtsratgeber.de, www.fachanwalt-hotline.de.

174 Inzwischen hat die Advopolis AG (www.advopolis.de.) Insolvenzantrag gestellt. Zur Begründung wurde mitgeteilt, man habe sich zu dem Schritt gezwungen gesehen, da die Akzeptanz virtueller Welten bei Anwälten und Steuerberatern sich noch ungewöhnlich schleppend entwickele und die Finanzmarktlage im übrigen schlecht sei. Dazu: Anwaltsreport 2001, S. 7. Zu virtuellen Kanzleien allgemein: Friedel, Anwalt 5/2001, 10 ff.

Im folgenden wird der rechtlichen Problematik dieser Anwaltshotlines nur im Hinblick auf ihre Zulässigkeit nach dem Rechtsberatungsgesetz nachgegangen. Andere berufsrechtliche wie gebührenrechtliche Gesichtspunkte bleiben ebenso wie die zivilrechtliche Einordnung weitgehend außer Betracht[175].

b. Verbote durch die Rechtsprechung aufgrund des RBerG

Das Kammergericht und der 6. Zivilsenat des OLG München sehen in der Beteiligung der Hotline-Betreiberin einen Verstoß gegen Art. 1 § 1 RBerG durch unzulässige Rechtsbesorgung. Sie nehmen an, daß die Hotline-Betreiberin gemeinsam mit dem beratenden Rechtsanwalt zur Rechtsbesorgenden und selbst Vertragspartnerin des Anrufenden werde[176]. Dies ergebe sich daraus, daß sie für die telefonische Rechtsberatung werbe, diese näher beschreibe und anpreise, den Preis nenne, sowie daraus, daß der beratende Anwalt nicht bekannt, die Firma der Hotline-Betreiberin für den Anrufenden aber identifizierbar sei[177]. In dieser Konstellation übernehme die Hotline-Betreiberin zivilrechtlich einen Teil der Verantwortung für die Beratung und leiste mit Bekanntgabe und Organisation der Aktion einen eigenen Tatbeitrag, ohne den die Rechtsberatung nicht stattfinden könne. Da die Hotline-Betreiberin die Anonymität der Beratung garantiert habe, habe sie ein eigenes Versprechen für die Art der Beratung abgegeben. Darüberhinaus sorge sie dafür, daß zu den angegebenen Zeiten und Rechtsge-

---

175 Dazu weiterführend: Bissel, Berufsrechtliche Zulässigkeit von Anwalthotlines, in: BRAK-Mitteilungen 2/2001, 50 ff.; V. Römermann, Fast ein Glaubenskrieg – Zulässigkeit von Anwalts-Hotlines, AnwBl 2001, 10 ff.; Schaffors, Beratung am Telefon – Die Technik hinter den Hotlines, AnwBl 2001, 14 ff.; Grunewald, Rechtsberatung durch Telefonhotlines, ZIP 2000, 2005 ff.; Grunewald, EwiR 5/2000, Art. 1 § 1 RBerG, S. 693 f.; Härting, Neues Geschäftsfeld oder modische Spielerei, Anwaltsreport, 9 ff.; Römermann/Funke, Die Anwalts-Hotline, MDR 2001, 1 ff.; Berger, Anwaltliche telefonische Rechtsberatung unter der „Service-Nummer 0190", NJW 1999, 1353 ff.; Büring/Edenfeld, Anwaltliche Beratung über Telefon-Hotline? MDR 1999, 532 ff.; Buschbell, Telefonberatung – eine Herausforderung für die Anwaltschaft-, AnwBl 1999, 579 ff.; Henke, Pauschale Zeitvergütung für telefonische Rechtsberatung wettbewerbswidrig, AnwBl 1998, 655 f. König, Anwaltliche Beratung über sog. Hotline-Service mit Minuten-Gebühren, AnwBl 1999, 25 ff.; Metz, Rechtsberatungs-Hotlines, MMR 1999, 447 ff.; Engels, Geschäftsgebühr bei Telefonberatung?, AnwBl 1999, 25.

176 KG v. 11.1.2000, AnwBl 2000, 315; OLG München v. 24.6.1999, NJW 2000, 1651, 1652.

177 KG v. 11.1.2000, AnwBl 2000, 315; OLG München v. 24.6.1999, NJW 2000, 1651, 1652.

bieten Berater zur Verfügung stünden[178]. Die Berechtigung des einen der beiden Rechtsbesorgenden lasse die Unzulässigkeit des Tatbeitrages des anderen aber unberührt[179]. Schon das Anbieten und/oder die Vermittlung der Herstellung der telefonischen Verbindung zu Rechtsanwälten ist nach Ansicht des Kammergerichts ein Verstoß gegen Art. 1 § 1 RBerG und damit wettbewerbswidrig[180].

c. Die Gegenansicht in der Rechtsprechung

Nach der Gegenansicht des 29. Zivilsenates des OLG München und zweier Landgerichte ist ein Vertragsschluß zwischen dem Anrufer und der Hotline-Betreiberin zu verneinen, da der auf Rechtsberatung gerichtete Geschäftsbesorgungsvertrag nur zwischen Anrufendem und beratendem Rechtsanwalt zustande komme[181]. Auch das bloße Zurverfügungstellen der Hotline, die technisch die Voraussetzung schafft, unmittelbar mit einem Rechtsanwalt zu sprechen, ist danach kein Verstoß gegen das Rechtsberatungsgesetz[182].

Die Auslegung der abgegebenen Erklärungen nach § 133 BGB ergebe zwei sich deckende Willenserklärungen von Anrufer und angerufenem Rechtsanwalt, miteinander einen Geschäftsbesorgungsvertrag über die folgende Rechtsberatung abzuschließen. Der Anrufer wisse, sei es über einen redaktionellen Zeitungsbeitrag, sei es über die Annonce in einer Fernsehzeitschrift, sei es durch die Information über Dritte, daß sich hinter „InfoGenie!Recht" eine komfortable Möglichkeit der telefonischen Kontaktaufnahme zu Rechtsanwälten für Ratsuchende mit Rechtsfragen verberge, daß die Gesprächsgebühren von der Deutschen Telekom mit der Telefonrechnung erhoben würden und daß in diesen Gebühren die Beratungsgebühren des Anwalts enthalten seien. Aufgrund dieser Informationen wähle der Anrufer die Hotline an, um unmittelbar Rat bei einem Rechtsanwalt zu suchen. Daß das Ersuchen um Rechtsrat sich unmittelbar an ihn richte, sei für den Erklärungsempfänger, den Rechtsanwalt, erkennbar, der mit der Gesprächsaufnahme und dem Beantworten von Fragen das Angebot auf Abschluß eines Geschäftsbesorgungsvertrages annehme[183]. Die Hotline-Betreiberin vermittele nur die Möglichkeit, sofort einen Rechtsanwalt zu befragen. Rechtsanwälte bedürfen aber gemäß Art. 1 § 3 Nr. 2 RBerG keiner Erlaubnis, um eigenverantwortlich fremde Rechtsangelegenheiten besorgen zu können.

---

178 KG v. 11.1.2000, AnwBl 2000, 315; OLG München v. 24.6.1999, NJW 2000, 1651, 1652.
179 OLG München, NJW 2000, 1651, 1652.
180 KG v. 11.1.2000, 5 U 7694/98.
181 OLG München, NJW 1999, 150; LG Berlin, CR 1999, 369, 370.
182 OLG München, NJW 1999, 150, 151; LG Berlin, CR 1999, 369, 370.
183 OLG München, NJW 1999, 150, 151.

Das bloße Zurverfügungstellen der Hotline als telefon-technischer Vermittlungsmöglichkeit sei jedoch keine erlaubnispflichtige Rechtsbesorgung: Eine solche könne nur dann vorliegen, wenn die Hotline-Betreiberin die Rechtsangelegenheit des Anrufers unter Hinzuziehung eines Rechtsanwaltes fördern würde, der seinerseits als Erfüllungsgehilfe der Hotline-Betreiberin fungiere. Ein solches vertragliches Verhältnis, nach dem die der Hotline angeschlossenen Rechtsanwälte für die Hotline-Betreiberin tätig würden, bestehe jedoch nicht, da das Vertragsverhältnis zwischen der Hotline-Betreiberin und den angeschlossenen Rechtsanwälten allein die Bereitstellung des Telefonanschlusses beinhalte[184].

d. Zusammenfassung

In der – nicht einheitlichen – Rechtsprechung lassen sich nach alldem jeweils zwei Tendenzen hinsichtlich der Zulässigkeit von Anwalts-Telefonhotlines erkennen: Eine erlaubende und eine verbietende Auffassung zum einen für die Hotline-Betreiber und zum anderen für die angeschlossenen Rechtsanwälte. Die Rechtsanwälte, die keine Erlaubnis nach dem Rechtsberatungsgesetz benötigen, verstoßen nach der verbietenden Ansicht gegen sonstiges Berufsrecht und dürfen daher an Anwaltshotlines nicht teilnehmen; die erlaubende Auffassung meint, daß mögliche Verstöße gegen das Berufsrecht nicht die Betätigung über Hotlines an sich unzulässig machten, sondern im Einzelfall geahndet werden müßten.

Die gewerblichen Hotline-Betreiber verfügen nicht über eine Erlaubnis zur Rechtsbesorgung und -beratung nach dem Rechtsberatungsgesetz. Diese Erlaubnis benötigen sie nach der erlaubenden Auffassung in der Rechtsprechung auch nicht, da die mit dem Betreiben der Hotline verbundenen Tätigkeiten lediglich dazu führten, daß eine technische Vermittlungsmöglichkeit zur Verfügung gestellt werde, die jedoch nicht eine Rechtsbesorgung oder einen rechtlich relevanten Beitrag zu einer solchen darstelle. Die verbietende Gegenansicht sieht die Hotline-Betreiber aufgrund der Gesamtumstände in der zivilrechtlichen Mitverantwortung und das Betreiben und Vermarkten der Hotline als Tatbeitrag zu einer Rechtsbesorgung im Sinne des Rechtsberatungsgesetzes.

Die die Rechtsbesorgung erlaubende Rechtsprechung entspricht damit der Auffassung des BGH[185] und des OLG Stuttgart[186] zu Tätigkeiten der Presse, die beide in der reinen Vermittlung von Rechtsberatung unbeachtliche Hilfstätigkeiten gesehen hatten. Sie widerspricht der Wertung des BGH zur Rentenbe-

184 OLG München, NJW 1999, 150, 151; LG Erfurt, CR 1998, 289, 290.
185 BGH, 11.02.1999, I ZR 105/98; vgl. oben capt. III 2 b cc, S. 41.
186 OLG Stuttgart, AfP 1995, 673; vgl. oben capt. III 2 c, S. 41.

rechnungsaktion[187], in der von einem besonderen Umfang der Vorarbeit für die Vermittlung ausgegangen worden war, die die Annahme einer Rechtsbesorgung im Sinne des Gesetzes rechtfertigen sollte.

4. Rechtsprechung zum Fernsehen

Die Rechtsprechung zu Tätigkeiten im Fernsehen ist im Gegensatz zu der zu den Telefonhotlines unter den Obergerichten einheitlich. Die erstinstanzlichen Entscheidungen waren allerdings gegensätzlich ausgefallen[188].

a. Einführung

Juristische Themen und auch Einzelfälle können Gegenstand sehr verschiedener Fernsehsendeformen sein. Die Reihe beginnt mit Nachrichtensendungen, die Berichte über Gesetzgebungsverfahren, Gerichtsverhandlungen, Straftaten, Konkurse oder ähnliches enthalten können. Sie geht weiter mit Magazinen[189], Berichts- und Dokumentationssendungen über verbraucherorientierte Themen[190]" sowie „Mitmachsendungen"[191]. Sie führt über Fahndungssendungen[192] zu Unterhaltungsshows[193] oder Verbrauchersendungen[194], die juristische Probleme ihrer Zuschauer zu lösen versuchen. Solche Lösungs- und Vermittlungsversuche waren mehrfach Gegenstand gerichtlicher Unterlassungsverfahren und wurden als erlaubnispflichtige Rechtsberatungen und Rechtsbesorgungen nach dem Rechtsberatungsgesetz verboten. In diesen Fällen stellten die Oberlandesgerichte

---

187 BGH, NJW-RR 1987, 875; vgl. oben capt. II 2 b cc, S. 39.

188 Dazu jetzt aus höchstrichterlicher Perspektive der BGH am 6.12.2001. Pressemitteilung des BGH Nr. 93/2001, www.uni-karlsruhe.de~BGH/Pressemitteilungen BGH/PM2001/PM n_093_2001.htm (Stand: 7.12.2001), FAZ vom 8.12.01, S. 21; NJW 1/2002, S. VIII; ZUM 2002, 639.

189 Wie „Ratgeber Recht" (ARD).

190 Beispiel: „Wiso „(ZDF), „plusminus" (ARD), „N 3 ab 4 Service-Magazin" (N 3), „Markt im Dritten" (N 3), „markt Wirtschaftsmagazin" (WDR) oder „Guter Rat" (mdr).

191 Wie „Wie würden Sie entscheiden?" (ZDF), vgl. die Ankündigung in NJW 2001, Heft 27, S. XII.

192 Wie „xy ungelöst" (ZDF) oder „Kripo live – Die Kriminalpolizei bittet um ihre Mithilfe" (mdr).

193 Zu diesen gehören die Gerichtssendungen „Richterin Barbara Salesch" (Sat 1) oder „Streit um drei" (ZDF).

194 „Wie würden Sie entscheiden?"; „Wie bitte?!/Mahnman" (beide RTL), „Jetzt reicht's!/Wir kämpfen für Ihr gutes Recht" (RTL) und „Wir Schuldenmacher" (Bayerischer Rundfunk).

Verstöße gegen Art. 1 § 1 RBerG fest. Die Konstellationen, in denen verbotene Rechtsbesorgungen erkannt wurden, sollen im folgenden näher dargestellt werden.

b. Telefonaktion im Fernsehen

Auch im Fernsehen gibt es die aus der Presse bekannten Telefonaktionen. Dabei werden zu einem bestimmten Thema, das Gegenstand der Sendung ist, Fachleute eingeladen, die dann am Telefon Anrufern – sei es vor laufender Kamera, sei es hinter den Kulissen – Rede und Antwort stehen. Sofern ein Rechtsthema Gegenstand der Sendung ist, werden häufig konkrete Einzelprobleme der Anrufer behandelt, so daß die Zulässigkeit solcher Aktionen nach dem Rechtsberatungsgesetz in Frage steht. Dies war auch der Fall in der Sendung „Wir Schuldenmacher“[195].

Thema der Sendung war das zum Sendezeitpunkt neue Insolvenzgesetz. In einem Filmbeitrag wurden konkrete Überschuldungssituationen und -probleme einzelner Zuschauer, danach in einem weiteren Filmbeitrag das neue Insolvenzgesetz vorgestellt. Dann erging an die Zuschauer das Angebot, sich mit ihren Fragen an „Experten“ im Studio zu wenden und zwar entweder während der Sendung oder in einem 45 Minuten später beginnenden Service-Teil oder nach beiden Einheiten am selben Abend noch bis zu einer festgelegten Uhrzeit. Die Ankündigung dieser Möglichkeit war mit den Worten erfolgt: „...liebe Zuschauer, Sie können anrufen bei uns, unsere Experten stehen Ihnen zur Verfügung, es kommen auch noch mehr dazu“, oder „So, wir eröffnen unsere Telefonrunde jetzt, meine Damen und Herren, Sie können weiterhin anrufen, selbstverständlich auch anonym“ oder „Und wenn Sie Fragen haben, liebe Zuschauer, zum Beispiel wie Sie Ihre Finanzen wieder ins Lot bringen oder wie Sie die roten Zahlen von vornherein vermeiden können, rufen Sie uns an, unsere Experten im Studio stehen Ihnen Rede und Antwort. Die Telefon- und Faxnummern, die blenden wir natürlich immer wieder ein“[196]. Während der Telefonaktion konnten die Anrufer ihre konkreten Fragen den „Experten“, unter denen auch zugelassene Rechtsberater waren, unmittelbar vortragen. Sie konnten mit diesen in Dialog treten und erhielten dann auch sofort oder in einem Fall über einen Rückruf eine Antwort[197]. Das Gericht erkannte bereits in dem Anbieten und der Ankündigung der

195 OLG Nürnberg, NJW-RR 1998, 137 = AfP 1998, 229.
196 OLG Nürnberg, NJW-RR 1998, 137.
197 Vgl. OLG Nürnberg, NJW-RR 1998, 137, 138.

Aktion und dem Werben für dieselbe einen Verstoß gegen das Rechtsberatungsgesetz[198].

Dabei erachtete es als entscheidend für die Annahme einer Rechtsberatung, daß jemand rechtliche Aufklärung über einen bestimmten, ihn unmittelbar oder mittelbar interessierenden Einzelfall anstrebe und ihm diese Aufklärung in irgendeiner Weise, sei es in spezieller oder in genereller Form, zuteil werde[199]. Abgestellt wurde also auch hier allein auf das Ergebnis einer Tätigkeit: sobald eine unmittelbare Förderung einer Rechtsangelegenheit in Form von rechtlicher Aufklärung in einem konkreten Einzelfall eintritt, soll eine Rechtsberatung im Sinne des Rechtsberatungsgesetzes vorliegen. Daß die Aufklärung im konkreten Einzelfall erfolgt ist, sah das Gericht dadurch bestätigt, daß die Auswahl der telefonischen Anfragen für die Sendung nicht nach typisierenden Kriterien, sondern rein zufällig in der Reihenfolge des Eingangs erfolgte und daß diese Anfragen dann konkret und einzelfallbezogen beantwortet worden seien, wobei auch die Möglichkeit zum Dialog mit Experten und der gezielten Nachfrage bestand[200].

Die Geschäftsmäßigkeit des Handelns wurde bejaht, da der betroffene Fernsehsender mehrfach aufklärende Sendungen über Rechtsfragen mit Zuschauerbeteiligung ausgestrahlt hatte und wieder ausstrahlen wolle.

Da nach Auffassung des Gerichts die Beratungstätigkeit durch den Fernsehsender vorgenommen wurde und dieser über eine Erlaubnis nicht verfügte, erachtete es die telefonische Beratungsaktion zu juristischen Einzelproblemen der Zuschauer für unzulässig nach Art. 1 § 1 RBerG. Deshalb hielt es für unerheblich, daß am Telefon auch zugelassene Rechtsberater die Fragen der Zuschauer beantworteten: Die Erlaubnis für den Fernsehsender sei unentbehrlich, selbst wenn sich der Sender zugelassener Rechtsberater bediene[201]. Wer Rechtsberatung oder Rechtsbesorgungen für andere vornehme, müsse dazu in eigener Person befugt sein. Hier habe nach dem Eindruck der beteiligten Verkehrskreise der Fernsehsender die angekündigte Rechtsberatung erteilt und sich der eingeladenen Experten nur bedient, die dementsprechend auch nur als „unsere Experten" bezeichnet worden seien. Der Eindruck, daß nur der Kontakt zwischen Zuschauer und Experten vermittelt würde, sei nicht erweckt worden.

Das OLG ordnete also den Sender als Veranstalter und einzig Verantwortlichen für die Rechtsberatungen ein. Demgemäß ist nach Auffassung des Ober-

---

198 OLG Nürnberg, NJW-RR 1998, 137, 138.
199 OLG Nürnberg. NJW-RR 1998, 137, 138.
200 OLG Nürnberg, NJW-RR 1998, 137, 138.
201 OLG Nürnberg, NJW-RR 1998, 137, 139 unter Bezugnahme auf BGHZ 98, 330, 335. In dieser Entscheidung hatte sich eine Wirtschaftsberatungsgesellschaft gegenüber ihren Kunden freiberuflicher Steuerberater für die Beantwortung von Steuerfragen bedient.

landesgerichts dem Sender die Durchführung einer Telefon-Rechtsberatungsaktion verboten, unabhängig davon, ob die Zuschauer in direkten Kontakt mit einem Rechtsanwalt, einem anderen zugelassenen Rechtsberater oder einem Redaktionsmitglied ohne formale Zulassung treten. Unklar bleibt nur, ob die reine Kontaktherstellung zwischen einem Rechtsanwalt und einem anfragenden Zuschauer im Rahmen einer Fernsehsendung nach Auffassung des Gerichts dem Sender nicht mehr als eigene Rechtsberatung zuzuordnen wäre. Dafür spricht, daß das Gericht in Abgrenzung zu seiner Beurteilung, daß bei den beteiligten Verkehrskreisen der Eindruck entstanden sei, daß der Sender sich der Experten nur bediene, feststellt, der Eindruck, daß der Sender nur den Kontakt zu den Rechtsanwälten herstelle, sei gerade nicht erweckt worden.

Es entspricht auch der Rechtsprechung des BGH, daß in eigener Person befugt sein muß, wer fremde Rechtsangelegenheiten besorgt[202]. In den vom BGH entschiedenen Fällen war allerdings zunächst ein Beratungsvertrag zwischen einer Beratungsgesellschaft und dem Kunden zustande gekommen, wobei die Beratungsgesellschaft nicht zur Rechtsbesorgung befugt war und ihrerseits die Angelegenheiten an zugelassene Berater weiterleitete. Ob zwischen den Anrufern und dem organisierenden Fernsehsender ein solcher Vertrag geschlossen wird, erscheint bereits fraglich. Allerdings entspricht die Einordnung des Oberlandesgerichts der Rechtsprechung des OLG Stuttgart zu einer vergleichbaren Telefonaktion in den Redaktionsräumen der Presse: Dort war darauf abgestellt worden, daß die Redaktion sich darauf beschränkt habe, die Telefonaktion anzukündigen und die Telefonanschlüsse der Redaktion, an denen zugelassene Rechtsberater unmittelbar erreichbar waren, zur Verfügung zu stellen, während die Moderation der Fernsehsendung mehrfach auf „unsere Experten" verwiesen hatte[203].

Die Organisation einer telefonischen Beratungsaktion durch einen Fernsehsender, der zur Beantwortung der Fragen Rechtsanwälte und andere „Experten" vor die Kamera bittet und dabei den Eindruck erweckt, selbst die Rechtsberatung zu veranstalten, wird damit als unzulässig nach Art. 1 § 1 RBerG angesehen[204].

---

202 BGH NJW 1987, 3003, 3004; BGHZ 98, 330, 335 für Steuerberater; BGH MDR 1988, 26.

203 OLG Nürnberg, NJW-RR 1998, 137.

204 Der BGH hat am 6.12.2001 ein Verbot telefonischer Rechtsberatung bestätigt – dieses betraf die Sendung „Wir Schuldenmacher" des Bayerischen Rundfunks –, die Beratung hatte allerdings außerhalb der Sendung stattgefunden. Hinsichtlich der Beratungen innerhalb der Sendung hat sich der Bundesgerichtshof auf den Standpunkt gestellt, es habe nicht der Einzelfall und seine Lösung im Vordergrund der Sendungen gestanden, sondern die allgemeine Information der Zuschauer über typische allgemein interessierende Sachverhalte. BGH am 6.12.01, Pressemitteilung des BGH Nr. 93/2001, http://www.uni-karlsruhe.de/~BGH/ PressemitteilungenBGH/ PM2001/PM_093_2001.htm (Stand: 7.12.2001); FAZ vom 8.12.01, S. 21; NJW

c. Redaktionstätigkeiten

Eine weitere Form von Fernsehtätigkeiten, die sich im juristischen Umfeld des Rechtsberatungsgesetzes bewegen, sind Sendungen, in denen die von Zuschauern konkret vorgetragenen Rechtsfälle und -probleme in anderer Weise als direkter telefonischer Beratung behandelt und teilweise einer Lösung zugeführt werden.

Gemeint sind hier alle Fälle und Konstellationen, in denen für den Sender Redaktionsmitglieder oder andere Mitarbeiter im Zusammenhang mit Rechtsangelegenheiten tätig werden. So kann der Sender durch gezielte schriftliche oder mündliche Nachfrage bei einem benannten möglichen Anspruchsgegner tätig werden, er kann diesen schlicht zu einer Stellungnahme auffordern, er kann über diese Tätigkeit anschließend in einem Beitrag berichten oder die Tätigkeit selbst dokumentieren und zum Gegenstand einer Sendung machen[205]. All diese Handlungsformen stellen nach der Rechtsprechung der Oberlandesgerichte verbotene, da erlaubnispflichtige Rechtsbesorgungen dar.

Das Vorliegen einer konkreten Rechtsbesorgung wurde bisher nur in einer erstinstanzlichen Entscheidung verneint[206]. Die Entscheidung betraf einen Fall, in dem ein Fernsehsender es im Rahmen einer von ihm ausgestrahlten Sendung übernommen hatte, konkrete Angelegenheiten Dritter aufzugreifen, um diese jeweils einer für den Dritten günstigen Lösung zuzuführen[207]. Zur Begründung führte das Gericht an, daß die rechtliche Seite der Angelegenheit gerade nicht im Vordergrund gestanden habe und es im Wesentlichen nicht um die Klärung der

---

2002 Heft 1, S. VIII; BGH ZUM 2002, 639, 641. Damit scheint der BGH der Argumentation der Oberlandesgerichte Köln und Dresden zur typisierenden Heranziehung von Einzelfällen in der Presse für den Rundfunk gefolgt zu sein, dazu oben 1. Teil, capt. III 2 d, S. 43 ff.

205 Eine detaillierte Darstellung solcher Sendungen findet sich bei Bethge/v.Coelln, Rechtsberatung, S. 39 ff.

206 So Henssler/Holthausen, Kurzkommentar zu LG Duisburg, Urteil vom 07.01.1999, Az.: 41 O 180/98, EWiR 6/1999, § 1 UWG, S. 419, in: EWiR 6/1999, S. 419, 420. Der BGH (am 6.12.2001), FAZ vom 8.12.2001, S. 21, Pressemitteilung des BGH Nr. 93/2001, http://www.uni-karlsruhe.de/~BGH/PressemitteilungenBGH/PM2001/PM_093_2001.htm (Stand: 7.12.2001), ZUM 2002, 639, 641; 642, 646; NJW 2002, 2879, 2880, scheint nun verstärkt darauf abzustellen, ob in Programmbeiträgen die rechtliche Seite des Einzelfalles und seine Lösung im Vordergrund stehen oder die allgemeine Information über typische Rechtsprobleme oder ob die Tätigkeit überwiegend auf wirtschaftlichem Gebiet liegt.

207 LG Duisburg, Urteil v. 07.01.1999, Az.: 41 O 180/98, EWiR 6/1999, § 1 UWG, S. 419 mit Kurzkommentar Henssler/Holthausen, EWiR 6/1999, § 1 UWG, S. 419 f.

rechtlichen Verhältnisse gegangen sei[208]. Die erstinstanzlichen Entscheidungen waren im übrigen aufgrund medienspezifischer Besonderheiten teilweise noch anders ausgefallen als die zweitinstanzlichen Entscheidungen. Als diese Besonderheiten können vor allem zwei Punkte benannt werden: zum einen das Mittel von Komik, Satire und ironischer Überzeichnung und zum anderen die Überschneidung von journalistischer Recherchetätigkeit und Rechtsbesorgung im Sinne des Rechtsberatungsgesetzes. Inwieweit diese Tätigkeiten nach der Rechtsprechung verbotene Rechtsbesorgungen darstellen, wird im folgenden aufgezeigt.

aa. Komik/Satire (Megaphontätigkeiten)

In die Kategorie Komik/Satire wurde von dem Beklagten und auch von der Vorinstanz das Vorgehen des „Mahnman“ in der Sendung „Wie bitte?! Wir kämpfen für Sie!“ eingeordnet. In dieser Sendung hatte eine skurril gekleidete „Superman“-ähnliche Gestalt mit Megaphon, der sogenannte „Mahnman“, Vertreter von Firmen und Unternehmen zu bestimmten, von betroffenen Zuschauern vorgetragenen Sachverhalten zur Rede gestellt. Der beklagte Fernsehsender argumentierte, ein Verstoß gegen Vorschriften des Rechtsberatungsgesetzes liege deshalb nicht vor, weil sich aus dem skurrilen, satirisch überzeichneten und clownesken Auftreten des „Mahnman“ ergebe, daß hier keine Rechtsangelegenheiten verfolgt, sondern auf skurrile Sachverhalte hingewiesen werden sollte[209]. Der „Mahnman“ habe weder auf irgendwelche bestehenden Rechte hingewiesen noch auf eine kulante Regelung gedrängt, es sei ihm nur darum gegangen, eine Schilderung des Sachverhaltes aus der Sicht der Firma zu erhalten[210].

Das Landgericht als Vorinstanz ordnete jedoch nicht im Sinne dieser Argumentation das Vorgehen des „Mahnman“ aufgrund seines satirischen Charakters als schwerpunktmäßig journalistisch ein. Es erkannte in dem Vorgehen des „Mahnman“ eine Rechtsbesorgung und urteilte, daß ein Vorgehen in „Superman“- bzw. in „Holzfäller-Manier“ nichts an der Vornahme einer Rechtsberatung ändern könne[211]. Denn der „Mahnman“ habe einen Anspruch der Familie W. gegen ihren Möbel-Lieferanten, der mehrfach falsche Schubladen zu einer bei ihm gekauften Kommode geliefert hatte, durchgesetzt. Aus dem Text des Sendebeitrags ergebe sich, daß der Beitrag auch genau dazu gedacht war. So heißt es in dem Beitrag nach der Schilderung des Falles in der Anmoderation:

208 LG Duisburg, Urteil v. 07.01.1999, Az.: 41 O 180/98, EWiR 6/1999, § 1 UWG, S. 419.
209 OLG Köln NJW 1999, 502, 503 f.
210 LG Köln v. 18.12.1997, Az. 84 O 92/97, Urteilsumdruck S. 12.
211 LG Köln v. 18.12.1997, Az. 84 O 92/97 Urteilsumdruck S. 14.

„Das ist ein klarer Fall für Mahnman!“ oder „Mahnman“ selbst äußert gegenüber dem Publikum: „Ich habe wieder einen Auftrag von ‚Wie bitte?!‘ Oh, ein schwerer Fall. Aber für ‚Mahnman‘ nicht unlösbar“. Weiter habe der „Mahnman“ selbst eine Forderung gestellt, indem er gegenüber einem Mitarbeiter des Möbellieferanten äußerte: „Sie organisieren jetzt also mal vier Schubladen in Buche natur!“. Auf die Zusage des Mitarbeiters hin, die Lieferung der richtigen Schubladen werde umgehend erfolgen, spricht „Mahnman“ von einem „grandiosen Erfolg“ und feiert nach Auffassung des Gerichts diesen Erfolg für die betroffene Familie und sich selbst, rechne sich also den Erfolg selbst zu. Daraus sei ersichtlich, daß der Auftritt des „Mahnman“ das Ziel gehabt habe, der Familie die richtigen Schubladen zu besorgen.

Als Kriterium werden hier also Ziel, Zweck und Ergebnis der Handlung bestimmt, Äußerlichkeiten wie die Überspitzung der Aktion oder ihr humoristischer Anstrich ändern nach Ansicht des Gerichts nichts daran, daß ein fremdes Recht besorgt worden sei.

Das Oberlandesgericht war insoweit derselben Auffassung, stellte aber weitergehend klar, daß ein Verstoß gegen das Rechtsberatungsgesetz bereits festzustellen sei, wenn nur im Ergebnis der angegriffenen Handlung die Wahrnehmung fremder rechtlicher Interessen gesehen werden könne. Selbst also, wenn es gar nicht Absicht der Beklagten, nicht Ziel und Zweck ihres Handelns gewesen sei, Rechtsangelegenheiten der Betroffenen wahrzunehmen, reiche allein die objektiv erfolgte Besorgung für die Feststellung eines Verstoßes gegen das Rechtsberatungsgesetz aus[212]. Im übrigen seien durch die Sendung keine journalistischen Aufgaben oder Interessen wahrgenommen worden. Die Beklagte habe sich lediglich für Käuferinteressen verwendet und die so entstandenen Beiträge zur Unterhaltung gesendet, weshalb sich auch aus der Berücksichtigung des Art. 5 I GG keine andere Beurteilung ergebe[213], da die Beklagte nicht einmal selbst für sich in Anspruch genommen habe, daß ein öffentliches Interesse an der geklärten Frage bestanden habe.

Demnach kommt Ziel und Intention der Handelnden nur indizieller Charakter zu. Entscheidend ist allein, ob im Ergebnis eine fremde Rechtsangelegenheit gefördert, erledigt oder durchgesetzt wird. Unter welchen Umständen die Förderung erfolgt, ist nach der Rechtsprechung ebenfalls unerheblich; es kommt nur darauf an, daß objektiv eine fremde Rechtsangelegenheit gefördert wird und somit eine Rechtsbesorgung festzustellen ist.

---

212 OLG Köln, NJW 1999, 502, 504. Auftreten und Verlauf der Sendung machten zudem deutlich, daß es dem Fernsehsender gerade darum gehe, fremde Rechtsangelegenheiten anstelle der Betroffenen wahrzunehmen, dies sei sogar Konzept und Ziel der Sendung.

213 OLG Köln, NJW 1999, 502, 504.

bb. Recherchearbeiten

Für unzulässig wird weiter erachtet, daß ein Fernsehsender auf die Information eines Zuschauers hin gezielte Recherchen zu bestimmten, offenen Rechtsfällen betreibt, um anschließend darüber zu berichten.

Ebenfalls in der Sendung „Wie bitte?!/Mahnman“ war ein Vorgang nachgespielt worden, der sich wegen einer überhöhten Telefonrechnung zwischen einer Spedition und einer gewissen Firma M abgespielt hatte. Nach Behauptung der Spedition waren auf der Abrechnung der M über einen Telefonanschluß für ein Mobiltelefon Gespräche abgerechnet worden, die niemals geführt worden waren. Die M hatte auf die Reklamation der Spedition hin erklärt, die Abrechnungen seien korrekt. Auch nachdem die Telefonkarte seitens der Spedition im Tresor eines Rechtsanwalts und Notars deponiert worden war, waren seitens der M Gespräche abgerechnet worden, die angeblich über den Anschluß der Spedition geführt worden waren. Auf den Hinweis, daß dies im Hinblick auf die Hinterlegung nicht stimmen könne, hatte die M sich darauf berufen, daß für die Telefonnummer eine Twincard existiere. Wie in der Abschlußmoderation des Filmbeitrages mitgeteilt wurde, hatte die Firma M in der Angelegenheit erst mit Nachforschungen begonnen, als die Redaktion von „Wie bitte?!“ sich für den Fall zu interessieren begann und anschließend ihre überhöhten Rechnungen gegenüber der Spedition korrigierte[214].

In dem per Fax an die Firma M gerichteten Schreiben hatte die Redaktion von „Wie Bitte?!“ zunächst sich und die Sendung vorgestellt, dann den Sachverhalt aus ihrer Sicht erläutert und um die Beantwortung von zwei Fragen gebeten. Diese lauteten: 1. Wem wurde die Twincard ausgehändigt? und 2. Warum wurden weiterhin Telefongespräche aufgelistet und abgerechnet, obwohl die Rufnummer gesperrt war? Weiter heißt es: „Für die Aufklärung des Falles wäre es sehr vorteilhaft, wenn sie uns eine Kopie des Vertrages für die Twincard schikken würden. Da wir immer bestrebt sind, beide Seiten zu einem Fall zu hören, wäre es schön, wenn sie uns bis zum 09.12.96, 15.00 Uhr, eine Antwort zukommen lassen würden“.[215]

Das Oberlandesgericht sah in dieser Tätigkeit der Redaktion von „Wie bitte!?“ eine nach Art. 1 § 1 RBerG verbotene Rechtsbesorgung. Eine Rechtsangelegenheit im Sinne des Rechtsberatungsgesetzes liege darin, daß die Spedition eine Klarstellung von Rechten, nämlich eine Korrektur des geltend gemachten Anspruches durch M, verlangt habe. Bei dem Brief der Redaktion an die Firma M handele es sich zwar um eine Recherche-Arbeit, diese stelle aber einen Ver-

214 OLG Köln, NJW 1999, 502.
215 OLG Köln, NJW 1999, 502.

stoß gegen das Rechtsberatungsgesetz dar. Der Verstoß liege darin, daß die Recherche nicht über einen Rechtsvorgang erfolgt sei, über den journalistisch zu berichten wäre, sondern daß es sich um eine Recherche zur Vorbereitung einer Sendung handele, die wiederum einen Verstoß gegen das Rechtsberatungsgesetz darstelle[216]. Durch diese Recherchen selbst seien daher bereits in massiver Weise fremde Rechtsangelegenheiten besorgt worden, wobei in der Folge auch die Korrektur der fraglichen Rechungen bewirkt worden sei[217].

Das Landgericht hatte denselben Vorgang als journalistische Recherche-Arbeit angesehen und einen Verstoß gegen das Rechtsberatungsgesetz verneint, da der Beklagten ihre Tätigkeit im Rahmen der Pressefreiheit gestattet gewesen sei[218]. Das Landgericht hatte argumentiert, die journalistische Sorgfalt gebiete es, sich vor einem Bericht über einen Sachverhalt Gewißheit zu verschaffen und beide Seiten anzuhören. Daß jemand von sich aus tätig werde und seine Haltung korrigiere, weil er aufgrund einer Recherche-Anfrage schlechte publicity fürchte, habe mit der Besorgung einer Rechtsangelegenheit nichts zu tun[219].

Indem es die Tätigkeit der Informationsbeschaffung durch die Redaktion und die später bewirkte Rechnungskorrektur als einen Vorgang ansieht, stellt das Oberlandesgericht bei der Einordnung der Recherchetätigkeit nicht ausschließlich auf das Ergebnis der Handlung ab, sondern berücksichtigt, allerdings ohne dies ausdrücklich zu erwähnen, wieder die Intention der Recherchierenden und damit die Zielgerichtetheit des redaktionellen Handelns.

cc. Vermittlungstätigkeiten

Teilweise agieren die Fernsehteams auch direkt, indem Mitglieder der Redaktion persönlich die potentiellen Kontrahenten der Ratsuchenden zur Rede stellen. Dies wird dann entweder sofort gedreht, also live dokumentiert, oder später für einen Filmbeitrag nachgestellt. Ein solcher Fall war in „Jetzt reicht's! – Wir kämpfen für ihr gutes Recht“ gezeigt worden, das OLG Düsseldorf untersagte die hier verwandten Handlungsformen[220]:

In einem Einspielfilm stellte ein gewisser A. zunächst das Ehepaar R. vor und teilte mit, man habe einen Opel kaufen wollen, es sei jedoch etwas dazwischen gekommen. Darauf erzählte Herr R., er sei arbeitslos geworden, habe das Auto nicht mehr finanzieren können und daher seine Frau zu Opel geschickt, um in der gesetzlichen Widerrufsfrist zu kündigen. Bei Opel sei aber eine Abschlag-

216 OLG Köln NJW 1999, 502, 504.
217 OLG Köln, NJW 1999, 502, 504.
218 LG Köln v. 18.12.1997, Az. 84 O 92/97 Urteilsumdruck S. 14, 15.
219 LG Köln v. 18.12.1997, Az. 84 O 92/97 Urteilsumdruck S. 15.
220 OLG Düsseldorf v. 16.12.1997, AfP 1998, 232.

zahlung von 2805,- DM verlangt worden. Nach einem Gespräch sei ihnen von Opel der Betrag von DM 2.000,- zurückgezahlt worden, DM 805,- fehlten aber noch. Herr A. begleitete nun das Ehepaar R. zum Opel-Händler und grüßte dort „Schönen guten Tag die Herrschaften. Wir hätten gerne den Herrn P. gesprochen." Auf einen Hinweis eines Angestellten hin sprach er diesen an: „Schönen guten Tag Herr P. Mein Name ist Herr A. Wir sind von der Redaktion : ‚Jetzt reicht's!' Wir möchten uns gerne kurz über einen Fall unterhalten, nämlich den Fall der Familie R." Auf die Frage des Herrn P., ob man „vorne" Platz nehmen wolle, forderte Herr A. in die Kamera den Kameramann auf: „Kommen'se ruhig mit". Der folgende Dialog entspann sich einerseits zwischen Herrn R. und Herrn P., andererseits schaltete sich A. immer wieder ein und sprach über die Kamera die Zuschauer an.

Der Vertreter von Opel wurde von dem Redaktionsmitglied A. mehrfach auf einen Opel-Werbeslogan, in dem der besondere Service des Unternehmens in den Vordergrund gestellt wird, angesprochen: „Aber Opel macht doch ganz klar Werbung, freundlicher Opel-Händler, freundliche Bedienung." Der entnervte Angestellte sorgte schließlich dafür, daß die beanspruchte Geldsumme sofort zurückgezahlt wurde.

Die Tätigkeiten des Redaktionsmitglieds qualifizierte das Gericht als konkrete Rechtsbesorgungen im Einzelfall und nahm damit Verstöße gegen § 1 UWG i.V.m. Art. 1 § 1 Satz 1 RBerG an. Die Tätigkeit der Antragsgegnerin sei darauf gerichtet gewesen, das Bestreben der Familie, so gestellt zu werden, wie sie bei unzweideutigem Widerruf des Autokaufs gestanden hätte, und das gesamte Geld zurückzuerhalten, zu fördern[221]. Dem stehe nicht entgegen, daß die Antragsgegnerin journalistische Mittel eingesetzt habe. Auch der Einsatz journalistischer Mittel könne der Besorgung fremder Rechtsangelegenheiten unterfallen. Ebenso seien unter Berücksichtigung des Einflusses von Art. 5 I GG auf die Auslegung des Gesetzes diese Mittel nicht per se von der Anwendung des Rechtsberatungsgesetzes ausgenommen. Sobald die Berichterstattung mit der Ausübung von irgendwelchem Druck auf einen der Beteiligten im konkreten Einzelfall verbunden sei, sei die Grenze zur (unzulässigen) Besorgung fremder Rechtsangelegenheiten überschritten[222]. Hier wurde also das Erzeugen von öffentlichem Druck, die Drohung mit der Bloßstellung eines der Beteiligten von dem Gericht als Mittel der Förderung der konkreten Rechtsangelegenheit des betroffenen Zuschauers angesehen[223].

---

221 OLG Düsseldorf, AfP 1998, 232, 234.
222 OLG Düsseldorf, AfP 1998, 232, 234.
223 Zustimmend in der Literatur: Hirtz, EWiR 2/1998, Art. 1 § 1 RBerG, S. 853, 854.

dd. Ankündigungen der Sendungen

Ebenso wie die Durchführung von Vermittlungstätigkeiten wird die Ankündigung solcher Sendungen beanstandet. Ankündigungen, in denen bereits dazu aufgefordert wird, eigene Rechtsprobleme der Redaktion zu schildern und sich bei ihr Rat und Antwort zu holen, werden von den Gerichten ebenso als erlaubnispflichtige Rechtsbesorgungen für unzulässig erklärt wie die Aufforderung, innerhalb einer Sendung „jetzt“ anzurufen und sich Rat zu holen[224].

Die Abmoderation unter dem übergeordneten Sendetitel „Jetzt reicht's! – Wir kämpfen für ihr gutes Recht“ a): „Und wann immer sie Ärger haben und nicht mehr wissen, wie es weitergehen soll, dann wenden Sie sich an meine Redaktion unter folgender Adresse...“ und/oder b): „...Und wann immer Sie ein Problem haben, schreiben Sie uns“ wurde als Ankündigung von Rechtsbesorgung betrachtet[225]. Diese Aufforderungen wurden untersagt, da die Ankündigung solcher nach Art. 1 § 1 RBerG Rechtsbesorgungen und das Werben hierfür wettbewerbswidrig gemäß § 1 UWG sei[226]. Auch die Aufforderung an die Zuschauer „Und wenn sie Fragen haben, liebe Zuschauer, zum Beispiel wie Sie Ihre Finanzen wieder ins Lot bringen oder wie Sie die roten Zahlen von vornherein vermeiden können, rufen Sie uns an, unsere Experten im Studio stehen Ihnen Rede und Antwort. Die Telefon- und Faxnummer, die blenden wir natürlich immer wieder ein“[227], an der beschriebenen Telefonaktion in der Sendung „Wir Schuldenmacher“ teilzunehmen, wurde als eigenständiger Verstoß gegen Art. 1 § 1 RBerG angesehen[228]. Ebenso argumentierte derselbe Senat des OLG Nürnberg in einem Fall, in dem Zuschauer im Studio anrufen und Fragen zu Reisemängeln stellen konnten[229].

d. Ausnahmen von der Erlaubnispflicht

Auch bezüglich rechtsbesorgender und rechtsberatender Tätigkeiten im Fernsehen wird erörtert, ob diese unter eine der Ausnahme- oder Klarstellungsregelungen des Art. 1 RBerG fallen können.

224 LG Duisburg, Urteil v. 15.4.1998, 45 O 10/98 bzgl. der Ankündigung auf Videotext; OLG Nürnberg, NJW-RR 1998, 137 = AfP 1998, 229; OLG Nürnberg, Urteil v. 28.1.1997, 3 U 3649/96, Urteilsumdruck S. 8; OLG Hamm, WRP 1979, 876.

225 OLG Düsseldorf, AfP 1998, 232, 234.

226 OLG Düsseldorf, AfP 1998, 232, 234.

227 Vgl. OLG Nürnberg, NJW-RR 1998, 137 = AfP 1998, 229.

228 OLG Nürnberg, NJW-RR 1998, 137, 138.

229 OLG Nürnberg, Urteil v. 28.1.1997, 3 U 3649/96, Urteilsumdruck S. 8.

aa. Art. 1 § 5 RBerG

Die Anwendbarkeit der Ausnahmeregelung des Art. 1 § 5 Nr. 1 RBerG auf rechtsbesorgende und -beratende Tätigkeiten des Fernsehens wird von der Rechtsprechung aber ebenso verneint wie die Anwendbarkeit auf die Presse[230].

Art. 1 § 5 Nr. 1 RBerG bestimmt, daß kaufmännische oder sonstige gewerbliche Unternehmer für ihre Kunden rechtliche Angelegenheiten erledigen dürfen, die mit einem Geschäft ihres Gewerbebetriebs in unmittelbarem Zusammenhang stehen. Es wird davon ausgegangen, daß privatrechtlich organisierte Sender als gewerbliche Unternehmen i. S. d. Art. 1 § 5 Nr. 1 RBerG einzuordnen sind[231]. In Zweifel gezogen wird aber, ob die Zuschauer der privaten Fernsehsender als Kunden dieser Sender angesehen werden können[232]. Ohne die Frage, ob die Zuschauer Kunden im Sinne des Art. 1 § 5 Nr. 1 RBerG sind, zu entscheiden, wird jedenfalls der unmittelbare Zusammenhang zwischen der gewerblichen Tätigkeit von Presseunternehmen und der Erteilung rechtlicher Auskünfte verneint. Zur Begründung wird angeführt, die rechtsbesorgende Tätigkeit eines Fernsehsenders sei keinesfalls ein notwendiges Hilfsgeschäft der Sendetätigkeit[233]; denn sie sei nicht der Berichterstattung, der Kerntätigkeit von Fernsehsendern, nur untergeordnet. Diese Argumentation entspricht der Rechtsprechung des BGH, wonach unter Art. 1 § 5 Nr. 1 RBerG nur solche Tätigkeiten fallen, die der Unternehmer im Rahmen und Interesse der eigentlichen Berufsaufgaben ausführt[234]. Bei der Rechtsbesorgung soll es sich nach dem BGH um eine Hilfs- oder Ne-

230 OLG Düsseldorf v. 7.7.1998, Az. 20 U 20/98, Urteilsumdruck S. 18 = ZIP 1998, 1655, 1656; OLG Düsseldorf, Urteil v. 2.3.1999, Az.: 20 U 53/98, Urteilsumdruck S. 20; OLG Düsseldorf v. 16.12.1997, Az.: 20 U 64/97, AfP 1998, 232, 235; LG Duisburg v. 25.2.1998, Urteilsumdruck S. 9.

231 Für Rundfunksender als gewerbliche Unternehmen: OLG Düsseldorf, ZIP 1998, 1653, 1656 = OLG Düsseldorf v. 7.7.1998, Az. 20 U 20/98, Urteilsumdruck S. 18; OLG Düsseldorf v. 2.3.1999, Az.: 20 U 53/98, Urteilsumdruck S. 20; OLG Düsseldorf v. 16.12.1997, Az.: 20 U 64/97, AfP 1998, 232, 235; LG Duisburg v. 25.2.1998, Urteilsumdruck S. 9.

232 OLG Düsseldorf v. 7.7.1998, Az. 20 U 20/98, Urteilsumdruck S. 18 = ZIP 1998, 1655, 1656; OLG Düsseldorf v. 2.3.1999, Az.: 20 U 53/98, Urteilsumdruck S. 20; OLG Düsseldorf v. 16.12.1997, Az.: 20 U 64/97, AfP 1998, 232, 235; LG Duisburg v. 25.2.1998, Urteilsumdruck S. 9.

233 OLG Düsseldorf v. 7.7.1998, Az. 20 U 20/98, Urteilsumdruck S. 18 = ZIP 1998, 1655, 1656; OLG Düsseldorf v. 2.3.1999, Az.: 20 U 53/98, Urteilsumdruck S. 20; OLG Düsseldorf v. 16.12.1997, Az.: 20 U 64/97, AfP 1998, 232, 235; LG Duisburg v. 25.2.1998, Urteilsumdruck S. 9.

234 BGH NJW 1957, 301, 303.

bentätigkeit handeln, die aber nicht selbständig neben die anderen Berufsaufgaben tritt oder gar im Vordergrund steht[235].

bb. Art. 1 § 3 RBerG

Die Anwendbarkeit von Art. 1 § 3 Nr. 1 RBerG auf Fernsehsender wird sowohl für öffentlichrechtliche Rundfunkanstalten als auch für privatrechtliche verneint. Art. 1 § 3 Nr. 1 RBerG enthält die Klarstellung, daß die Rechtsberatung und Rechtsbetreuung, die von Behörden und von Körperschaften des öffentlichen Rechts im Rahmen ihrer Zuständigkeiten ausgeübt werden, durch das Rechtsberatungsgesetz nicht berührt werden. In der Rechtsprechung heißt es, daß die Norm schon auf öffentlich-rechtliche Fernsehanstalten keine Anwendung finde, weil Normen, die eine entsprechende Zuständigkeit begründeten, in deren Rahmen die Sender in ihren Sendungen rechtsberatend oder rechtsbetreuend tätig werden könnten, nicht ersichtlich seien[236]. Aus diesem Grunde verbiete sich erst recht eine Analogie zwischen Körperschaften oder Anstalten des öffentlichen Rechts und privaten Fernsehsendern[237].

Nach der Rechtsprechung stehen der Geltung des Präventivverbotes gegenüber rechtsbesorgenden Tätigkeiten im Fernsehen also keine Ausnahmevorschriften entgegen.

e. Zusammenfassung

Die Rechtsprechung zu Tätigkeiten von Fernsehredaktionen und -sendern ist restriktiv[238]. Wenn im Ergebnis durch die jeweilige Handlungsform eine fremde Rechtsangelegenheit unmittelbar gefördert wurde, betrachten die Gerichte die Vorgehensweise als nach Art. 1 § 1 RBerG unerlaubte Rechtsbesorgung, sofern die umstrittene Tätigkeit zum Mittelpunkt und Hauptgegenstand der Sendung gehörte bzw. wenn eine rechtliche Einzelproblematik und ihre Erörterung im Vordergrund der Sendung stand.

Welcher Mittel sich die Handelnden bedienten, wird dabei in der Judikatur der Oberlandesgerichte für unerheblich erachtet: Ob die Form von Komik und Satire gewählt wurde, ob eine Recherche durchgeführt wurde, ob der mit Berichterstattung im Fernsehen regelmäßig verbundene Druck der öffentlichen

235 St. Rspr.: BGH NJW 1989, 2125 m.w.N.

236 OLG Düsseldorf v. 16.12.1997, Az. 20 U 64/97, AfP 1998, 232, 235; LG Duisburg v. 25.2.1998, Az. 45 O 75/97, Urteilsumdruck S. 9.

237 OLG Düsseldorf v. 16.12.1997, Az. 20 U 64/97, AfP 1998, 232, 235; LG Duisburg v. 25.2.1998, Az. 45 O 75/97, Urteilsumdruck S. 9.

238 So auch Bethge, AfP 1999, 309.

Meinungsmacht instrumentalisiert wurde oder ob zugelassene Rechtsanwälte zu Telefonaktionen gebeten wurden, um Anfragen von Zuschauern zu beantworten: sofern ein Anspruch realisiert oder eine Einigung zwischen Kontrahenten erstrebt oder auch herbeigeführt wurde, urteilt die Rechtsprechung, es liege seitens des Fernsehsenders ein Verstoß gegen Art. 1 § 1 RBerG vor.

Ausgenommen von dieser Einschätzung ist – wie auch im Bereich der Presse – die allgemeine Berichterstattung über Rechtsfragen von allgemeinem Interesse und auch ihre detaillierte Darstellung anhand von Einzelfällen. Beispielsfälle fiktiver oder vergangener Art dürfen verwendet werden; ebenso ist die typisierende Heranziehung eines noch aktuellen Einzelfalles als mit dem Rechtsberatungsgesetz vereinbar erkannt worden.

IV. Kritik an der Rechtsprechung zur medialen Rechtsberatung

Die bisher dargestellte Rechtsprechung ist vielfältig kritisiert worden[239]. Dabei wurde sowohl auf mangelnde Praktikabilität und Uneinheitlichkeit der angewandten Entscheidungskriterien als auch auf verfassungsrechtliche Vorgaben, die von den Gerichten nicht ausreichend berücksichtigt würden, verwiesen. Ferner ist zu konstatieren, daß in der Rechtsprechung teilweise Verstöße gegen das Gesetz gegen den unlauteren Wettbewerb mit solchen gegen das Rechtsberatungsgesetz gleichgesetzt werden. Dies hat zu einer ausgedehnten Anwendung des Art. 1 § 1 RBerG geführt, die von der Terminologie des Rechtsberatungsgesetzes nicht mehr gedeckt ist.

1. Praktikabilität und Beweisbarkeit der unmittelbaren Förderung

Problematisch ist zunächst die Unterscheidung, wann ein existierender Einzelfall erörtert wird und wann eine Berichterstattung zu einem fiktiven oder vergangenen Einzelfall erfolgt. Das Kriterium der Behandlung eines existierenden Einzelfalles wirft vor allem ein Beweisproblem auf. Es dürfte schwierig sein nachzuweisen, ob der dargestellte Einzelfall nun von der Redaktion erfunden wurde oder – aktuell existierend – einer Zuschrift eines Lesers oder Zuschauers ent-

239 Bethge, AfP 1999, 309; Brangsch, NJW 1954, 516; Bürglen, WRP 2000, 846; Busse, NJW 1999, 1084; Dombek, BRAK-Mitteilungen 2001, 98; Flechsig, ZUM 1999, 273; Hirtz, EWiR 1998, 853; Janisch, AfP 2000, 32; Kleine-Cosack, NJW 2000, 1593; Ricker, NJW 1999, 449; Runge, NJW 1957, 301; Schneider, MDR 1976, 1; Töpper, DRiZ 1999, 172; Wenzel, AfP 1995, 648; Zuck, BRAK-Mitteilungen 2001, 105; Bethge/v.Coelln, Rechtsberatung, S. 39 ff.

nommen wurde und daher geeignet ist, durch die publizistische Verwertung unmittelbar gefördert zu werden.

Schon früh wurde diese Problematik für den Bereich der Presse erkannt und es gab verschiedene Überlegungen zu ihrer Lösung: So wurde vorgeschlagen, die Begrifflichkeiten des Art. 1 § 1 RBerG weit zu verstehen und auch die Raterteilung zu fiktiven Rechtsfällen oder allgemeinen Fragen als erlaubnispflichtig zu betrachten[240]. Trotz grundsätzlicher Zustimmung zur Bestimmung der Zulässigkeit oder Unzulässigkeit von Zeitungsbriefkästen nach der Konkretheit tatsächlich existierender Rechtsprobleme und der Allgemeinheit fiktiver Rechtsprobleme[241] wollte diese Auffassung den Bereich der Rechtsbesorgung weiterfassen als die Rechtsprechung, indem sie auf das Erfordernis des Bestrebens, die Angelegenheit zu einem „gewissen Abschluß“[242] zu bringen, verzichtete. Die Erteilung einer Auskunft auf die Unterbreitung irgendeines – auch fiktiven – Sachverhaltes erfüllt danach bereits den Tatbestand des Art. 1 § 1 RBerG, da sie einen Rechtsrat darstelle. Lediglich die allgemeine Behandlung der Rechtsfrage ohne jede Sachverhaltsabhandlung sei im Zeitungsbriefkasten zulässig. Für Publikationen in Presse und Rundfunk bedeutete das, daß Rechtsfragen ohne jede erzählende Ausschmückung zu präsentieren wären.

Die Gegenauffassung sah ebenfalls keinen Wesensunterschied zwischen der Förderung einer konkreten Rechtsangelegenheit im Einzelfall durch mündliche oder schriftliche Beratung und der Beratung einer Vielzahl gleichgelagerter Fälle durch eine Veröffentlichung. Sie schlug jedoch vor, Art. 1 § 1 RBerG eng auszulegen: Unter der konkreten Besorgung von Rechtsangelegenheiten im Sinne des Rechtsberatungsgesetzes sollte lediglich die Vertretung vor Gericht oder einer Behörde zu verstehen sein und der Bereich der reinen Beratung und Belehrung sollte aus dem Anwendungsbereich des Gesetzes vollständig herausgenommen werden[243]. Damit könnten Presse und Rundfunk außer vor Gericht oder vor Behörden umfassend rechtsberatend und rechtsbesorgend tätig werden.

Mit beiden Einteilungen wäre der Anwendungsbereich des Rechtsberatungsgesetzes eindeutig zu bestimmen und die genannten Praktikabilitäts- und Beweisprobleme könnten vermieden werden. Diese Lösungsvorschläge konnten sich allerdings in der Rechtsprechungspraxis nicht durchsetzen, so daß die Grenzziehung, wann ein realer und wann ein fiktiver Fall beraten oder besorgt wird, weiterhin zu Unsicherheiten führt.

---

240 Brangsch, NJW 1954, 516, 518.
241 Brangsch, NJW 1954, 516, 517.
242 OLG Hamm, NJW 1954, 516, 518.
243 Runge, NJW 1957, 301; ebenso: LG Stade, MDR 1956, 311; Schneider, MDR 1976, 1, 3 f.

2. *Uneinheitlichkeit*

Rechtsunsicherheit und mangelnde Voraussehbarkeit von gerichtlichen Entscheidungen entstehen dadurch, daß die Rechtsprechung zu juristischen Beratungen und Erörterungen in den Medien nicht einheitlich ist.

Die Einzelfallbeurteilungen zur Zulässigkeit der Telefonhotlines nach dem Rechtsberatungsgesetz kommen teilweise zu anderen Ergebnissen als die Beurteilung der Vermittlungsfunktion von Fernsehsendern, Presse und Telefonnummerninhabern bei Telefon-Beratungsaktionen. Trotz Vergleichbarkeit der Konstellationen wird die telefonische Beratung über die drei verschiedenen Medien ganz unterschiedlichen Beurteilungsmaßstäben unterworfen. Wird im Falle der Presse die Weitergabe konkreter Einzelrechtsfragen an Dritte zur Beratung inzwischen auch als nicht zu berücksichtigende Hilfeleistung gewertet[244], vertritt eine gewichtige Auffassung in der Rechtsprechung der Obergerichte[245], daß der Hotlinebetreiber selbst zum Vertragspartner eines Geschäftsbesorgungsvertrages mit dem Anrufer werde und mithin ohne Erlaubnis erlaubnispflichtige Rechtsberatung vornehme. In beiden Fällen wird Ankündigung und Vermarktung der Aktion nicht durch den letztlich das Rechtsproblem begutachtenden Anwalt vorgenommen, sondern durch einen Dritten, der an der Beratung durch Auflagenerhöhung oder Telefongebühren mitverdient. Dennoch sehen das Berliner Kammergericht und der 6. Zivilsenat des OLG München die Bereitstellung der Hotline nicht als rein technische Zurverfügungstellung oder hilfeleistende Weiterleitung an. Im Fall der TV-Sender entspricht die Argumentation der der benannten Obergerichte zu den Telefonhotlines. Der Sender, der die Telefonaktion plante, ankündigte und technisch durchführte, wurde als der Rechtsberatende angesehen, der jedoch über keine Erlaubnis verfügte. Die Bereitstellung elektronischer Verbindungsmöglichkeiten wird von der Rechtsprechung im Zusammenhang mit der Durchführung von Rechtsberatungsaktionen mit Mißtrauen betrachtet.

3. *Unrichtige Einordnung der Ankündigung einer Rechtsberatung als Rechtsberatung*

Das Ankündigen, das Bewerben oder das Anbieten einer Tätigkeit, die nach dem bereits Gesagten als Rechtsberatung oder -besorgung gilt, ist aufgrund eines Verstoßes gegen §§ 1, 3 UWG i.V.m. Art. 1 § 1 RBerG wettbewerbswidrig[246].

---

244 Vgl oben 1. Teil, capt. III 2 b cc, S. 39 ff.

245 Vgl. oben 1. Teil, capt. III 3 b, S. 52 f.

246 Dazu: Caliebe in: Seitz (Hg.), Inkasso-Handbuch, S. 505, Rz. 1065; Baumbach/Hefermehl: Wettbewerbsrecht, § 1 UWG Rz. 623. In der Rechtsprechung stellen dies

Eine verbotene Rechtsberatung oder -besorgung liegt mit dem Ankündigen, Bewerben oder dem Anbieten einer Tätigkeit, die nach Art. 1 § 1 RBerG verboten ist, aber nicht vor. Denn in diesem Stadium der Aufforderung und des Anpreisens sind noch keine konkreten Rechtsangelegenheiten, die gefördert werden könnten, vorhanden. Sofern die Gerichte hier einen Verstoß gegen das Rechtberatungsgesetz feststellen[247], ist dem hinzuzufügen, daß die Argumentation dogmatisch unvollständig ist. Im Stadium des Ankündigens, Aufforderns, Anbietens und Werbens ist ein Verstoß gegen § 1 UWG *in Verbindung* mit Art. 1 § 1 RBerG gegeben, sofern die angekündigte, angebotene oder beworbene Tätigkeit der Wertung des Art. 1 § 1 RBerG nach eine verbotene ist und sofern die beteiligten Verkehrskreise den Eindruck gewinnen müssen, daß die versprochene Tätigkeit eine solche ist, die unter Art. 1 § 1 RBerG fällt. Denn das Verbot des Art. 1 § 1 RBerG bezieht sich auf die Ausübung der Rechtsbesorgung und -beratung und nicht auf die Werbung hierfür[248]. Auf diese Verbindung mit § 1 UWG hinzuweisen, wurde in der Rechtsprechung mehrfach versäumt.

So nahm das OLG Nürnberg diesen Verstoß gegen das Rechtsberatungsgesetz bereits für eine Ankündigung in einer Sendung an, die lautete: „Danach wird's ernst, wir geben ihnen am Telefon Auskunft".[249] Das OLG Düsseldorf sah in einer ähnlichen Ankündigung in der Presse[250], in der die Leser aufgefordert wurden, der Zeitschrift „A" zu schreiben, damit diese bei Ärger mit dem Kfz oder der Werkstatt vermittle, einen Verstoß gegen das Rechtsberatungsgesetz. Daß in diesen Konstellationen noch gar keine konkreten Rechtsangelegenheiten vorliegen, die unmittelbar gefördert werden könnten, wurde in beiden Fällen nicht berücksichtigt. Wenn man annimmt, daß die Beantwortung der Zuschauerfragen am Telefon ebenso wie die Vermittlung in Streitigkeiten tatsächlich einen Verstoß gegen Art. 1 § 1 RBerG darstellen, dann kann die Ankündigung zwar in Verbindung mit § 1 UWG einen Unterlassungsanspruch begründen, die Ankündigung selbst stellt aber keinen Verstoß gegen Art. 1 § 1 RBerG dar. Denn es liegt weder eine konkrete Rechtsangelegenheit vor noch ist eine

---

klar: OLG Düsseldorf v. 16.12.1997, Az. 20 U 64/97, AfP 1998, 232, 233; OLG Düsseldorf v. 16.12.1997, Az. 20 U 83/97, Urteilsumdruck S. 17; OLG Düsseldorf v. 16.12.1997, Az. 109/97, Urteilsumdruck S. 8; OLG Düsseldorf v. 7.7.1998, Az. 20 U 20/98, Urteilsumdruck S. 18.

247 OLG Düsseldorf, WRP 1991, 588, 589 = AfP 1992, 153, 154; OLG Nürnberg Urteil v. 22.7.1997, Az.: 3 U 1497/97, AfP 1998, 229 = NJW-RR 1998, 137; OLG Nürnberg v. 28.1.1997, 3U 3649/96, Urteilsumdruck S. 7 f.; LG Köln v. 23.12.1997, Az.: 31 O 601/97, Urteilsumdruck S. 33 f.

248 So auch OLG Hamm, WRP 1979, 675, 676.

249 OLG Nürnberg, Urteil v. 28.1.1997, 3U 3649/96, Urteilsumdruck S. 7 f.

250 OLG Düsseldorf, AfP 1992, 153.

Handlung vorgenommen worden, die eine solche in irgendeiner Weise konkret fördern könnte.

Ebenfalls genügt es nicht für die Annahme einer Rechtsberatung oder Rechtsbesorgung, daß durch Aufbau und Moderation der Sendung beim Zuschauer der *Eindruck* erweckt wird, der Sender selbst erteile Rechtsauskünfte[251]. Das Erwecken eines falschen Eindrucks ist ein Kriterium des Wettbewerbsrechts: So verstößt gegen § 1 UWG, wer dem Wahrheitsgrundsatz zuwiderhandelt und Wettbewerbshandlungen vornimmt, die die Gefahr der Irreführung des Publikums zur Folge haben[252]. Es kommt auch nach dem herrschenden Verständnis der Begriffe Rechtsbesorgung und Rechtsberatung für die Feststellung eines Verstoßes gegen das Präventivverbot allein darauf an, ob in einem konkreten fremden Rechtsfall eine geschäftsmäßige Tätigkeit ausgeführt wurde. Wenn nur der Eindruck einer solchen Tätigkeit erweckt wurde, kann auch hier ein Verstoß gegen das Präventivverbot schon mangels Vorliegens einer konkreten fremden Rechtsangelegenheit nicht gegeben sein. In Betracht kommt lediglich ein Verstoß gegen § 1 UWG i.V.m. Art. 1 § 1 RBerG, weil der Anschein der Durchführung von Rechtsbesorgungen oder -beratungen hervorgerufen wurde.

4. Vereinbarkeit der Wertungen mit Art. 5 I GG

Diese drei aufgezeigten und zu kritisierenden Besonderheiten in der Rechtsprechung zur Bearbeitung juristischer Problemstellungen in oder über die Medien[253] zeigen die Tendenz in der Judikatur auf, dem Beratungsmonopol der Rechtsanwaltschaft den Vorrang gegenüber den Medienfreiheitsgrundrechten zuzuweisen. Bereits im Ansatz wird ein Übergreifen medialer Tätigkeiten in den klassischen Berufskreis des Rechtsanwaltes verhindert. Überlegungen dazu, ob die Publikationstätigkeit des jeweiligen Mediums mit der Tätigkeit des Anwaltes überhaupt und, wenn ja, inwieweit vergleichbar ist, wurden durch die Gerichte nicht oder kaum angestellt[254]. Die unbestimmte Fassung der Begrifflichkeiten insbesondere des Art. 1 § 1 RBerG ermöglicht Auslegungen, die die Tätigkeiten von Presse und Rundfunk aus dem Anwendungsbereich des Präventivverbotes herausnehmen und die schon früh vorgeschlagen wurden[255]. Diese einfachrecht-

---

251 So aber OLG Nürnberg, Urteil v. 22.7.1997, Az.: 3 U 1497/97, AfP 1998, 229 = NJW-RR 1998, 137; diesem folgend: Rennen/Caliebe Art. 1 § 1 Rz. 26.

252 Baumbach/Hefermehl, § 1 UWG Rz. 4, 5 ff.

253 Unter „Medien" werden hier Presse und Rundfunk gefaßt.

254 Anders LG Duisburg, Urteil v. 07.01.1999, Az.: 41 O 180/98, EWiR 6/1999, § 1 UWG, S. 419.

255 Vgl. oben capt. IV 1, S. 68 f.

lichen Auslegungsmöglichkeiten erlangen aber gegen die bisherige Rechtsprechungspraxis vor allem der Oberlandesgerichte erst dann Bedeutung, wenn die ausgesprochenen Verbote gegen geltendes Verfassungsrecht verstoßen. Der Vorrang des Verfassungsrechts erfordert dann eine verfassungskonforme Auslegung oder – sofern diese nicht möglich ist – die Nichtigkeitserklärung der Norm.

Im Bereich medialer Tätigkeiten ist zu überprüfen, ob die Verbote der jeweiligen Tätigkeiten gemessen an Art. 5 I GG verfassungsgemäß sind. In der Rechtsprechung wurde diese Frage, ob die Ausdehnung des Präventivverbotes auf Tätigkeiten der Medien Art. 5 I GG entspricht und nach Art. 5 II GG zulässig ist, wenn sie denn gestellt wurde, meist in aller Kürze damit beantwortet, daß das Rechtsberatungsgesetz ein allgemeines Gesetz im Sinne des Art. 5 II GG sei, von dessen Geltung die Tatsache, daß Vertreter von Presse oder Rundfunk tätig geworden seien, nicht befreie[256]. Die Überprüfung der Auslegung des Verbotes auf ihre Verhältnismäßigkeit im Hinblick auf Art. 5 I GG und eine Abwägung nach den Grundsätzen der Wechselwirkung wurde in den Entscheidungsgründen in der Regel nicht vorgenommen.

Dagegen verweist die Literatur darauf, daß den Medienfreiheiten aus Art. 5 I GG mehr und besonderes Gewicht zukomme[257] und daß die Schrankenproblematik nicht durch einen pauschalen Hinweis auf Art. 5 II GG umgangen werden könne. Fraglich ist in diesem Zusammenhang, ob Art. 5 I GG nicht generell die Behandlung jeden Themas – auch rechtlicher Art – erlaubt und bei einer Abwägung mit den Belangen des Rechtsberatungsgesetzes zumindest in einigen Fallkonstellationen vorgehen kann. Die Problematik wird zum Beispiel deutlich an einer Entscheidung, nach der der Schutzbereich von Art. 5 I GG dann überschritten wird, wenn irgendwelcher Druck auf die Beteiligten in einem konkreten Einzelfall ausgeübt wird[258]. Diese Grenze ist bei Berichterstattung durch das Fernsehen regelmäßig schnell berührt; denn mit jeder Sendung werden in der Regel direkt mehrere hunderttausend Menschen erreicht. Das Kriterium der Druckausübung würde also die Berichterstattung über eine konkrete Einzelrechtsfrage generell unterbinden. Daher kommt die Frage auf, ob die Wirkung des öffentlichen Drucks nicht eine medienspezifische Eigenschaft ist, die gerade dem besonderen Schutz des Art. 5 I GG untersteht und auch in der Rechtsgüterabwägung als Medienspezifikum zu berücksichtigen ist.

---

256 So bspw. OLG Düsseldorf v. 7.7.1998, Az.: 20 U 20/98, Urteilsumdruck S. 16; OLG Düsseldorf v. 16.12.1997, Az. 20 U 64/97, AfP 1998, 232, 235; LG Duisburg v. 25.2.1998, Az.: 45 O 75/97, Urteilsumdruck S. 10.

257 Bethge, AfP 1999, 309; Ricker, NJW 1999, 4349; Wenzel, AfP 1995, 646; V. Römermann, Anwalt 6/2001, 13, 14 f.; Töpper, DRiZ 1999, 172, 173.

258 OLG Düsseldorf, AfP 1995, 232, 234.

Ob Rundfunk- und Pressefreiheit durch die dargestellten Verbotsauslegungen in verfassungsgemäßer Weise eingeschränkt wurden und werden, ist Gegenstand der weitergehenden Untersuchung.

2.Teil
Verfassungsgemäßheit der nach Art. 1 § 1 RBerG ausgesprochenen Verbote im Hinblick auf Art. 5 I GG

Die Rechte aus Art. 5 I GG können gemäß dem qualifizierten Gesetzesvorbehalt in Art. 5 II GG durch allgemeine Gesetze eingeschränkt werden. Die Frage, die sich hier zunächst stellt, ist daher, ob die Verbote medialer Tätigkeiten in Grundrechte aus Art. 5 I GG eingreifen, ob das Rechtsberatungsgesetz als allgemeines Gesetz im Sinne des Art. 5 II GG eine zulässige Rechtsgrundlage für diese Eingriffe ist, ob es verfassungslegitimen Zwecken dient und schließlich ob die in der Rechtsprechung gefundenen Anwendungen der Regulierungsstruktur das Präventivverbotes in Art. 1 § 1 RBerG verhältnismäßig im Hinblick auf Art. 5 I GG sind.

Das Präventivverbot des Rechtsberatungsgesetzes bezweckt nicht die Ausgestaltung der Freiheit der Massenmedien aus Art. 5 I GG[259]. Ausgestaltungsgesetze dienen der Realisierung des Kommunikationsgrundrechts und sichern eine funktionsfähige positive Ordnung der öffentlichen Meinungsbildungsprozesse[260].

Um die Rundfunkfreiheit frei von staatlicher Einflußnahme und Beherrschung gewährleisten zu können, bedarf es einer positiven Ordnung, die sicherstellt, daß die Vielfalt bestehender Meinungen im Rundfunk in größtmöglicher Breite und Vollständigkeit Ausdruck findet[261]. Zur Erreichung der Ziele der Rundfunkfreiheit sind daher materielle, organisatorische und verfahrensrechtliche Regelungen erforderlich, die an der Aufgabe der Rundfunkfreiheit orientiert und deshalb geeignet sind zu bewirken, was Art. 5 I GG gewährleisten will[262]. Die aus Art. 5 I GG folgende Aufgabe, Rundfunkfreiheit rechtlich auszugestal-

---

259 Zur Befugnis des Gesetzgebers Freiheitsrechte auszugestalten grundlegend: Häberle, Wesensgehaltsgarantie, S. 180 ff.; Lerche, Übermaß und Verfassungsrecht, S. 98 ff.

260 BVerfGE 73, 118, 166; 57, 297, 321; 74, 297, 343; 89, 144, 152; Dreier-Schulze-Fielitz, Art. 5 I, II Rz. 167; Gersdorf, ZUM 1995, 841, 843 ff.; Ruck, AöR 117 (1992), 543 ff.; Seelmann-Eggebert, ZUM 1992, 79, 81 f., 85 f.; Rossen, Freie Meinungsbildung durch den Rundfunk (1988), S. 288; 305 ff.; Häberle, Wesensgehaltsgarantie, S. 180 ff.; Lerche, Übermaß und Verfassungsrecht, 1961, S. 98 ff., 134 ff. Zu der Problematik auch: Bethge/v.Coelln, Rechtsberatung, S. 22 ff. m.w.N. und S. 80 f.

261 BVerfGE 57, 295, 320; 74, 297, 324; 90, 60, 88; dazu auch: BVerfGE 83, 238, 299; 95, 220, 237; 97, 228, 266 f.

262 BVerfGE 57, 295, 320; 74, 297, 324; 83, 238, 296; 90, 60, 88.

ten, berechtigt nicht zu einer Beschränkung des Grundrechtes[263]. Die Ausgestaltungsgesetze gewährleisten das Kommunikationsgrundrecht, ihnen kommt freiheitsermöglichende Bedeutung zu[264]. Schrankengesetze dagegen greifen in die Kommunikationsfreiheiten zum Schutze anderer Rechtsgüter ein[265].

Dies ist nur nach Art. 5 II GG zulässig[266]. Das Rechtsberatungsgesetz ist an den Belangen der Rechtspflege[267] und des Verbraucherschutzes[268] orientiert, es dient nicht vornehmlich den Aufgaben der Medienfreiheiten und sichert nicht eine funktionsfähige positive Ordnung der öffentlichen Meinungsbildungsprozesse. Vielmehr bezweckt das Präventivverbot des Rechtsberatungsgesetzes den Schutz der Rechtspflege, der Verbraucher und der Anwaltschaft vor unqualifizierten Rechtsberatern. Damit beschränkt es nicht bereits den Schutzbereich der Rundfunk- oder Pressefreiheit[269]. Vielmehr kann es in diesen eingreifen, wobei dann zu überprüfen ist, ob dies nach Maßgabe des Art. 5 II GG geschieht.

Das Rechtsberatungsgesetz enthält weder für den Begriff der Rechtsbesorgung noch den der Rechtsberatung oder den der Geschäftsmäßigkeit Legaldefinitionen[270]. Die Begrifflichkeiten werden durch Auslegung mit Inhalt gefüllt. Das in der Rechtsprechung geübte Verständnis des Art. 1 § 1 RBerG und der darin enthaltenen Begrifflichkeiten subsumiert – wie oben dargestellt – auch mediale Tätigkeiten wie die Recherche in Rechtsangelegenheiten anderer, das schlichte Publizieren oder das Veranstalten von Telefonaktionen unter die Begriffe Rechtsbesorgung und Rechtsberatung. Es ist aber fraglich, ob es Art. 5 I GG entspricht, mediale Tätigkeiten im Bereich von Rechtsangelegenheiten zu untersagen, sobald sie fremde und existierende Rechtsprobleme und Streitigkeiten berühren.

---

263 BVerfGE 57, 295, 321; s. a. Häberle, Wesensgehaltsgarantie, S. 182.

264 Hoffmann-Riem, Kommunikations- und Medienfreiheit in Benda/Maihofer/Vogel (Hg.), Handbuch des Verfassungsrechts, § 7 Rz. 34; Gersdorf, ZUM 1995, 841, 845.

265 Dreier-Schulze-Fielitz, Art. 5 I, II Rz. 167; Hoffmann-Riem, Kommunikations- und Medienfreiheit in Benda/Maihofer/Vogel (Hg.), Handbuch des Verfassungsrechts, § 7 Rz. 34; Gersdorf, ZUM 1995, 841, 845.

266 BVerfGE 57, 295, 321.

267 BVerfGE 97, 12, 30 f.; Rick, Verfassungsrechtliche Stellung des Rechtsanwalts, S. 219; Henssler/Prütting-Weth Einl. RBerG Rz. 6.

268 Rick, Verfassungsrechtliche Stellung des Rechtsanwalts, S. 219; König, Rechtsberatungsgesetz, S. 22 f.; Henssler/Prütting-Weth, Einl. RBerG Rz. 5.

269 So im Ergebnis auch Bethge/v.Coelln, Rechtsberatung, S. 23.

270 Vgl. BVerfGE 97, 12, 31.

Das Bundesverfassungsgericht hat das Rechtsberatungsgesetz bisher als verfassungskonform angesehen[271]. Allerdings hat das Gericht über die Verfassungsgemäßheit des Rechtsberatungsgesetzes bisher lediglich im Zusammenhang mit Art. 14 I[272], 12 I[273], 9 I[274], 2 I[275] und 3 I[276] GG entschieden[277]. Die verschiedenen Auslegungen der Begrifflichkeiten sind jedoch noch nicht an Art. 5 I GG gemessen worden.

Die weite Fassung der Begriffe „Besorgung fremder Rechtsangelegenheiten", „Rechtsberatung" oder „geschäftsmäßig" in Art. 1 § 1 RBerG läßt es zum einen zu, daß mediale Tätigkeiten, wie oben beschrieben, unter die Tatbestandsmerkmale des Art. 1 § 1 RBerG subsumiert werden. Zum anderen erlaubt die weite Fassung der Begriffe im Falle eines Grundrechtsverstoßes aber auch andere Auslegungen. So hat das Bundesverfassungsgericht die unbestimmten Rechtsbegriffe des Rechtsberatungsgesetzes im Hinblick auf Art. 12 I GG bereits ausdrücklich verfassungskonform ausgelegt[278].

Ob die Anwendung des Art. 1 § 1 RBerG im Zusammenhang mit medialen Tätigkeiten Art. 5 I GG entspricht, ist Gegenstand der folgenden Überlegungen. Die Feststellung der Vereinbarkeit des Präventivverbotes – in seiner Anwendung auf mediale Tätigkeiten – mit Art. 5 I GG erfordert, daß das Rechtsberatungsgesetz verfassungslegitimen Zwecken folgt, daß es ein allgemeines Gesetz im Sinne des Art. 5 II GG ist und daß das umfassende Verbot, auch soweit es die oben beschriebenen medialen Tätigkeiten umfaßt, verhältnismäßig ist.

Dementsprechend werden zunächst in einem Teil A „Eingriffe und ihre Legitimation" dargestellt, inwieweit die beschriebenen Verbote Eingriffe in den Schutzbereich von Rundfunk-, Presse- oder Meinungsfreiheit sind (I.). Im folgenden werden die Legitimität der Gesetzeszwecke (II.) und die Erfüllung des Kriteriums der „Allgemeinheit" nach Art. 5 II GG (III.) geprüft. Anschließend werden Kriterien der Einschränkbarkeit der Grundrechte aus Art. 5 I GG durch die allgemeinen Gesetze skizziert (IV.). Und schließlich wird die Verhältnismäßigkeit der Verbote der verschiedenen medialen Tätigkeiten in einem Teil B geprüft (I., II., III., IV., V.).

---

271 BVerfG NJW 2000, 1251; 97, 12; 75, 248, 267; 41, 378, 390; Rennen/Caliebe Art. 1 § 1 Rz. 17; Gehrlein, NJW 1995, 487; Erbs/Kohlhaas-Senge Art. 1 § 1 Rz. 1; Vorbem. Rz. 4.

272 BVerfGE 41, 378, 388; 97, 12, 21.

273 BVerfGE 41, 378, 384, 388; 75, 246, 254; 97, 12, 21.

274 BVerfG NJW 2000, 1251.

275 BVerfGE 97, 12, 21.

276 BVerfGE 41, 378, 384, 388; 75, 246, 254; 97, 12, 21.

277 Wobei das Bundesverfassungsgericht indirekt darauf verweist, daß es umfassend geprüft habe; vgl. BVerfG NJW 2000, 1251.

278 BVerfGE 97, 12, 28.

A. Eingriffe und ihre Legitimation

I. Eingriffe in die verschiedenen Schutzbereiche der Medienfreiheiten aus Art. 5 I GG

Träger des Grundrechts der Rundfunkfreiheit nach Art. 5 I 2 GG sind sowohl die öffentlichrechtlichen Rundfunkanstalten als auch die privatrechtlichen Rundfunksender[279] sowie die im Rundfunkwesen tätigen Personen und Unternehmen. Das Grundrecht steht ohne Rücksicht darauf, ob eine kommerzielle oder eine gemeinnützige Betätigung erfolgt, allen natürlichen und juristischen Personen zu, die Rundfunkprogramme veranstalten[280]. Ähnlich sind durch die Pressefreiheit Verlagsunternehmen als private juristische Personen ebenso geschützt wie die Einzelverleger als natürliche Personen sowie die sonstigen in der Presse tätigen natürlichen Personen wie Redakteure oder Verlagsmitarbeiter[281]. Hinsichtlich der Meinungsfreiheit aus Art. 5 I 1 GG gesteht das Bundesverfassungsgericht den öffentlich-rechtlichen Rundfunkanstalten als juristischen Personen des öffentlichen Rechts bisher keine Grundrechtsberechtigung zu[282]; vielmehr sieht es die der Gewährleistung freier, individueller und öffentlicher Meinungsbildung dienenden Tätigkeiten als bereits von der Rundfunkfreiheit geschützt an[283]. Von der Literatur wird den öffentlich-rechtlichen Rundfunkanstalten im Rahmen ihrer rundfunkmäßigen Betätigung teilweise Grundrechtsfähigkeit bezüglich der Meinungsfreiheit des Art. 5 I 1 GG zugesprochen. Dies wird mit der grundrechtlichen Funktion, als Medium und Faktor der Meinungsbildung zu wirken, begründet[284]. Die Entscheidung dieses Meinungsstreites kann hier jedoch zurückgestellt werden, da die Vertreter der Auffassung, daß allein die Rundfunkfreiheit an dieser Stelle Schutz gewähre, von dieser als Spezialgrundrecht die Meinungsfreiheit mitumfaßt sehen[285].

---

279 BVerfGE 95, 220, 234; 97, 298, 310 f.; 74, 297, 317 f.; 59, 231, 254 f.; 31, 314, 321 f.

280 BVerfGE 97, 298, 310; 95, 220, 234.

281 Dreier-Schulze-Fielitz, Art. 5 Rz. 88; Hoffmann-Riem, Kommunikations- und Medienfreiheit in Benda/Maihofer/Vogel (Hg.), Handbuch des Verfassungsrechts, § 7 Rz. 33; Bleckmann, Grundrechte, § 26 Rz. 71.

282 BVerfGE 78, 101, 102 f.; 59, 231, 254 f.

283 BVerfGE 78, 101, 102 f.

284 Bonner Kommentar-Degenhart, Art. 5 I, II, Rz. 161. Grundlegend zu Rolle und Bedeutung der Massenmedien für die Öffentliche Meinung: Kloepfer, Öffentliche Meinung, Massenmedien, in: Isensee/Kirchhof, HStR II, § 35.

285 Sachs-Bethge Art. 5 Rz. 43.

1. Art. 5 I 2 GG: Eingriff in den Schutzbereich der Rundfunkfreiheit

a. Schutzbereich der Rundfunkfreiheit

Die Rundfunkfreiheit nach Art. 5 I 2, 2. Alt. GG schützt nicht nur die Freiheit der Berichterstattung im strengen Wortsinn, sondern darüber hinaus jede Vermittlung von Information und Meinung durch den Rundfunk[286]. Der Begriff „Rundfunk" wird vom Grundgesetz nicht definiert. Unter Rundfunk wird regelmäßig verstanden die Veranstaltung und Verbreitung von akustischen und/oder visuellen Darbietungen aller Art für die Allgemeinheit, also für einen individuell unbestimmten Personenkreis mit Hilfe drahtlos oder kabelgebunden verbreiteter elektrischer Schwingungen[287]. Dabei ist der Begriff nach der Rechtsprechung des Bundesverfassungsgerichts nicht an eine bestimmte Technik gebunden, sondern entwicklungsoffen[288]. Obwohl über die Definition des Rundfunks insofern weitgehend Einigkeit herrscht, als sich alle Definitionen an die des § 2 I RStV bzw. an den früheren RGebStV anlehnen[289], werden die neuen Medienformen nicht einheitlich zugeordnet. Werden unter Rundfunk von jeher Hörfunk und Fernsehen verstanden, so ist die Einordnung neuer Medienformen wie des Bildschirmtextes, des Videotextes, des Pay-TV, der Spartenprogramme und der Online-Dienste im Internet bzw. des Informationsaustausches per e-mail nicht eindeutig[290].

Meinungsbildung im Rundfunk vollzieht sich außer in Nachrichtensendungen auch in politischen Kommentaren, Sendereihen über politische Probleme der Gegenwart, Vergangenheit oder Zukunft, in Hörspielen, musikalischen oder kabarettistischen Darbietungen bis zur szenischen Gestaltung einer Darbietung[291]. Zum Kern der Rundfunkfreiheit nach Art. 5 I 2 GG gehört auch die inhaltliche

---

286 BVerfGE 35, 202. Dazu auch: Bleckmann, Grundrechte, § 26 Rz. 74.

287 Dreier-Schulze-Fielitz Art. 5 I, II Rz. 76 m.w.N.: OVG NW, DÖV 1978, 519 ff.; Jarass/Pieroth Art. 5 Rz. 29; Bonner Kommentar-Degenhardt Art. 5 I, II Rz. 667; Maunz/Dürig-Herzog Art. 5 I, II Rz. 195; v.Münch/Kunig Art. 5 Rz. 58; Hoffmann-Riem, Kommunikations- und Medienfreiheit in Benda/Maihofer/Vogel (Hg.), Handbuch des Verfassungsrechts, § 7 Rz. 26.

288 BVerfGE 73, 118, 154; 74, 297, 350.

289 Dazu v.Mangoldt/Klein/Starck-Starck Art. 5 I, II Rz. 93; Pernice, Öffentlichkeit und Medienöffentlichkeit, S. 93; a.A. Bullinger, JZ 1996, 385, 387, der die Eigenart des Rundfunks "in der besonderen Faszinationskraft eines kontinuierlich ablaufenden Gesamtprogramms, das eine künstliche virtuelle Welt schafft und die Seher oder Hörer darin mit ihrer ganzem Persönlichkeit einbindet, schafft", sieht.

290 Zu der Problematik im einzelnen: Janik, AfP 2000, 7 ff.

291 BVerfGE 12, 205, 260 (Rundfunkurteil 1961).

Programmfreiheit[292]. Sie gewährleistet, daß die Gestaltung des Programms wie auch der einzelnen Sendungen Sache des Rundfunks bleibt und sich an publizistischen Kriterien ausrichten kann[293]. „Programm" umfaßt Darbietungen in allen Programmsparten, beschränkt sich also nicht auf politische Programme, sondern umfaßt ebenso die unterhaltenden[294].

Dem Schutz der Rundfunkfreiheit unterfallen alle mit der Veranstaltung von Rundfunkprogrammen zusammenhängenden Tätigkeiten von der publizistischen Vorbereitungstätigkeit, insbesondere der Beschaffung der Informationen[295], über die Produktion von Sendungen bis hin zu ihrer Verbreitung[296]. Das Redaktionsgeheimnis und die redaktionelle Vertraulichkeitssphäre sind ebenso geschützt wie die Organisation und die Finanzierung des Rundfunkbetriebes, soweit sie Rückwirkungen auf die Programmtätigkeit haben können, ferner die von staatlichem Einfluß unberührte Auswahl, Einstellung und Beschäftigung der am Programm inhaltlich beteiligten Mitarbeiter, das Recht über Kurzberichterstattung über öffentliche Veranstaltungen[297] sowie Randnutzungen wie bestimmte Formen des Merchandising[298]. Nicht geschützt sind dagegen rein fernmeldetechnische Tätigkeiten, die nachträgliche Verwertung von Rundfunksendungen[299] oder das Anbieten von Multimediadiensten ohne eigene inhaltliche Gestaltung. Auch kommerzielle Werbesendungen unterfallen der Rundfunkfreiheit, da sie der Finanzierung des Rundfunks dienen[300]. Der Schutz der Finanzierungsmöglichkeiten ergibt sich aus der Freiheit der Programmgestaltung: ohne diesen Schutz könnte der Gesetzgeber durch Beschneidung der Finanzierungswege die Pro-

---

292 BVerfG, NJW 2000, 1859, 1860; BVerfGE 95, 220, 234; 87, 181, 201; 59, 231, 258.

293 BVerfG, NJW 2000, 1859, 1860.

294 Ständige Rspr. BVerfG, NJW 2000, 1859, 1860; BVerfGE 35, 202, 223.

295 BVerfGE 91, 125, 134; 77, 65, 74; ebenso zur Pressefreiheit, wobei das Bundesverfassungsgericht sich in den vorgenannten Entscheidungen auf die folgenden bezieht: 66, 116, 133; 12, 205, 260; 10, 118, 121. Weiterführend zur Informationsbeschaffung: Wente, Recht der journalistischen Recherche, insbes. S. 40 ff.

296 BVerfGE 77, 65, 74; 91, 125, 135; BGH NJW 1990, 2815, 2820; Starck, GG I, Art. 5 Rz. 103; Dreier-Schulze-Fielitz Art. 5 I, II Rz. 80; Hoffmann-Riem, Kommunikations- und Medienfreiheit, in: Benda/Maihofer/Vogel (Hg.), Handbuch des Verfassungsrechts, § 7 Rz. 33.

297 Dreier-Schulze-Fielitz Art. 5 I, II Rz. 82; BVerfG NJW 1998, 1627, 1629.

298 BVerfG, Beschluß v. 28.10.1998, Absatz-Nr. (1-43), http://www.bverfg.de/ Rz. 39. Zit. nach Dörr/Eckl, NJW 1999, 1925, 1934.

299 BVerfGE 78, 101, 103.

300 BVerfGE 74, 297, 342; 83, 238, 318, 329; 95, 220, 234; Bullinger HStR VI, 1989, § 142 Rz. 164; Isensee/Axer, Jugendschutz im Fernsehen, S. 43; Bethge/v.Coelln, Rechtsberatung, S. 25 ff. m.w.N.; kritisch: Schoch, VVDStRL Heft 57 (1998), S. 194 Fn. 170.

grammgestaltungsfreiheit unterlaufen[301]. Im Ergebnis werden also die geistige Tätigkeit und die von dieser untrennbaren technischen und wirtschaftlichen Voraussetzungen geschützt[302].

b. *In den Schutzbereich fallende Tätigkeiten im Zusammenhang mit medialer Rechtsbesorgung*

Diesem umfassenden Schutzbereich unterfallen also Recherchearbeiten als Vorbereitungstätigkeiten im Sinne der Informationsbeschaffung für eine Sendung ebenso wie die Sendungen generell; dies gilt für Sendungen aller Art: für Nachrichten, Magazine und Dokumentationen ebenso wie für komische oder satirische Unterhaltungssendungen oder Talkshows. Die Rundfunkfreiheit deckt sowohl die Auswahl des dargebotenen Stoffes als auch die Entscheidung über Art und Weise der Darstellung einschließlich der gewählten Form der Sendung[303]. Das Eingreifen der Verfassungsgarantie ist nicht abhängig von dem jeweiligen Nachweis eines „berechtigten“ oder „legitimen“ Interesses an der betreffenden Sendung[304]. Auch rundfunkmediale Inhalte und Tätigkeiten, die nach den Kriterien des Rechtsberatungsgesetzes als Rechtsbesorgung oder Rechtsberatung einzustufen sind, sind Teil des grundrechtlichen Gewährleistungsbereichs[305].

Die Ankündigung der Sendungen ist also als Sendung mit eigenem Sendeinhalt und gleichzeitig aufgrund des werbenden Charakters als eine die wirtschaftlichen Voraussetzungen der Sendung sichernde Tätigkeit geschützt. Telefonaktionen in oder vor Sendungen, die Service und /oder Unterhaltung dienen, sind entweder als Recherchetätigkeiten oder als Vermittlung von Information geschützt, da sie Tätigkeiten im Zusammenhang mit Rundfunkprogrammen darstellen. Der Schutz der Rundfunkfreiheit erfaßt auch die dem Medium eigentümlichen Formen der Berichterstattung und die Verwendung der dazu erforderlichen technischen Vorkehrungen[306]. Soweit die Berichterstattung mit der Ausübung von Druck durch die im Fernsehen hergestellte Öffentlichkeit verbunden ist, ist dies als eigentümliche Auswirkung der Rundfunkberichterstattung und somit lediglich als spezielle Betätigung im Schutzbereich der Rundfunkfreiheit anzusehen[307].

301 BVerfGE 74, 297, 342.
302 V.Mangoldt/Klein/Starck-Starck, Art. 5 Rz. 103, 63.
303 BVerfGE 35, 202, 223 (Lebach).
304 BVerfGE 35, 202, 223.
305 So auch Bethge, AfP 1999, 309, 310; allgemeiner: Kohl, AfP 1984, 201.
306 BVerfGE 91, 125, 135.
307 Ähnlich Bethge, AfP 1999, 315, 316 und Bethge/v.Coelln, Rechtsberatung, S. 91.

c. Eingriffe in den Schutzbereich

In diese grundrechtliche Freiheit wird eingegriffen durch Maßnahmen der öffentlichen Gewalt, insbesondere durch gesetzliche Verbote und durch Urteile, die TV-Sendungen verbieten oder bestimmte mit ihnen im oben genannten Sinne zusammenhängende Aktionen und Tätigkeiten untersagen. Das Verbot der Telefonberatungsaktion in einer Sendung stellt ebenso einen Eingriff dar wie das Verbot der lautstarken Megaphontätigkeit des „Mahnman" oder die Unzulässigerklärung von Rechercheschriftsätzen der „Mahnman"-Redaktion an einen vermuteten Anspruchsgegner eines Zuschauers. Auch die Untersagung der aktiven Vermittlungstätigkeit von Redaktionsmitgliedern in einem tatsächlichen Konflikt stellt einen Eingriff in den beschriebenen Schutzbereich dar, soweit die Tätigkeit der Vorbereitung oder Produktion einer Sendung dient. Die Möglichkeit der Wiedergabe oder Übertragung eines tatsächlichen Geschehens ist dabei als rundfunkspezifische Besonderheit, die gerade durch die Rundfunkfreiheit geschützt ist, zu betrachten. Das Untersagen der Ankündigung einer Sendung beeinträchtigt die Grundrechtsausübung ebenso wie das Verbot, in einer Sendung die Aufforderung zu erteilen, sich an der Sendung aktiv durch Anruf oder brieflich per Post, Fax oder e-mail zu beteiligen. Zum einen ist die Rundfunkfreiheit in ihrem wirtschaftlichen Aspekt durch Verbot einer Vorbereitungstätigkeit, zum anderen die Produktion der Sendung selbst durch Verbot einer Aufforderung zur Mitwirkung beeinträchtigt.

Wie gezeigt sind aber auch Tätigkeiten der Presse im Zusammenhang mit Rechtsfällen verboten worden. Inwieweit dabei der Schutzbereich der Pressefreiheit eingeschränkt wurde, wird im folgenden geprüft.

2. Art. 5 I 2 GG Eingriff in den Schutzbereich der Pressefreiheit

a. Schutzbereich der Pressefreiheit

Geschützt werden von Art. 5 I 2, 1. Alt. GG alle wesensmäßig mit der Pressearbeit zusammenhängenden Tätigkeiten von der Informationsbeschaffung[308] über die wirtschaftlichen Grundlagen und die Organisation der Presseunternehmen bis

308 BVerfGE 10, 118, 121; 12, 200, 260; 20, 162, 176; 21, 279; 50, 234, 240; Schmidt-Bleibtreu/Klein-Kannengießer, Art. 5 Rz. 7; Dreier-Schulze-Fielitz Art. 5 I, II Rz. 73; Wente, Recht der journalistischen Recherche, S. 24 m.w.N.

zu ihrer Verbreitung[309], d.h. von der Herstellung des Presseerzeugnisses bis zum Vertrieb[310]. Unter den Schutzbereich fallen die Vertraulichkeit der Redaktionsarbeit[311], Zeugnisverweigerungsrechte[312] und damit im Zusammenhang der Schutz vor Durchsuchung von Presseräumen und die Beschlagnahme von Presseunterlagen[313], der Informantenschutz[314] und das Redaktionsgeheimnis[315], das Chiffregeheimnis[316], der Zugang zu den Presseberufen[317], die freie Gründung von Presseunternehmen[318], die Festlegung der Tendenz[319], die Art und Weise der Verbreitung[320], die Tätigkeit der Presse-Grossisten[321], pressetechnische Hilfstätigkeiten, sofern sie „notwendige Bedingungen" einer freien Presse sind[322], und die negative Äußerungsfreiheit wie das Ablehnen von Anzeigen[323], aber auch der Anzeigenteil an sich[324]. Dieser Schutz des Art. 5 I 2 GG besteht unabhängig von der Art der Berichterstattung[325].

Der Begriff „Presse" leitet sich von „drucken" ab[326] und meint daher alle zur Verbreitung an die Allgemeinheit bestimmten und geeigneten Druckerzeugnisse[327] bzw. alle zur Verbreitung geeigneten Druckwerke und Informationsträger,

---

309 BVerfGE 10, 118, 121; 12, 200, 260; 20, 162, 176; 21, 279; 50, 234, 240; Schmidt-Bleibtreu/Klein-Kannengießer, Art. 5 Rz. 7; Dreier-Schulze-Fielitz Art. 5 I, II Rz. 73.

310 Bonner Kommentar-Degenhart Art. 5 Rz. 351.

311 Leibholz/Rinck/Hesselberger Art. 5 Rz. 187.

312 BVerfGE 64, 108, 114; Bonner Kommentar-Degenhart Art. 5 I, II Rz. 417; v.Münch/König-Wendt Art. 5 Rz. 35.

313 BVerfGE 20, 162, 178 f.; Bonner Kommentar-Degenhart Art. 5 I, II Rz. 417, 435 f.; v.Münch/Kunig-Wendt Art. 5 Rz. 35.

314 Leibholz/Rinck/Hesselberger Art. 5 Rz. 236.

315 BVerfGE 20, 162, 176; Schmidt-Bleibtreu/Klein, Art. 5 Rz. 8 a; Leibholz/Rinck/-Hesselberger Art. 5 Rz. 207.

316 BVerfGE 64, 108, 115.

317 BVerfGE 20. 162, 175 f..

318 BVerfGE 20, 162, 175.

319 BVerfGE 52, 283, 296 f.

320 Bonner Kommentar-Degenhart Art. 5 Rz. 467.

321 BVerfGE 77, 346, 354 f.

322 BVerfGE 77, 346, 354 f.

323 V.Münch/Kunig-Wendt Art. 5 I, II Rz. 32.

324 BVerfGE 64, 108, 114; 21, 271, 278 f.; Leibholz/Rinck/Hesselberger Art. 5 Rz. 206; grundlegend: Ricker, Anzeigenwesen und Pressefreiheit.

325 BVerfGE 34, 269, 283; Leibholz/Rinck/Hesselberger Art. 5 Rz. 201.

326 V.Mangoldt/Klein/Starck-Starck Art. 5 I, II Rz. 59.

327 Jarass/Pieroth-Jarass Art. 5 Rz. 20; v.Mangoldt/Klein/Starck, Art. 5 Rz. 59; Sachs-Bethge, Art. 5 Rz. 68; Dreier-Schulze-Fielitz, Art. 5 I, II Rz. 68.

die nicht unter den Film- und Rundfunkbegriff fallen[328]. An die Allgemeinheit ist ein Druckerzeugnis adressiert, wenn es an einen individuell unbestimmten Personenkreis gerichtet ist[329]. Geschützt sind also Druckerzeugnisse jeder Art wie Zeitungen und Zeitschriften, sonstige periodisch erscheinende Druckwerke, aber auch nicht periodische wie im Handel erhältliche Privatdrucke, Bücher, Plakate, Broschüren, Flugblätter oder Handzettel, wissenschaftliche Publikationen, Bildbände, des weiteren formunabhängig vervielfältigte Mitteilungen, Werbezeitschriften, Leserbriefe[330] und Werkszeitungen[331]. Ausgegangen wird von dem Pressebegriff der verschiedenen Landespressegesetze[332], der nach herrschender Auffassung dem verfassungsrechtlichen entspricht[333]. Danach sind unter Druckwerken wiederum „alle mittels der Buchdruckerpresse oder eines sonstigen zur Massenherstellung geeigneten Vervielfältigungsverfahrens hergestellten und zur Verbreitung bestimmten Schriften, besprochenen Tonbänder, bildlichen Darstellungen mit und ohne Schrift, Bildträger und Musikalien mit Text oder Erläuterungen" zu verstehen[334]. Es soll sich um Massenvervielfältigungen geistigen Sinngehalts handeln[335] und eine „gegenständliche Verkörperung" vorliegen[336].

Die Pressefreiheit ist nicht nur ein subjektives Abwehrrecht, sondern weist auch eine objektiv-rechtliche Seite auf: Sie garantiert das Institut „Freie Presse"[337]. Daraus folgt eine Verpflichtung des Staates unabhängig von subjektiven Berechtigungen Einzelner dort, wo der Geltungsbereich einer Norm die Presse berührt, dem Postulat ihrer Freiheit Rechung zu tragen[338]. Aufgabe der Presse ist es, umfassende Information zu ermöglichen, die Vielfalt der bestehenden Meinungen wiederzugeben und selbst Meinungen zu bilden und zu vertreten[339]. Der

328 Bonner Kommentar-Degenhart Art. 5 I, II Rz. 397; v.Mangoldt/Klein/Starck Art. 5 Rz. 59.

329 Jarass/Pieroth-Jarass Art. 5 Rz. 20.

330 Schmidt-Bleibtreu/Klein Art. 5 Rz. 8.

331 BVerfGE 95, 28, 35.

332 So bspw. v.Mangoldt/Klein/Starck-Starck Art. 5 I, II Rz. 59.

333 Zum verfassungsrechtlich vorausgesetzten Begriff der Presse und der Begriffsabgrenzung: Kunig, Jura 1995, 589.

334 Löffler-Bullinger § 1 LPG Rz. 68.

335 Löffler-Bullinger Einl. Rz. 1.

336 V.Mangoldt/Klein/Starck-Starck Art. 5 I, II Rz. 59.

337 BVerfGE 20, 162, 175; 66, 116, 135; 80, 124, 133.

338 BVerfGE 20, 162, 175.

339 BVerfGE 52, 283, 296; 20, 162, 174 f.. Weiterführend dazu: Kloepfer: Öffentliche Meinung, Massenmedien, in: Isensee/Kirchhof, HStR II § 35; Löffler/Ricker-Ricker, Handbuch des Presserechts, S. 14 ff.; Scheuner, VVDStRL 22 (1965), S. 1 ff.

Inhalt der Presseerzeugnisse hat nach herrschender Meinung keinen Einfluß auf die Anwendbarkeit der Pressefreiheit[340].

b. In den Schutzbereich fallende Tätigkeiten im Zusammenhang mit medialer Rechtsbesorgung

Diesem umfassenden Schutzbereich unterfallen im Bereich der Presse journalistische und verlegerische Tätigkeiten zu juristischen Themen und Tätigkeiten ebenso, wie diese Tätigkeiten im Bereich des Rundfunks der Rundfunkfreiheit unterfallen. Die Beantwortung juristischer Fragen, auch solcher zu konkreten Rechtsfällen, die Darstellung rechtlicher Themen und Problematiken wie das Ankündigen und Verwerten von Telefonaktionen oder anderen Befragungsaktionen werden ebenso wie die dazugehörigen Recherchearbeiten von der Pressefreiheit umfaßt.

c. Eingriffe in den Schutzbereich

Eingriffe in diese grundrechtliche Freiheit erfolgen auch hier durch Maßnahmen der öffentlichen Gewalt, insbesondere durch gesetzliche Verbote und durch Urteile, die Verbote hinsichtlich der vorangehend aufgezählten geschützten Tätigkeiten aussprechen.

3. Art. 5 I 1 GG: Eingriff in den Schutzbereich der Meinungsfreiheit versus Eingriff in die Schutzbereiche von Presse- und Rundfunkfreiheit

Teilweise wird die Äußerung von Rechtsrat und Rechtsansichten in den Medien als Meinungsäußerung der Medien im Sinne des Art. 5 I 1 GG verstanden und die Frage erhoben, ob die Meinungsfreiheit aus Art. 5 I 1 GG die mediale Rechtsberatung hier erlaube[341]. Inwieweit hier auf die Meinungs- und inwieweit auf Presse- oder Rundfunkfreiheit abzustellen ist, wird im folgenden dargestellt.

340 BVerfGE 21, 269, 283; Bonner Kommentar-Degenhart Art. 5 I, II Rz. 403; Maunz/Dürig-Herzog Art. 5 I, II Rz. 128; Dreier-Schulze-Fielitz Art. 5 I, II Rz. 72; Löffler-Bullinger Presserecht § 1 Rz. 70; Kunig, Jura 1995, 589, 593; Jarass/Pieroth-Jarass Art. 5 Rz. 26.

341 Bspw. OLG Düsseldorf, AfP 1998, 232, 235.

a. Schutzbereich der Meinungsfreiheit

Meinungen sind geprägt durch Elemente der Stellungnahme, des Dafürhaltens, des Meinens im Rahmen einer geistigen Auseinandersetzung[342], wobei auch Tatsachenmitteilungen eingeschlossen werden, weil und soweit sie Voraussetzung der Bildung von Meinung sind[343]. Da die Kommunikation in allen Bereichen geschützt wird, ist unerheblich, welche Themen berührt werden und ob mit der Meinung öffentliche, insbesondere politische oder private Zwecke, verfolgt werden. Der Schutzbereich der Freiheit wird weit verstanden und umfaßt jede Art und Weise der Äußerung[344], implizit auch die Meinungsbildung. Die Äußerung einer Rechtsansicht im konkreten Einzelfall ist verbunden mit der Bewertung eines Sachverhaltes und der Subsumierung dieses Sachverhaltes unter die Tatbestandsmerkmale einer oder mehrerer Rechtsnormen. Die in der Äußerung enthaltenen Tatsachenmitteilungen, nämlich die tatbestandsrelevanten Sachverhaltsbestandteile, sind wesentliche und unabdingbare Voraussetzung der Bildung der Rechtsansicht. Das hier gebildete Rechtsurteil ist also geprägt durch Elemente der Stellungnahme und des Dafürhaltens, die Äußerung einer Rechtsansicht kann als Meinungsäußerung im Sinne der Meinungsfreiheit nach Art. 5 I 1 GG betrachtet werden.

b. Abgrenzung des Schutzbereichs von dem der Freiheiten des Art. 5 I 2 GG

Allerdings ist der Schutzbereich der Meinungsfreiheit von dem der Rundfunk- und dem der Pressefreiheit abzugrenzen.

Dabei gilt zunächst im Verhältnis der Meinungsfreiheit zur Rundfunkfreiheit folgendes: Die Rundfunkfreiheit umfaßt auch den Schutz von Meinungsäußerungen in Rundfunk und Fernsehen und zwar entgegen dem Wortlaut der Norm, der nur auf Berichterstattung abzielt. Die Meinungsfreiheit nach Art. 5 I 1, 1. Hs. GG als das „Recht, seine Meinung in Wort, Schrift und Bild frei zu äußern und zu verbreiten" aber erfaßt jede Form der Meinungsäußerung und –verbreitung; denn in den Tatbestandsmerkmalen „Bild" und „Wort" sind bereits die Übermittlungsmodalitäten durch Rundfunk und Fernsehen enthalten[345]. Da eine Wiederholung desselben Schutzes wie in Satz 1 in Satz 2 des Art. 5 I GG nicht gewollt sein kann, fällt der Schutz der einzelnen Meinung nicht unter die Rundfunkfreiheit, sondern unter die Meinungsfreiheit. Die Rundfunkfreiheit erfaßt

342 BVerfGE 61, 1, 8.
343 BVerfGE 65, 1, 41; 61, 1, 8.
344 Dreier-Schulze-Fielitz Art. 5 I, II Rz. 48.
345 Heselhaus, NVwZ 1992, 740, 741.

Meinungsäußerungen nur, wenn sie in Bezug zur Rundfunkfreiheit stehen, nämlich insoweit, als es um die die einzelne Meinungsäußerung übersteigende Bedeutung der Rundfunkfreiheit geht. Dies bedeutet, daß Meinungen des Veranstalters erfaßt werden, so daß entscheidendes Kriterium die Zuordnung ist: Soweit Sendungen dem Veranstalter zugeordnet werden können, stellen sie mit ihren diversen Einzelaussagen Meinungen des Veranstalters dar und werden von der Rundfunkfreiheit erfaßt[346]. Dem Veranstalter zugeordnet werden können Sendungen und Programmbeiträge, die er in eigener Verantwortung ausstrahlt und die er sich nach den Rundfunkgesetzen als eigenes Programm zurechnen lassen muß[347]. Dann, wenn eine rundfunkspezifische Zuordnung mißlingt, lebt die Meinungsfreiheit wieder auf. Die Frage, ob die Rundfunkfreiheit die Meinungsfreiheit kraft Spezialität verdrängt[348] oder ob von beiden Freiheiten gleichzeitig Gebrauch gemacht werden kann[349], ist letztlich aber von theoretischer Bedeutung, da die Schranken aus Art. 5 II GG identisch sind[350].

Gleiches gilt für das Verhältnis von Presse- und Meinungsfreiheit: Die gedruckte Meinungsäußerung ist von der Meinungsfreiheit nach Art. 5 I 1 GG geschützt. Die Pressefreiheit aber schützt die Funktion der Presse für die freie individuelle und öffentliche Meinungsbildung und damit vor allem die Voraussetzungen, die gegeben sein müssen, damit die Presse ihre Aufgaben im Kommunikationsbereich erfüllen kann[351]. Für die Zulässigkeit einer bestimmten Äußerung ist ungeachtet des Verbreitungsmediums damit Art. 5 I 1 GG maßgeblich, der Schutzbereich der Pressefreiheit aber ist berührt, wenn es um ein Presseerzeugnis selbst, seine institutionell-organisatorischen Voraussetzungen und Rahmenbedingungen, die Institution der freien Presse oder Mitarbeiter der Presse in Ausübung ihrer Funktion geht[352]. So sind die Äußerungen Dritter[353], soweit es um die Zulässigkeit der Äußerung einer bestimmten Meinung geht, ungeachtet

---

346 Bethge, AfP 1999, 309, 311.

347 Sachs-Bethge, Art. 5 Rz. 47; ders., AfP 1999, 309, 311; ders., ZDF-Schriftenreihe Heft 35, 1987, S. 33 ff.

348 Maunz/Dürig-Herzog, Art. 5 I, II Rz. 204.

349 Hoffmann-Riem in Handbuch des Verfassungsrechts § 7 Rz. 31; vgl. auch Pernice, Öffentlichkeit und Medienöffentlichkeit, S. 101.

350 So Pernice, Öffentlichkeit und Medienöffentlichkeit, S. 101.

351 BVerfGE 85, 1, 11 ff.; 86, 122, 128; 95, 26, 34; 97, 391, 400.

352 BVerfGE 85, 1, 11 ff.; 86, 122, 128. In BVerfGE 24, 278, 282 dagegen hatte das Bundesverfassungsgericht auf eine Abgrenzung der Meinungs- von der Pressefreiheit verzichtet, da die Beschwerdeführer jeweils beide Grundrechte für sich in Anspruchnehmen konnten.

353 Bethge, AfP 1999, 309, 311; Kunig, Jura 1995, 589, 591.

dessen, ob sie in Rundfunk oder Presse verbreitet wurden, von Art. 5 I 1 GG geschützt[354].

c. In den Schutzbereich fallende Tätigkeiten

Rechtsauskünfte bzw. die Äußerung von Rechtsansichten im Fernsehen können also entweder in den Schutzbereich der Rundfunkfreiheit oder in den der Meinungsfreiheit fallen. Zu beachten ist hier außerdem die Grundrechtsträgerschaft, die bezüglich der Meinungsfreiheit aus Art. 5 I 1 GG für die öffentlich-rechtlichen Rundfunkanstalten ungeklärt ist[355]. Soweit natürliche Personen oder privatrechtliche juristische Personen tätig werden, kann jedoch – im dargestellten Rahmen – die Meinungsfreiheit als Prüfungsmaßstab herangezogen werden. Eingriffe in dieselbe sind, wie bereits dargestellt, durch Verbote und Reglementierungen jeder Art möglich. Im Verhältnis der Meinungsfreiheit aus Art. 5 I 1 GG zur Pressefreiheit aus Art. 5 I 2 GG ist zu beachten, daß der Schutzbereich der Pressefreiheit die im Pressewesen tätigen Personen in Ausübung ihrer Funktion sowie das Presseerzeugnis selbst schützt[356]. Die Pressefreiheit ist damit kein Spezialfall der Meinungsäußerungsfreiheit, vielmehr bleibt es für die Äußerung einer bestimmten Meinung, auch wenn sie in der Presse publiziert wurde, bei der Maßgabe von Art. 5 I 1, 1. Hs. GG[357].

d. Eingriffe in den Schutzbereich

Eingriffe in die Meinungsfreiheit liegen vor, wenn Meinungsäußerungen verboten werden. Damit stellen auch die Untersagungen der Äußerung von Rechtsansichten Eingriffe in den Schutzbereich der Meinungsfreiheit dar.

4. Zusammenfassung

Art. 5 I GG schützt umfassend die handelnden Medienunternehmen und ihre Mitarbeiter bei der Vorbereitung und der Produktion von Publikationen sowie der Publikation selbst. Zu den von Rundfunk- oder Pressefreiheit geschützten Tätigkeiten gehören damit die Recherche als Vorbereitungstätigkeit ebenso wie die Rechtsberatung vor laufender Kamera oder die Vermittlungsversuche des

---

354 BVerfGE 85, 1, 11 ff.; 86, 122, 128; 95, 28, 34; 97, 391, 400.

355 Dazu: Erichsen, Jura 1996, 84, 86; Schmidt-Jortzig, in: Isensee/Kirchhof: HStR VI, § 141 Rz. 16.

356 BVerfGE 85, 1, 12 f.; 86, 122, 128.

357 BVerfGE 85, 1, 11 ff.; 86, 122, 128; 95, 28, 34; 97, 391, 400.

„Mahnman“ als Produktionstätigkeit. Die Aufforderung an Zuschauer oder Leser, der Redaktion persönliche Rechtsprobleme mitzuteilen, kann der Vorbereitung einer Publikation dienen und somit in den Schutzbereich von Rundfunk- oder Pressefreiheit fallen. Die Beantwortung von Einzelrechtsfragen kann in den Schutzbereich der Rundfunkfreiheit fallen, wenn sie Teil der Produktionstätigkeit ist. Im übrigen unterfällt sie der Meinungsäußerungsfreiheit. Alle oben dargestellten medialen Tätigkeiten, die Gegenstand der Verbotsrechtsprechung waren, sind also durch Art. 5 I GG geschützt. Der Schutzbereich der Freiheiten des Art. 5 I GG kann aber nach Art. 5 II GG durch allgemeine Gesetze eingeschränkt werden, wenn diese legitimen Gesetzeszwecken folgen und die Einschränkungen verhältnismäßig sind.

II. Legitimität der Gesetzeszwecke

1. Zwecke

Laut Gesetzesbegründung verfolgt das Rechtsberatungsgesetz drei Ziele[358]:

Zunächst ist Gesetzeszweck der Schutz der Allgemeinheit in der Form, daß der einzelne Rechtsuchende davor bewahrt werden soll, die Erledigung seiner Rechtsangelegenheiten Personen zu überlassen, die über die zur ordnungsgemäßen Erledigung erforderliche Sachkunde nicht verfügen[359]. Es werden also Gesichtspunkte des Verbraucherschutzes verfolgt[360].

Ferner bezweckt das Rechtsberatungsgesetz den Schutz der reibungslosen Abwicklung des Rechtsverkehrs, nämlich des Verkehrs der Rechtsuchenden mit Gerichten und Behörden, wobei insbesondere Behinderungen bei der Durchführung von Rechtsstreitigkeiten durch nicht sachkundige Personen verhindert werden sollen[361]. Geschützt wird also die Ordnungsgemäßheit und Reibungslosigkeit der Rechtspflege[362].

---

358 RStBl 1935, S. 1528.

359 BVerfG NJW 1976, 1349; BGH NJW 1961, 313; NJW 1963, 441; NJW 1967, 1558; MDR 1970, 656; BVerwG NJW 1977, 2178; Caliebe, in: Seitz (Hg.), Inkasso-Handbuch, S. 493 Rz. 1026; Rennen/Caliebe Art. 1 § 1 RBerG Rz. 11; Henssler/Prütting-Weth, Einl. RBerG Rz. 5; Altenhoff/Busch/Chemnitz Art. 1 § 1 Rz. 18.

360 Rick, Verfassungsrechtliche Stellung des Rechtsanwalts, S. 219; König, Rechtsberatungsgesetz, S. 22 f.; Henssler/Prütting-Weth, Einl. RBerG Rz. 5.

361 RStBl 1935, S. 1528; BVerfG AnwBl 1998, 274; BVerfG NJW 1976, 1349; BVerwG DVBl 1980, 640; VGH Mannheim, NJW 1984, 1052; OLG Karlsruhe, AnwBl. 1989, 244; Caliebe in: Seitz (Hg.), Inkasso-Handbuch, S. 493 Rz. 1026; Rennen/Caliebe Art. 1 § 1 Rz. 11; Henssler/Prütting-Weth Einl. RBerG Rz. 6. An-

Und zuletzt soll das Gesetz auch die Rechtsanwaltschaft vor dem Wettbewerb mit Personen schützen, die weder standesrechtlichen, gebührenrechtlichen noch sonstigen im Bereich der Rechtspflege gesetzten Schranken unterliegen[363].

2. *Legitimität*

Da die Verfassungslegitimität des Gesetzeszweckes bedeutet, daß staatliche Grundrechtseinschränkungen nur für Zwecke zulässig sind, die vom Grundgesetz nicht verboten sind[364], kann sie hier aufgrund der Gemeinwohlbindung der Gesetzeszwecke festgestellt werden.

a. Schutz des Einzelnen vor schlechtem Rechtsrat

Nach ständiger Rechtsprechung des Bundesverfassungsgerichts ist der Schutz der Rechtsuchenden vor unqualifiziertem Rechtsrat ein Zweck, der hinreichend wichtigen Belangen des Gemeinwohls dient[365]. Damit ist dieser Gesetzeszweck verfassungslegitim, denn die Verfolgung von Gemeinwohlbelangen ist in der Verfassung erlaubt.

b. Schutz der Rechtspflege

Darüberhinaus werden durch den Schutz der Gerichte und Behörden vor unprofessioneller Vertretung und unprofessionellen Eingaben auch die Funktionsfähigkeit und Effektivität der Rechtspflege[366] geschützt. Denn der Erlaubniszwang

---

ders wohl nur Schneider, MDR 1976, 1, 4, der den Gesetzeszweck wegen des mangelnden Anwaltszwanges vor bspw. dem Amtsgericht für falsch hält.

362 BVerfGE 97, 12, 30 f.; Rick, Verfassungsrechtliche Stellung des Rechtsanwalts, S. 219; Henssler/Prütting-Weth Einl. RBerG Rz. 6.

363 RStBl 1935, S. 1528; BGH NJW 1967, 1558; BGH NJW 1962, 2010; BGHZ 15, 315; BVerwG NJW 1989, 1175; OLG Celle, NJW-RR 1986, 399; Rennen/Caliebe, Art. 1 § 1 RBerG Rz. 11; Caliebe in: Seitz (Hg.), Inkasso-Handbuch, S. 493 Rz. 1026; Henssler/Prütting-Weth Einl. RBerG Rz. 7; König, Rechtberatungsgesetz, S. 23 f.

364 Gentz, NJW 1968, 1600, 1602 m.w.N.

365 BVerfGE 41, 378, 390; 75, 246, 267, 276; BVerfGE 97, 12, 26, 30: im Hinblick auf Art. 12 I GG. Vgl. dazu auch: Rick, Die verfassungsrechtliche Stellung des Rechtsanwaltes, S. 219 m.w.N. BVerfG NJW 1993, 317, 319.

366 Zum Begriff „Rechtspflege“: Stern, Staatsrecht II, § 43 S. 900 ff.; Schilken, Gerichtsverfassungsrecht, 1994, S. 29 Rz. 47; Dallmayer/Eickmann, Rechtspflegergesetz, 1996, § 1 Rz. 3 ff.

verhindert Verzögerungen durch unsachgemäßes Vorgehen in all den der Rechtspflege zuzurechnenden Tätigkeitsbereichen. Die unter „Rechtspflege" zusammengefaßten Aufgaben beinhalten Tätigkeiten, die in engem Zusammenhang zur Rechtsprechung stehen[367]. Dazu gehören beispielweise die Aufgaben der Staatsanwaltschaft, die der freiwilligen Gerichtsbarkeit oder die der Vollstreckung[368]. Zur Rechtspflege zählen auch Tätigkeiten, die teilweise nicht zu letztverbindlichen Entscheidungen führen und die von besonderen Organen der Rechtspflege, zum Beispiel Rechtsanwälten, wahrgenommen werden[369]. Bei dem Schutz der reibungslosen Abwicklung des Rechtsverkehrs geht es insbesondere um die zügige und zuverlässige Durchführung von Rechtsstreitigkeiten vor Gericht, die nicht durch ungeeignete oder nicht sachkundige Personen behindert werden soll[370]. Die Funktionsfähigkeit der Rechtspflege ist ein verfassungsrechtlich begründetes Rechtsgut, das in der Staatlichkeit verankert ist[371]. Dies hat das Bundesverfassungsgericht mehrfach anerkannt[372]. Damit kann die Legitimität dieses Gesetzeszweckes festgestellt werden, da das Grundgesetz ihn erlaubt.

c. Konkurrenzschutz

Der Gesetzeszweck des Konkurrenzschutzes begegnet im Hinblick auf Art. 12 I GG verfassungsrechtlichen Bedenken. In seiner „Masterpat"-Entscheidung hat das Bundesverfassungsgericht den Konkurrenzschutz als Gesetzeszweck in seinen Voraussetzungen begrenzt[373].

Der Konkurrenzschutz als solcher[374] – wie er in den Materialien bei Schaffung des Rechtsberatungsmißbrauchsgesetzes[375] als Gesetzeszweck genannt

367 Stern, Staatsrecht II, § 43 I 5, S. 900.
368 Henssler/Prütting-Koch, § 1 BRAO Rz. 73; Stern, Staatsrecht II, § 43 I 5, S. 900 f.
369 Stern, Staatsrecht II, § 43 I 5, S. 900.
370 Henssler/Prütting-Weth, Einl. RBerG Rz. 6; Altenhoff/Busch/Chemnitz Art. 1 § 1 Rz. 18; Rick, Verfassungsrechtliche Stellung, S. 219; Hermanns, Rechtsberatung, S. 40.
371 Stern, Staatsrecht III/2, § 84 IV 5, S. 824.
372 BVerfGE 33, 23, 32; 64, 108, 116; 80, 367, 375; 81, 278, 293; Dreier-Dreier, Vorbem. Bd. 1 GG Rz. 88 m.w.N.
373 BVerfGE 97, 12, 31.
374 Rick, Die verfassungsrechtliche Stellung des Rechtsanwalts, S. 224, spricht vom „Konkurrenzschutz als Selbstzweck".
375 RStBl S. 1935, S. 1528.

wurde – ist nach der Rechtsprechung des Bundesverfassungsgerichts kein Gemeinwohlbelang im Sinne des Art. 12 I GG[376].

Dennoch hat das Bundesverfassungsgericht festgestellt, daß bei der Abgrenzung spezialisierter Berufe und der ihnen vorbehaltenen Aufgaben auch der Erhalt einer leistungsfähigen Berufsgruppe zu den Gemeinwohlbelangen zählt[377], soweit dieser Belang dem Gesetzeszweck unmittelbar dient[378]. Schutz vor Wettbewerb könne daher nur dann geboten sein, wenn sonst die Gemeinwohlbelange gefährdet würden, denen die Zugangsschranken oder Berufsausübungsregelungen eines Berufes gerade zu dienen bestimmt sind[379]. Ferner seien die wirtschaftlichen Rahmenbedingungen gesetzlich festgelegter Berufe in diesem Zusammenhang zu berücksichtigen[380]. Diese Modifizierung des Gesetzeszweckes des Konkurrenzschutzes führt nicht zur Verfassungswidrigkeit des Rechtsberatungsgesetzes. Denn seine Normen verfolgen des weiteren Zwecke des Verbraucherschutzes und des Erhalts der Funktionsfähigkeit der Rechtspflege.

Unter der Bedingung, daß er unmittelbar dem Erhalt oder der Erreichung eines dieser Gemeinwohlbelange dient, ist der Konkurrenzschutz also Mittel zur Erreichung eines anderen Gesetzeszweckes und insoweit als modifizierter Konkurrenzschutz ein zulässiger Gesetzeszweck. Dies bedeutet für das Rechtsberatungsgesetz, daß der Konkurrenzschutz, der dem Schutz der Rechtsuchenden oder von Gerichten und Behörden vor unqualifiziertem Rechtsrat und damit dem Erhalt der Funktionsfähigkeit der Rechtspflege dient, ein Gemeinwohlbelang im Sinne des Art. 12 I GG ist.

Damit ist der Konkurrenzschutz, der die Anwaltschaft in ihrer Existenz sichert, als Gesetzeszweck zulässig. Die Existenzsicherung ist dann Zweck des Konkurrenzschutzes, wenn eine fühlbare Beeinträchtigung der für eine ordnungsgemäße Rechtspflege benötigten Anwaltschaft[381] abgewendet werden soll. Denn ohne die Existenz dieses Berufsstandes, der über die erforderliche Ausbildung verfügt, kann der Schutz der Einzelnen, der Allgemeinheit und der Rechts-

---

376 BVerfGE 97, 12, 31; 94, 372, 395; 7, 377, 408; Zur Debatte um den Konkurrenzschutz als Gesetzeszweck des Rechtsberatungsgesetzes vgl. nur Rick, Verfassungsrechtliche Stellung des Rechtsanwalts, S. 220 ff., insbes. S. 225.

377 BVerfGE 97, 12, 31.

378 BVerfGE 97, 12, 31. Ähnlich bereits – wenn auch nicht im Zusammenhang mit der Rechtspflege: BVerfGE 7, 377, 408.

379 BVerfGE 97, 12, 31; ähnlich bereits BVerfGE 7, 377, 408.

380 BVerfGE 97, 12, 31. Zur Problematik auch: Kleine-Cosack, NJW 2000, 1593, 1596.

381 Vgl. BVerfGE 97, 12, 31. Das Gericht spricht insofern von einer „fühlbaren Beeinträchtigung der für eine ordnungsgemäße Rechtspflege benötigten Anwaltschaft“. Weiter stellt es darauf ab, ob die erzielbaren Gebühren für die (Patent-)Anwaltschaft von „nennenswerter Bedeutung“ sein könnten.

pflege vor unqualifiziertem Rechtsrat nicht gewährleistet werden. Der Konkurrenzschutz als Selbstzweck, der nur der Bewahrung vor Wettbewerb mit anderen dient, ist mit Art. 12 GG nicht vereinbar und daher aufgrund dieser Verfassungswidrigkeit als Gesetzeszweck nicht verfassungslegitim.

3. Ergebnis

Die Zwecke des Rechtsberatungsgesetzes sind legitim.

Dabei ist allerdings eine Einschränkung zu beachten: der Konkurrenzschutz ist als Gesetzeszweck nur insoweit verfassungslegitim, als er dem unmittelbaren Gesetzeszweck, nämlich Schutz des Einzelnen, der Allgemeinheit und der Rechtspflege vor unqualifiziertem Rechtsrat und damit der Erhaltung der Funktionsfähigkeit der Rechtspflege, dient. Das bedeutet, daß der Konkurrenzschutz, der die Anwaltschaft in ihrer Existenz sichert, zulässig ist. Die Existenzsicherung ist dann Zweck des Konkurrenzschutzes, wenn eine fühlbare Beeinträchtigung der für eine ordnungsgemäße Rechtspflege benötigten Anwaltschaft[382] abgewendet werden soll. Denn ohne die Existenz dieses Berufsstandes, der über die erforderliche Ausbildung verfügt, kann der Schutz der Einzelnen, der Allgemeinheit und der Rechtspflege vor unqualifiziertem Rechtsrat nicht gewährleistet werden.

III. Allgemeinheit des Gesetzes

Aufgrund der Gesetzeszwecke kann das Rechtsberatungsgesetz als allgemeines Gesetz im Sinne des Art. 5 II GG eingeordnet werden. Allgemeine Gesetze sind nach ständiger Rechtsprechung des Bundesverfassungsgerichts Normen, die sich nicht speziell gegen die Medien oder gegen eine bestimmte Meinung richten, sondern dem Schutz eines schlechthin, ohne Rücksicht auf bestimmte Informationen oder Meinungen zu schützenden Rechtsgutes dienen, das dem Grundrechtsschutz der Medien nicht nachsteht[383].

Dies trifft auf das Rechtsberatungsgesetz zu. Es stellt zur Erreichung der oben genannten Zwecke die Erteilung von Rechtsrat und die Vornahme von Rechtsbesorgungen in fremden Angelegenheiten in Art. 1 § 1 S. 1 unter ein präventives Verbot mit Erlaubnisvorbehalt und regelt in weiteren Normen verschie-

---

382 Vgl. BVerfGE 97, 12, 31.

383 Seit BVerfGE 7, 198, 209 st. Rspr., bspw. BVerfGE 97, 125, 146; 62, 230, 244; 71, 162, 175; insbesondere 91, 125, 135.

dene Erlaubnisformen, Ausnahmen und Modifizierungen des Verbotes[384]. Durch dieses Verbot wird es rechtlich generell erschwert, Rechtsansichten zu Fragen, die sich anderen Personen stellen, zu äußern oder Hilfeleistungen in Rechtsangelegenheiten anderer vorzunehmen. Auf ein Verbot der Äußerung bestimmter Rechtsmeinungen zielt das Gesetz jedoch nicht ab.

Ebenso richten sich die Normen des Rechtsberatungsgesetzes nicht gegen die Meinungsfreiheit an sich[385] oder speziell gegen Medien[386]. Die Freiheit aus Art. 5 I 1 GG bleibt, was die Freiheit der Meinungsäußerung angeht, lediglich in einem bestimmten Bereich in bestimmten Konstellationen Personen vorbehalten, die über besondere Qualifikationen verfügen. Der Schutz der Rechtspflege durch Bewahrung der Gerichte vor unprofessioneller Vertretung der Rechtsuchenden, der Schutz des Einzelnen vor schlechtem Rechtsrat und Bewahrung der Behörden vor unqualifizierter Rechtswahrnehmung wird bezweckt ohne Rücksicht auf eine bestimmte (Rechts-)Meinung oder ein bestimmtes Medium und steht zu einer bestimmten (Rechts-)Meinung auch in keinerlei Zusammenhang. Das Rechtsberatungsgesetz dient dem rechtsstaatlich fundierten Anliegen der Rechtsberatung[387] und ist ein allgemeines Gesetz im Sinne des Art. 5 II GG[388].

Die verschiedenen Anwendungsfälle auf mediale Rechtstätigkeiten müssen weiterhin aber dem Gebot der Verhältnismäßigkeit entsprechen. Dies bedeutet, daß die in den ausgesprochenen Verboten liegenden Eingriffe geeignet, erforderlich und angemessen sein müssen, die vom Rechtsberatungsgesetz verfolgten Ziele zu erreichen. Bei der Prüfung der Angemessenheit oder Verhältnismäßigkeit im engeren Sinne ist zu berücksichtigen, daß allgemeine Gesetze in ihrer das Grundrecht beschränkenden Wirkung wiederum im Lichte der Bedeutung des Grundrechts gesehen und so interpretiert werden müssen, daß der besondere Wertgehalt des Grundrechts gewahrt bleibt[389]. Dies bedeutet, daß die allgemeinen Gesetze den Grundrechten zwar Schranken setzen, ihrerseits aber aus der wertsetzenden Bedeutung des Grundrechtes wieder eingeschränkt werden müs-

---

384 Dazu näher: Rennen/Caliebe Art. 1 § 1 RBerG Rz. 8; Henssler/Prütting-Weth Einl. RBerG Rz. 26 ff.

385 So auch Pieroth/Schlink, Grundrechte, S. 144, Rz. 598; Ricker, NJW 1999, 449, 452.

386 So auch Bethge, AfP 1999, 309, 312 und Bethge/v.Coelln, Rechtsberatung, S. 79.

387 Vgl. BVerfGE 97, 12, 26 f.; Bethge, AfP 1999, 309, 312.

388 Die Einordnung als allgemeines Gesetz ist unstreitig. Dazu nur: OLG Dresden, AfP 1996, 180; Bethge, AfP 1999, 309, Flechsig, ZUM 1999, 273, 275; 312; Rennen/Caliebe Art. 1 § 1 RBerG Rz. 23; Ricker, NJW 1999, 449, 452; kritisch, aber im Ergebnis zustimmend: Bethge/v.Coelln, Rechtsberatung, S. 30 f. m.w.N. und S. 79. vgl. auch Antwort der Bundesregierung auf die Große Anfrage der Abgeordneten Rainer Funke u.a., BT-Drucks. 14/3959 vom 28.07.2000, S. 16.

389 BVerfGE 28, 198, 208.

sen[390]. Diese korrigierende Überprüfung ist anhand der Verhältnismäßigkeitsprüfung oder der Überprüfung der Einhaltung des Übermaßverbotes, auch als Proportionalität bezeichnet[391], vorzunehmen.

IV. Einschränkbarkeit des Art. 5 I GG durch allgemeine Gesetze

1. Grundlinien der Abwägungsjudikatur der Bundesverfassungsgerichts

Aus der Rechtsprechung des Bundesverfassungsgerichts ergeben sich gewisse „Leitlinien"[392], die in der Abwägungsjudikatur des Gerichts regelmäßig eine Rolle spielen, eine Rang- oder Werteordnung zwischen einzelnen Grundrechten oder Grundrechten und mit diesen kollidierenden anderen Rechtsgütern ergibt sich jedoch nicht[393]. Das Gericht klassifiziert dagegen Arten des Gebrauchs grundrechtlicher Freiheiten[394] und unterscheidet im Konfliktfall, welcher der Beteiligten den wertvolleren Gebrauch eines Grundrechtes macht[395] oder welches Rechtsgut – die grundrechtlich geschützte Freiheit oder das einfachgesetzlich geschützte – aus Gesichtspunkten des öffentlichen Interesses im Einzelfall vorgeht.

a. Kriterium des Inhalts

Dabei stellt das Gericht im Zusammenhang mit Art. 5 I GG darauf ab, ob einer Betätigung eine wesentliche politische Bedeutung zukommt oder ob lediglich private, insbesondere wirtschaftliche Interessen verfolgt werden. Diese Gewichtung findet besondere Ausprägung in der Rechtsprechung zum sogenannten „Kern"[396] bzw. der „Kernbedeutung"[397] von Art. 5 I GG, wobei derselbe mehrfach umschrieben, jedoch nicht ausdrücklich mit der Wesensgehaltsgarantie aus Art. 19 II GG gleichgesetzt wird[398]. Die Kernbedeutung von Art. 5 I GG als Voraussetzung eines freien und politischen Prozesses soll danach berührt sein,

390 „Wechselwirkung", vgl. BVerfGE 7, 198, 209.
391 Stern, Staatsrecht III/2, § 84 II 4, S. 782; Schnapp, JuS 1983, 850, 852.
392 Dreier-Schulze-Fielitz, Art. 5 Rz. 129 ff.
393 Dreier-Schulze-Fielitz, Art. 5 Rz. 129 ff.; Schlink, Abwägung im Verfassungsrecht, S. 20, 28, 45.
394 Schlink, Abwägung, S. 20.
395 Schlink, Abwägung, S. 21.
396 BVerfGE 61, 1, 11.
397 BVerfGE 42, 163, 170.
398 Dazu kritisch: Maunz/Dürig-Herzog, Art. 5 I, II Rz. 262; Schmidt, AöR 106 (1981), S. 497, 515 f.

wenn die freie Äußerung und Verbreitung von Gedanken eines bestimmten Inhalts im Rahmen einer öffentlichen politischen Auseinandersetzung[399] verboten wird, wenn die in Rede stehenden Äußerungen öffentliche Kritik in einer Auseinandersetzung um eine bestimmte geistige Richtung enthalten[400] oder wenn der Beitrag zur Meinungsbildung eine die Öffentlichkeit wesentlich berührende Frage[401] betrifft. Liegt eine solche Frage vor, dann gibt es nach dem Bundesverfassungsgericht eine Vermutung für die Zulässigkeit der freien Rede[402].

Bei der Entscheidung dieser Fälle greift das Gericht regelmäßig auf die Argumentation des Lüth-Urteils zurück[403] und die dort erkannte wesentliche und wertsetzende Bedeutung von Art. 5 I GG für den freiheitlich demokratischen Staat, die es erfordert, die das Grundrecht nach Art. 5 II GG einschränkenden Gesetze ihrerseits wiederum im Lichte der Bedeutung des Grundrechts einzuschränken und damit der sogenannten Wechselwirkung Rechnung zu tragen[404].

b. Kriterium der Zweckrichtung

Daneben erachtet das Gericht Zweck und Ziel einer Meinungsäußerung immer wieder als maßgeblich für die Abwägung[405]: Sofern von dem Grundrecht nicht zum Zwecke privater Auseinandersetzung Gebrauch gemacht wird, sondern der Äußernde in erster Linie zur Bildung der öffentlichen Meinung beitragen will, seien Auswirkungen auf den Rechtskreis Dritter zwar unvermeidliche Folge, nicht jedoch eigentliches Ziel der Äußerung, weshalb der Schutz des betroffenen Rechtsgutes zurücktreten müsse[406]. Dies gelte um so mehr, je weniger es sich um eine unmittelbar gegen das Rechtsgut gerichtete Äußerung im privaten Bereich, insbesondere im wirtschaftlichen Verkehr und in Verfolgung eigennütziger Ziele handele, sondern um einen Beitrag zum geistigen Meinungskampf in einer die Öffentlichkeit wesentlich berührenden Frage durch einen dazu Legitimierten; in diesen Fällen spreche eine Vermutung für die Zulässigkeit der freien Rede[407], weil sonst die Meinungsfreiheit, die Voraussetzung eines freien und offenen politischen Prozesses sei, in ihrem Kern betroffen wäre[408]. Dabei wird die freie

399 BVerfGE 42, 163, 170.
400 BVerfGE 54, 129, 137.
401 BVerfGE 60, 234, 240.
402 BVerfGE 61, 1, 11.
403 BVerfGE 7, 198, 208 f.
404 BVerfGE 7, 198, 208 f.
405 BVerfGE 61, 1, 11; 54, 129, 137; 42, 163, 171; 7, 198, 212, 215 ff.
406 BVerfGE 61, 1, 11; 54, 129, 137; 42, 163, 171; 7, 198, 215 ff.
407 BVerfGE 61, 1, 11; 7, 198, 212.
408 BVerfGE 61, 1, 11.

Kommunikation und die durch sie hergestellte Öffentlichkeit als Bestandteil des Demokratieprinzips gesehen[409], weshalb die Rückwirkung von Kommunikationsbeschränkungen auf die demokratische Ordnung bei der Anwendung von Art. 5 I GG immer mitbedacht werden müsse[410].

Die Vermutungsregel um die Kernbereichrechtsprechung wird in der Judikatur des Bundesverfassungsgerichts ergänzt durch Einzelfallabwägungen. Obwohl das Gericht von den strukturierenden Wertungen der Leitlinien ausgeht, kann der Einzelfall nach fallbezogener Abwägung abweichend zu beurteilen sein[411]. So wurde in der „Blinkfüer"-Entscheidung trotz der nach Auffassung des Gerichts politischen Motivation des zum Boykott aufrufenden Springer-Verlages[412] bereits die Eröffnung des Schutzbereiches des Art. 5 I GG verneint, weil die Mittel, derer sich der Verlag zur Durchsetzung seiner Aufforderung bedient hatte, nicht in Darlegungen, Erklärungen und Erwägungen bestanden hatten, sondern in der Ausübung wirtschaftlichen Drucks aufgrund einer marktbeherrschenden Stellung. Dabei setzte sich das Gericht auch mit der Funktion der Kommunikationsfreiheiten in der freiheitlichen Demokratie auseinander[413], stellte jedoch fest, daß das Ziel der Pressefreiheit, nämlich die Bildung einer freien öffentlichen Meinung zu gewährleisten, auch des Schutzes der Presse gegenüber Versuchen anderer (Presseorgane), den Wettbewerb durch wirtschaftliche Druckmittel auszuschalten, bedürfe[414].

Es wird also weder eine allein abstrakte Rechtsgüterabwägung vorgenommen[415] noch eine ausschließliche Einzelfallabwägung[416]. Das Bundesverfassungsgericht beschreitet vielmehr einen Mittelweg, indem es die Vorgabe des grundrechtlichen Kernbereichs[417] aufgrund des im Demokratieprinzip verwur-

409 Grimm, NJW 1995, 1697, 1703.
410 Grimm, NJW 1995, 1697, 1703.
411 Dazu auch: Grimm, NJW 1995, 1697, 1702 ff., insbes. 1703.
412 BVerfGE 25, 256, 265, 266.
413 Kritisch: Depenheuer, AfP 1997, 669, 673.
414 BVerfGE 25, 256, 268.
415 Diese fordert Herzog in Maunz/Dürig-Herzog, Art. 5 I, II Rz. 260 ff.
416 Diese halten Friauf/Höfling, AfP 1985, 251, 255 für notwendig; ebenso Schmitt Glaeser, AöR 113 (1988), S. 52, 93; ders. AöR 97 (1972), S. 276, 283 ff.
417 Zustimmend insoweit Dreier-Schulze-Fielitz, Art. 5 I, II Rz. 132 ff.; differenzierend v.Münch-Wendt, Art. 5 Rz. 2., der die einseitig hohe Einschätzung politischer oder öffentlichkeitsbezogener Meinungsäußerungen ablehnt, dennoch aber Äußerungen ohne jeden Öffentlichkeitsbezug sowie Angelegenheiten aus der Privatsphäre eines Betroffenen in einer „Randzone" des Grundrechtsschutzes sieht, und dies offenbar in der Abwägung doch berücksichtigen will.

zelten überindividuellen Interesses an offener Kommunikation[418] zum Ausgangspunkt für jede Abwägung macht[419].

2. *Kritikpunkte der Literatur*

In der Literatur hat diese Vorgehensweise Widerspruch erfahren, insbesondere ist die verfassungsgerichtliche Rechtsprechung als Privilegierung des Politischen kritisiert worden[420]. Da politisches Handeln aus grundrechtlicher Sicht keinen prinzipiellen Vorrang vor politisch indifferentem Tun habe, sei die einseitig hohe Einschätzung „politischer" oder „öffentlichkeitsbezogener" Meinungsäußerungen zu Lasten „privater" Grundrechtsbetätigungen schlechthin als grundrechtsinadäquat abzulehnen[421], eine verfassungsrechtlich „unzulässige Binnendifferenzierung nach qualitativen Kriterien" könne keine Argumentationsgrundlage liefern[422]. Da die in Art. 5 II GG angeordnete Schranke selbst ein Element der Verfassung sei, müsse sie im Rahmen des Gebots der Einheit der Verfassung grundsätzlich gleichgewichtige Beachtung finden, so daß die Gewichtung der Rechtsgüter der verhältnismäßigen Zuordnung im konkreten Fall vorbehalten sein müsse[423].

Diesen Argumentationen ist entgegenzusetzen, daß auch in der verfassungsgerichtlichen Judikatur das Leitbild die Einzelfallabwägung geblieben ist; ausgehend von der in der Lüth-Entscheidung konstatierten grundsätzlichen Bedeutung der Meinungsfreiheit nimmt das Gericht Einzelfallabwägungen vor, die auch zu einem Zurücktreten des für die freiheitliche Demokratie schlechthin konstituierenden Grundrechts führen können[424]. So ist die Betonung der herausragenden Bedeutung der Kommunikationsfreiheiten insoweit mißverstanden worden, als eine generelle Privilegierung des Politischen herausgelesen wur-

418 Grimm, NJW 1995, 1697, 1703.

419 Weiterführend: Schlink, Abwägung im Verfassungsstaat, 1976.

420 Dreier-Schulze-Fielitz, Art. 5 I, II Rz. 132; v.Münch-Wendt, Art. 5 Rz. 2; Schmitt Glaeser, NJW 1996, 873, 874 ff.; ders. AöR 113 (1988), S. 52, 93 f.; ders., AöR 97 (1972), S. 276, 290 ff.; Friauf/Höfling, AfP 1985, 249, 250 f.; Degenhart, in: Festschrift für Lukes, S. 287, 290 f.; Maunz/Dürig-Herzog, Art. 5 Abs. I, II Rz. 260 ff.; Mackeprang, Ehrenschutz im Verfassungsstaat, S. 144 ff. m.w.N. Kritisch zur Berechenbarkeit der Schranken des Art. 5 I GG: Ladeur, AfP 1993, 531, 532.

421 V.Münch-Wendt, Art. 5 Rz. 2.

422 Friauf/Höfling, AfP 1985, 251, 255.

423 Schmitt Glaeser, AöR 113 (1988), S. 52, 93.

424 So bspw. In BVerfGE 77, 65, 76; BVerfG NJW 1989, 381.

de[425]. Die sich aus der besonderen Bedeutung der Kommunikationsfreiheiten ergebende Vermutungsregel bewirkt aber keinen absoluten Vorrang der Rechte aus Art. 5 I GG[426].

Der allgemeine Schutz der Kommunikationsfreiheiten wirkt sich vielmehr insofern aus, als bei der Abwägung alles berücksichtigt werden muß, was den Grundrechten aus Art. 5 I GG an individuellem Freiheitsgehalt, an Funktionen und an objektiven und institutionellen Schutzzielen abgewonnen werden kann[427]. Vor diesem Hintergrund muß die Abwägungsjudikatur des Bundesverfassungsgerichts gesehen werden und da auch sie zu Einzelfallabwägungen führt und sich von den durch die „Kernbedeutungsrechtsprechung" vorgegebenen Grundlinien durchaus lösen kann, kann eine Entscheidung des Meinungsstreites an dieser Stelle dahinstehen.

Im folgenden soll die Judikatur des Bundesverfassungsgerichts im Hinblick auf Fallgruppen, die in der Frage der Abwägung zwischen Medienfreiheit und Schutzgütern des Rechtsberatungsgesetzes relevant werden können, kurz skizziert werden. Berücksichtigt wird hier zunächst die „Kernbereichrechtsprechung", die Gewichtung nach dem sogenannten „öffentlichen Interesse", die Rechtsprechung zur Rechtspflege sowie die zu den sogenannten Boykottaufrufen[428].

3. Abwägungsgesichtspunkte im Einzelnen

a. Die „Kernbereichrechtsprechung"

Daß der Kern der Meinungsfreiheit betroffen war, wurde bejaht für Auseinandersetzungen in einem Wahlkampf als einer Situation der höchsten Intensivierung des politischen Meinungskampfes[429]. Die Frage, die in dem der Verfassungsbeschwerde zugrundeliegenden Rechtsstreit zu entscheiden gewesen war, war, ob ein Kandidat während des Wahlkampfes eine der Gegenparteien als „die NPD Europas"[430] hatte bezeichnen dürfen. Das Gericht stellte darauf ab, daß die Parteien gemäß Art. 21 I 1 GG bei der politischen Willensbildung des Volkes

---

425 Dreier-Schulze-Fielitz, Art. 5 I, II Rz. 33. Dazu auch: BVerfG NJW 1998, 1627, 1629 (Kurzberichterstattung im Fernsehen); Grimm, NJW 1995, 1697, 1704.
426 Dazu auch: Grimm, NJW 1995, 1697, 1703.
427 Dreier-Schulze-Fielitz, Art. 5 I, II Rz. 33; v.Münch-Wendt, Art. 5 Rz. 2; Wendt, AöR 104 (1979), 414, 468 f.
428 Zum Begriff: Kohl, AfP 1984, 201, 205.
429 BVerfGE 61, 1, 11.
430 BVerfGE 61, 1, 2.

mitwirkten, was namentlich durch die Beteiligung an Wahlen als wichtigster Willensbildungsform in der parlamentarischen Demokratie geschehe[431]. Die Wahrnehmung der den Parteien durch Art. 21 I 1 GG gestellten, durch das Parteiengesetz als „öffentlich" bezeichneten Aufgabe verträgt nach der Entscheidung des Bundesverfassungsgerichts als wesensgemäß politische Aufgabe keine inhaltlichen Reglementierungen, wenn sie nicht um eine ihrer Grundvoraussetzungen gebracht werden soll[432]. Art. 21 GG verstärke daher die Vermutung der Zulässigkeit der freien Rede mit der Folge, daß gegen das Äußern einer Meinung nur in äußersten Fällen eingeschritten werden dürfe[433]. Wesentlich für die Betroffenheit des Grundrechts in seinem Kernbereich ist danach also die politische Auseinandersetzung, die nicht durch andere Zwecke der Äußerung überlagert sein soll. Gestützt wird die Argumentation in dem dargestellten Fall außer durch die grundsätzliche Bedeutung der Kommunikationsfreiheit in der Demokratie durch eine weitere verfassungsrechtliche Anbindung des Äußernden in seiner Funktion als Wahlkämpfer sowie die einfachrechtliche Ausgestaltung der Aufgabe desselben.

Die Meinungsfreiheit in ihrer Kernbedeutung als Voraussetzung eines fairen und offenen politischen Prozesses verletzt sah das Bundesverfassungsgericht in einem weiteren Fall: In einer Zeitschrift der Jungen Union war von einem Mitglied des Bundesvorstandes der CDU, das gleichzeitig deren Fraktionsvorsitzender in der Hamburger Bürgerschaft war, öffentlich Kritik an der sogenannten Deutschland-Stiftung geübt worden, wobei die Kritik mit ehrverletzenden, wertenden Äußerungen verbunden war[434]. So hieß es in dem Artikel, die Stiftung mißbrauche den Namen Konrad Adenauers für rechte Sektierer, sie sei ein nationalistisches Unternehmen mit einem demokratischen Deckmantel und das geschäftsführende Vorstandsmitglied bemühe sich, das Deutschland-Magazin der Deutschen National- und Soldaten-Zeitung anzugleichen. Dem späteren Beschwerdeführer vor dem Bundesverfassungsgericht wurde gerichtlich untersagt, diese Äußerungen wörtlich oder sinngemäß zu behaupten oder zu verbreiten.

Nach Auffassung des Bundesverfassungsgerichts aber waren diese Äußerungen ein Beitrag zum öffentlichen politischen Meinungskampf und als solcher ohne die Verfolgung privater oder eigennütziger Ziele bezweckt[435]. Dafür, daß es dem Äußernden ausschließlich um die vorsätzliche Kränkung des Gegners gegangen sei, bestünden keine Anhaltspunkte, weshalb auch nicht verlangt werden dürfe, daß die Kritik innerhalb der Meinungsäußerung mit Tatsachenmittei-

431 BVerfGE 61, 1, 11.
432 BVerfGE 61, 1, 12.
433 BVerfGE 61, 1, 12.
434 BVerfGE 42, 163, 170 f.
435 BVerfGE 42, 163, 171.

lungen überprüfbar gemacht werde[436]. Die Kernbedeutung der Meinungsfreiheit sei betroffen, weil dem Beschwerdeführer die freie Äußerung und Verbreitung von Gedanken eines bestimmten Inhalts im Rahmen einer öffentlichen politischen Auseinandersetzung verboten worden seien[437].

b. Rechtsprechung zum öffentlichen Interesse

Dementsprechend ist das Bundesverfassungsgericht der Auffassung, daß bei der Auslegung der die Meinungsfreiheit beschränkenden Gesetze an die Zulässigkeit öffentlicher Kritik keine überhöhten Anforderungen gestellt werden dürfen, wenn ein Beitrag zur Meinungsbildung eine die Öffentlichkeit wesentlich berührende Frage betrifft[438]. Ob eine solche Frage behandelt wird, ist wiederum Gegenstand der einzelnen Entscheidung; als Indiz wird angesehen, daß in der streitigen Publikation nicht lediglich private Interessen abgehandelt werden[439]. Ein öffentliches Interesse wurde jedenfalls bejaht bei der Auseinandersetzung mit Mißständen in einem ganzen Zweig der gewerblichen Wirtschaft[440], umso mehr, wenn die kritisierten Geschäftspraktiken zu einer Gefährdung für geschäftsunerfahrene Personen führen können und wenn eine öffentliche Information und Diskussion geeignet ist, Abhilfe zu schaffen[441]. In der Berichterstattung über eine solche Konstellation erfülle die Presse eine ihrer besonderen Aufgaben, die als öffentliche bezeichnet würden[442]. Ein allgemeines öffentliches Interesse wurde auch bejaht in einem Fall, in dem der Kreis der unmittelbar von der publizierten Streitfrage Betroffenen klein war, die Zahl der von anstehenden rechtlichen und damit verbunden gebührenrechtlichen Veränderungen Betroffenen aber ständig wuchs[443].

Das öffentliche Interesse ist also nicht quantitativ zu bestimmen (dann wäre für seine Bejahung lediglich eine hohe Einschaltquote oder eine hohe Auflage erforderlich), sondern wiederum in Rückbezug auf die Kernbedeutung der Kommunikationsfreiheiten, nämlich den Meinungsbildungsprozeß in der Demokratie zu ermöglichen und zu fördern. Nach dieser Rechtsprechung kann jedenfalls in einer Situation ein öffentliches Interesse bejaht werden, in der für eine Vielzahl von Einzelnen oder sogar die Allgemeinheit ein Schaden droht oder ei-

436 BVerfGE 42, 163, 170 f.
437 BVerfGE 42, 163, 170.
438 BVerfGE 60, 234, 240; 54, 129, 137; 42, 163, 170; 7, 198, 212.
439 BVerfGE 60, 234, 240; 54, 129, 137; 24, 278, 282 f.;12, 113, 127; 7, 198, 212.
440 BVerfGE 60, 234, 240.
441 BVerfGE 60, 234, 240.
442 BVerfGE 60, 234, 240.
443 BVerfGE 24, 278, 283.

ne Änderung der Rechtslage bevorsteht. Aufgrund dieser Erwägungen könnte etwa in der Sendeform des „Mahnman“ eine zulässige Berichterstattung liegen, wenn ein öffentliches Interesse daran bestünde, auf Vertragsverletzungen oder Schadensverursachungen in einzelnen Fällen aufmerksam gemacht zu werden. Ein öffentliches Interesse kann wiederum aufgrund der monopolartigen Stellung eines Unternehmens, seiner Größe oder seiner Bedeutung für die Allgemeinheit anzunehmen sein.

c. Die Rechtsprechung zu Boykottaufrufen

So wie das Bundesverfassungsgericht die politische Bedeutung oder die politische Motivation einer Meinungsäußerung zunächst als Indiz für deren Zulässigkeit gelten läßt, so hat es die Ausübung wirtschaftlichen Drucks in Boykottaufrufen und die schlicht ökonomisch orientierte Motivation mehrfach als nicht ausreichend für die Zulässigkeit einer Meinungsäußerung erklärt. Dies stand in Zusammenhang mit der Ausübung wirtschaftlichen Drucks in Boykottaufrufen in der Presse[444]. Die Boykottaufrufe sind hier insofern von Interesse, als bei ihrem Vorliegen eine Drucksituation für die Adressaten entsteht, die der von der Rechtsprechung vielfach gerügten öffentlichen Anprangerung ähnlich ist. In beiden Fällen werden durch das Herstellen von Öffentlichkeit Handlungszwänge oder -notwendigkeiten erzeugt, deren Zulässigkeit in Frage steht.

Das Bundesverfassungsgericht geht davon aus, daß ein Boykottaufruf, dem eine bestimmte Meinungskundgabe zugrunde liegt, tatbestandlich durch Art. 5 I GG geschützt ist, wenn er als Mittel des geistigen Meinungskampfes in einer die Öffentlichkeit wesentlich berührenden Frage eingesetzt wird, wenn ihm also keine private Auseinandersetzung, sondern die Sorge um politische, wirtschaftliche, soziale und kulturelle Belange der Allgemeinheit zugrunde liegt[445]. Dabei soll die Aufforderung zu einem Boykott selbst dann im Schutzbereich des Art. 5 I GG liegen, wenn der Verrufer[446] zu dem Boykottierten in einem beruflichen, gewerblichen oder sonstigen geschäftlichen Konkurrenzverhältnis steht[447], weil diese Situation an sich eine geistige Auseinandersetzung nicht ausschließt[448]. Auch eine gewisse wirtschaftliche Machtstellung des Verrufers mache die Aufforderung zum Boykott noch nicht unzulässig, weil es verfassungsrechtlich dem

---

444 BVerfGE 25, 256, 265 (Blinkfüer); 62, 230, 244, 247 = NJW 1983, 1181; NJW 1989, 381.

445 BVerfGE 62, 230, 244; 25, 256, 264; 7, 198, 212.

446 „Verrufer“ ist in der Rechtsprechung des Bundesverfassungsgerichts derjenige, der zum Boykott aufruft; vgl. bspw. BVerfGE 25, 256, 264.

447 BVerfGE 62, 230, 244; 25, 256, 264.

448 BVerfGE 25, 256, 264.

wirtschaftlich Stärkeren nicht verwehrt sei, einen geistigen Meinungskampf zu führen[449]. Allerdings müßten die Mittel, derer sich der Verrufer bedient, verfassungsrechtlich zu billigen sein, was nicht mehr der Fall sei, wenn der Verrufer sich nicht nur auf geistige Argumente in Form der Überzeugungskraft von Darlegungen, Erklärungen und Erwägungen stütze, sondern darüber hinaus solcher Mittel bediene, die den Angesprochenen die Möglichkeit nehme, ihre Entscheidungen in voller innerer Freiheit und ohne wirtschaftlichen Druck zu treffen[450]. Zu diesen ungeschützten Mitteln gehörten insbesondere die Androhung oder Ankündigung schwerer Nachteile und die Ausnutzung sozialer oder wirtschaftlicher Abhängigkeit, wenn dies dem Boykottaufruf besonderen Nachdruck verleihen sollte[451], sowie die Ausübung physischen, wirtschaftlichen oder vergleichbaren Drucks[452].

aa. Blinkfüer

Als nicht mehr vom Schutzbereich des Art. 5 I GG umfaßt angesehen wurde – trotz politischer Motivation[453] – der Boykottaufruf des Springer-Verlages gegenüber sämtlichen Zeitungs- und Zeitschriftenhändlern, mit dem diese unter Androhung der Beendigung der Vertragsbeziehungen zum Springer-Verlag aufgefordert wurden, die Zeitschrift „Blinkfüer" nicht mehr zu vertreiben[454]. Das Rundschreiben war nach Auffassung des Bundesverfassungsgerichts nicht geeignet, eine geistige Auseinandersetzung herbeizuführen, weil die angeschriebenen Händler wirtschaftlich oder rechtlich vom zu dieser Zeit marktbeherrschenden Springer-Verlag abhängig waren[455]. Das Gericht stellte jedoch fest, daß ein an die Leser der Springer-Zeitungen gerichteter Aufruf, die in Betracht kommenden Zeitschriften zu boykottieren, zulässig gewesen wäre, weil die Beklagten sich in diesem Falle öffentliche Interessen zu eigen gemacht und sich an die gewandt hätten, die es angehe[456]. Für die Ausübung des unzulässigen wirtschaftlichen Drucks genügt also nicht das Einsetzen eigener Medienmacht zur Publi-

---

449 BVerfGE 25, 256, 264; 62, 230, 244.
450 BVerfGE 25, 256, 264 f.; 62, 230, 244.
451 BVerfGE 25, 256, 264 f., 266 f.; 62, 230, 244 f.
452 BVerfGE NJW 1989, 381, 382; in dieser Entscheidung wurde allerdings die Eröffnung des Schutzbereichs des Art. 5 I GG bejaht, während in der Blinkfüer-Entscheidung dies bereits verneint worden war.
453 BVerfGE 25, 256, 265 f.
454 BVerfGE 25, 256 ff.
455 BVerfGE 25, 256, 266.
456 BVerfGE 25, 256, 266.

kation allein, hinzukommen muß ein Druckmittel stärkerer Art, hier das Mittel wirtschaftlichen Drucks aus marktbeherrschender Stellung.

bb. Bracheninformationsdienst

Ebenfalls als unzulässig angesehen wurde die Boykottaufforderung durch einen Informationsdienst für den Handel[457]. In dieser wurden die angeschlossenen Fachhändler aufgefordert, an einer „Hersteller-Denkzettel-Aktion" teilzunehmen und Hersteller zu benennen, die neben Fachhändlern auch Verbrauchermärkte belieferten, damit diese vom Fachhandel künftig geschlossen gemieden werden könnten. Allerdings betrachtete das Gericht hier – im Gegensatz zum „Blinkfüer"-Fall – den Schutzbereich von Art. 5 I GG als eröffnet[458]. Klägerin des Ausgangsverfahrens war eine Betreiberin von Supermärkten, die in dem Aufruf den Beginn einer auch gegen sie gerichteten Boykottmaßnahme sah und den späteren Verfassungsbeschwerdeführer auf Unterlassung aus § 1 UWG verklagte[459]. Nach Auffassung der Gerichts konnte sich die Beschwerdeführerin zu 1) nicht darauf berufen, sich allein der Mittel freier Überzeugung bedient zu haben, weil sie plante, an der „Denkzettel-Aktion" selbst mitzuwirken und damit aktiv in den Wettbewerb einzugreifen[460]. Weiterhin seien mittelbare Adressaten des Aufrufes die Hersteller gewesen, die nicht im Wege freier Überzeugung, sondern durch Ausübung wirtschaftlichen Drucks zu den empfohlenen Maßnahmen bewegt werden sollten[461]. Hier wurde also aufgrund der wettbewerblichen Motivation des Verrufers in Verbindung mit der mittelbaren Ausübung wirtschaftlichen Drucks die Abwägung zwischen der Pressefreiheit einerseits und der Lauterkeit des Wettbewerbs andererseits zugunsten der Lauterkeit des Wettbewerbs entschieden[462].

Den beiden dargestellten Entscheidungen ist gemeinsam, daß sie Fälle betrafen, in denen zwischen Verrufer und Boykott-Adressaten ein Wettbewerbsverhältnis und damit eine Konkurrenzsituation bestand. Während in der „Blinkfüer"-Entscheidung das angewandte Mittel, nämlich die Ausübung der wirtschaftlich vorherrschenden Marktstellung, als nicht mehr vom Schutzbereich des Art. 5 I GG umfaßt angesehen wurde, obwohl die Motivation des Verrufers politischer Art gewesen sei[463], wurde in der „Brancheninformationsdienst"-Ent-

457 „Brancheninformationsdienst".
458 BVerfGE 62, 230, 245.
459 BVerfGE 62, 230, 231 ff.
460 BVerfGE 62, 230, 245.
461 BVerfGE 62, 230, 246.
462 BVerfGE 62, 230, 245.
463 BVerfGE 25, 256, 265.

scheidung der Schutzbereich des Art. 5 I GG als eröffnet betrachtet, die wettbewerbliche Motivation in Verbindung mit der Androhung wirtschaftlicher Maßnahmen als abwägungsentscheidend zu Lasten der Pressefreiheit angesehen.

cc. Mietboykott

In der „Mietboykott"-Entscheidung[464] wurde ebenfalls bejaht, daß der Schutzbereich von Art. 5 I GG den Boykottaufruf umfaßte, der Boykottaufruf wurde aber als Eingriff in den eingerichteten und ausgeübten Gewerbebetrieb des Adressaten gemäß Art. 5 II GG i.V.m. §§ 823 I, 1004 BGB[465] für unzulässig erklärt. Der Boykottaufruf war mit durchorganisierten Vorbereitungen verbunden, die Verrufer hatten ein Sperrkonto eingerichtet und forderten die Mieter eines Unternehmens auf, ihre Miete für einen Monat auf dieses Sperrkonto anstatt an die Vermieterin zu überweisen. In der Urteilsbegründung hieß es, ein Aufruf zu organisiertem rechtswidrigem, auch vertragswidrigem Verhalten gegenüber einem bestimmten Unternehmen stelle einen erheblichen Eingriff in den rechtlich geschützten Gewerbebetrieb dar und sei geeignet, schwerwiegende Beeinträchtigungen des Betriebsablaufs zu bewirken, weshalb ein solches Verhalten von Art. 5 I GG nur unter besonderen Umständen gerechtfertigt sein könne[466]. Für das Vorliegen solcher besonderer Umstände bestünden hier aber keine Anhaltspunkte, weil die Verruferin nicht auf das Mittel des Boykottaufrufes angewiesen gewesen sei, um ihren Protest gegen die Wohnungspolitik des betroffenen Unternehmens zum Ausdruck zu bringen.

In diesem Fall wurde als Motivation des Verrufers also Protest gegen die Wohnungspolitik eines bestimmten Unternehmens erkannt[467], als Mittel ein Aufruf in der Presse, nicht aber wirtschaftlicher Druck. Das Gericht weist ausdrücklich darauf hin, daß die Verrufer die Adressaten des Aufrufes mit argumentativen Mittel zu überzeugen versucht hätten und nicht durch physischen, wirtschaftlichen oder vergleichbaren Druck[468]. Diese Entscheidung ist ein Beleg dafür, daß eine prinzipielle Privilegierung des Politischen in der Judikatur der Bundesverfassungsgerichts nicht stattfindet. Das Recht am eingerichteten und ausgeübten Gewerbebetrieb des Vermieters stand hier der Meinungsfreiheit der Verrufer, die mit politischer Motivation handelten, gegenüber. Da den Verrufern andere Mittel der politischen Auseinandersetzung zur Verfügung gestanden hätten, sah das Gericht keinen Grund, zugunsten der Meinungsfreiheit abzuwägen.

464 BVerfG NJW 1989, 381.
465 Vgl. auch BGH NJW 1985, 1620.
466 BVerfG NJW 1989, 381, 382.
467 BVerfG NJW 1989, 381, 382.
468 BVerfG NJW 1989, 381, 382.

Zu der Bewertung von Mittel und Zweck des Boykottaufrufes kommt hier die Prüfung der Notwendigkeit des Aufrufes. Im Zusammenhang mit der Rechtsprechung zur Kernbedeutung des Art. 5 I GG und dem öffentlichen Interesse an Meinungsäußerungen heißt das, daß weder das eine noch das andere berührt war: Aufgrund der Alternativen, die Auseinandersetzung zu führen, nahm das Bundesverfassungsgericht an, daß der Kernbereich des Art. 5 I GG nicht berührt sei und daß auch kein besonderes öffentliches Interesse an genau dieser Form der Auseinandersetzung bestehe.

dd. Lüth

Im Lüth-Urteil dagegen war das Gericht davon ausgegangen, daß die Boykottaufforderung des Senatsdirektors Lüth im Rahmen von dessen allgemeinen politischen und kulturpolitischen Bestrebungen zu sehen war[469]. Der Beschwerdeführer Lüth habe keine eigenen Interessen wirtschaftlicher Art verfolgt, insbesondere habe er weder mit den klagenden Filmgesellschaften noch mit Veit Harlan, dessen Filme nach Lüths Aufruf boykottiert werden sollten, in Konkurrenzbeziehungen gestanden[470]. Wenn es aber darum gehe, daß sich in einer für das Gemeinwohl wichtigen Frage eine öffentliche Meinung bilde, müßten private und wirtschaftliche Interessen Einzelner, hier also die der Filmgesellschaften und Veit Harlans, grundsätzlich zurücktreten[471]. Mittel und Zweck waren hier nach Auffassung des Gerichts also politischer Art und dies in einem Bereich von die Öffentlichkeit wesentlich berührenden Fragen[472].

ee. Folgerungen für die weitere Untersuchung

Für Boykottaufrufe lassen sich folgende Grundsätze aus den genannten Entscheidungen filtern:

- Wird zur Durchsetzung des Aufrufes unmittelbar ein Mittel eingesetzt, das nicht geeignet ist, eine geistige Auseinandersetzung herbeizuführen, sondern das die Freiheit der Entscheidung der Adressaten durch Aufbau wirtschaftlichen Drucks o.ä. vollständig beschränkt, ist der Schutzbereich von Art. 5 I GG nicht eröffnet, selbst wenn die Motivation des Verrufers eine politische ist (Blinkfüer).
- Sind Mittel und Zweck eines Boykottaufrufes politischer Art und dies in einem Bereich von die Öffentlichkeit wesentlich berührenden Fragen, ist der

469 BVerfGE 7, 198, 216.
470 BVerfGE 7, 198, 215.
471 BVerfGE 7, 198, 219.
472 BVerfGE 7, 198, 212.

Schutzbereich von Art. 5 I GG eröffnet. Private und wirtschaftliche Interessen Einzelner müssen in dieser Konstellation hinter Art. 5 I GG zurücktreten (Lüth).

- Ist das Mittel zur Durchsetzung des Boykotts die Ausübung von mittelbarem Druck, ist der Schutzbereich von Art. 5 I GG eröffnet, auch wenn die Motivation des Verrufers eine wettbewerbliche ist. In der Einzelfallabwägung tritt Art. 5 I GG dann aber unter Umständen zurück (Brancheninformationsdienst).
- Der Schutzbereich von Art. 5 I GG ist ebenfalls eröffnet, wenn das Motiv politischer Protest und das Mittel mittelbarer Druck wirtschaftlicher Art sind. Allerdings muß der Boykottaufruf notwendig zur Verfolgung der politischen Motive sein, damit in der Abwägung gegen ein eingreifendes allgemeines Gesetz der Schutz durch Art. 5 I GG vorgeht (Mietboykott).

Diese Rechtsprechung ist zu berücksichtigen, soweit durch juristische Tätigkeiten der Medien Situationen wirtschaftlichen Drucks aufgebaut werden. Auch ohne Boykottaufruf sind Formen der Berichterstattung denkbar, die massiven wirtschaftlichen Druck gegenüber einem der Beteiligten verursachen. Die Situationen auch nach Art. 5 I GG unzulässigen wirtschaftlichen Drucks sind weiterhin abzugrenzen von der Herstellung und Ausübung publizistischen Drucks, der in der Rechtsprechung mehrfach Anlaß für die Feststellung unzulässiger Rechtsberatung gewesen ist. Darüberhinaus bieten die verfassungsgerichtlichen Beurteilungen zur Ausübung wirtschaftlichen Drucks Anhaltspunkte für die verfassungsrechtliche Einordnung des Phänomens des publizistischen Drucks. So wird im „Blinkfüer“-Urteil bereits angedeutet, daß ein einfacher Boykottaufruf in der Presse, der nicht gleichzeitig durch die Ausübung wirtschaftlicher Macht geprägt ist, verfassungsrechtlich nicht zu beanstanden ist[473]. Auch in der „Mietboykott“-Entscheidung läßt das Gericht anklingen, daß die Verruferin ihren Protest ohne das Mittel des Boykottaufrufes hätte zum Ausdruck bringen können[474], offenbar soll die Publikation der Kritik ohne einen Aufruf zum Boykott also zulässig sein.

Die Rechtsprechung zu den Boykottaufrufen muß auch berücksichtigt werden bei der Beurteilung des Phänomens des publizistischen Drucks. Inwieweit der publizistische Druck dem rein wirtschaftlichen Druck gleichkommt, wird aber an späterer Stelle geklärt.

d. Rechtsprechung zur Rechtspflege

Außerdem hatte das Bundesverfassungsgericht bereits zu Fragen der Verfassungsmäßigkeit von Vorschriften zu urteilen, die die Funktionsfähigkeit der

---

473 BVerfGE 25, 256, 266.
474 BVerfGE NJW 1989, 381, 382.

Rechtspflege regeln, dabei aber Grundrechte einschränken[475]. Dabei geht das Bundesverfassungsgericht von einer verfassungsrechtlichen Pflicht des Staates aus, eine funktionstüchtige Rechtspflege zu gewährleisten[476]. Die funktionstüchtige (Straf-) Rechtspflege wurde als mit Verfassungsrang ausgestattetes Rechtsgut anerkannt, dessen Aufrechterhaltung ein Postulat aus dem Rechtsstaatsprinzip sei[477]. Der Gesetzgeber habe auch den Erfordernissen einer an rechtsstaatlichen Garantien ausgerichteten Rechtspflege Rechnung zu tragen, deren Aufgabe es sei, in dem ihr vorgegebenen verfassungsrechtlichen Rahmen die Durchsetzung von Gerechtigkeit zu ermöglichen[478]. Zur Durchsetzung von Gerechtigkeit gehöre, die Bedürfnisse wirksamer Strafverfolgung, das Interesse an umfangreicher Wahrheitsermittlung im Strafverfahren und die umfangreiche Aufklärung schwerer Straftaten auf der einen Seite, ein faires und rechtsstaatliches Strafverfahren für den Beschuldigten auf der anderen Seite zu gewähren. Vorschriften, die wie Aussage- und Zeugnisverweigerungsrechte die Möglichkeiten der Wahrheitsfindung durch die Gerichte einschränken, müssen nach der Rechtsprechung des Bundesverfassungsgerichts vor dem Rechtsstaatsprinzip Bestand haben[479].

Daraus ergeben sich nach Auffassung des Gerichts Möglichkeiten der Einschränkung von Presse- und Rundfunkfreiheit. Die Erfordernisse rechtsstaatlich geordneter Rechtspflege müßten ebenso beachtet werden wie die Sicherung der Freiheit journalistischer Arbeit, die ihrerseits einen Teil rechtsstaatlicher und demokratischer Freiheitsgewähr darstelle; Presse- und Rundfunkfreiheit dürften nicht nur vom Blickpunkt der Medien aus gesehen und nicht als umfassende Privilegierung für jegliche der Nachrichtensammlung und -verbreitung dienende Handlung verstanden werden[480]. Vielmehr bedürfe es dort, wo Presse- und Rundfunkfreiheit auf andere gewichtige Interessen des freiheitlich-demokratischen Staates stießen, sorgfältiger Abwägung, ob und inwieweit die Erfüllung der publizistischen Aufgaben einen Vorrang der Presse- und Rundfunkfreiheit

475 BVerfGE 81, 278; 80, 367; 77, 65; 64, 108; 51, 324; 41, 246, 250; 39, 156, 163; 38, 312, 321; 33, 367; 33, 23; weiterführend: Tettinger, JZ 1990, 846, 852; Niemöller/Schuppert, AöR 107 (1982), S. 387, 394 ff., 398 ff.

476 BVerfGE 51, 324, 344; 46, 214, 222 f. ;44, 353, 374.

477 BVerfGE 77, 65, 76; 64, 108, 116; 80, 367, 375; 51, 324, 343; dazu auch: BVerfGE 33, 367, 383 bezüglich der Rechtmäßigkeit eines Zeugnisverweigerungsrechts.

478 BVerfGE 77, 65, 76; 51, 324, 343; dazu auch: 33, 367, 383.

479 BVerfGE 77, 65, 76; 33, 367, 383.

480 BVerfGE 77, 65, 76 f.

erfordere oder ob Presse- und Rundfunkfreiheit ihrerseits an den Interessen staatlich geordneter Rechtspflege ihre Grenzen zu finden hätten[481].

Einen Vorrang staatlich geordneter Rechtspflege sah das Gericht in einem Fall der Beschlagnahme von selbst recherchiertem Filmmaterial, da die Beschlagnahme der Aufklärung schwerer Straftaten gedient habe und die betroffene Rundfunkanstalt durch die Beschlagnahme weder in ihrer Berichterstattung gehindert worden sei noch wirtschaftliche Nachteile erlitten habe[482]. Teilweise wird in der Abwägung auch auf die Kernbereichsrechtsprechung zurückgegriffen: so wurde ein Zeugnisverweigerungsrecht bezüglich des Auftraggebers einer Chiffre-Anzeige verneint, weil die Anzeige, über deren Auftraggeber der Beschwerdeführer das Zeugnis verweigert hatte, keinen Beitrag zur öffentlichen Meinungsbildung enthalten und nichts mit der Kontrollaufgabe der Presse zu tun gehabt habe[483].

Zusammenfassend ist festzustellen, daß das Bundesverfassungsgericht auch in seiner Rechtsprechung zur (Straf-)Rechtspflege unter Berücksichtigung der Kernbereichsrechtsprechung nach Einzelfallabwägungen entscheidet, ein genereller Vorrang von Belangen der Rechtspflege wird ebensowenig angenommen wie ein grundsätzlicher Vorrang der medienfreiheitlichen Anliegen[484]. Soweit in den für Rechtsberatung in den Medien relevanten Fragen nicht die Strafrechtspflege betroffen ist, die einen Teilbereich der Rechtspflege darstellt, sondern der Bereich der Zivilrechtspflege oder der allgemeinen Rechtspflege, ist diese Rechtsprechung insofern übertragbar, als es auch Aufgabe der Zivilrechtspflege ist, im vorgesehenen verfassungsrechtlichen Rahmen die Durchsetzung von Recht zu ermöglichen[485]. Auch hier hat der Staat die Funktionsfähigkeit der Rechtspflege zu gewährleisten, so daß auch hier eine Abwägung zu erfolgen hat, ob den Kommunikationsfreiheiten oder aber dem Schutz der Rechtspflege Vorrang gebührt.

---

481 BVerfGE 77, 65, 76 f.; 64, 108, 116 ff.; auch: 25, 296, 306 Grenzen der Pressefreiheit gegenüber rechtsstaatlichen Interessen der Ahndung schwerer Straftaten des öffentlichen Dienstes.

482 BVerfGE 77, 65, 77 ff., insbes. 82.

483 BVerfGE 64, 108, 118 f. Kritisch zu diesem Problembereich, aber im Ergebnis zustimmend: Jarass, JZ 1983, 280, 281 f.

484 So auch ausdrücklich: BVerfGE 51, 324, 345.

485 Dütz, Rechtsstaatlicher Gerichtsschutz im Privatrecht, S. 104; dazu auch BVerfGE 54, 277, 291.

4. Folgerungen für die Einschränkbarkeit des Art. 5 I GG durch das RBerG

Ohne eine durchgehende „Privilegierung des Politischen" stellt das Bundesverfassungsgericht in der Abwägung der über Art. 5 II GG mit einer Kommunikationsfreiheit kollidierenden Rechtsgüter insofern regelmäßig auf die politische Dimension der Kommunikationsfreiheit ab, als es die von ihm so benannte „Kernbedeutung" zum Ausgangspunkt der in der Abwägung erfolgenden Gewichtung macht. Dabei können eine inhaltliche und eine funktionale Dimension des „Kerns" von Art. 5 I GG unterschieden werden.

a. Inhaltlicher Kern des Grundrechts

Der Kern des Grundrechtes ist betroffen in Situationen höchster Intensivierung des politischen Meinungskampfes[486]; in diesen Momenten darf eine inhaltliche Reglementierung von Meinungsäußerungen nicht erfolgen.

Die ausschließliche Verfolgung eigener privater oder eigener wirtschaftlicher Interessen spricht dagegen, daß die politische Dimension des Grundrechts, nämlich die freie öffentliche Meinungsbildung zu ermöglichen, betroffen ist. Soweit es Boykottaufrufe als Meinungsäußerung anerkennt, stellt das Gericht strenge Anforderungen an ihre Zulässigkeit. Die Ausübung wirtschaftlicher Druckmittel legt es regelmäßig zu Lasten der Kommunikationsfreiheit aus, da der von Art. 5 I GG geschützte öffentliche geistige Meinungskampf im Sinne des Art. 5 I GG mit geistigen Mitteln geführt werden müsse. Belange der Rechtspflege sieht das Gericht als grundsätzlich den Kommunikationsfreiheiten gleichwertig und löst die Kollision über die Abwägung im Einzelfall.

Diese Vorgaben sind bei der Prüfung der Verhältnismäßigkeit der Verbotsauslegung von Art. 1 § 1 RBerG im Hinblick auf Art. 5 I GG zu beachten. Insbesondere ist zu berücksichtigen, aus welchen Zwecken und Motiven die Rechte aus Art. 5 I GG in Anspruch genommen werden und mit welchen Mitteln vorgegangen wird. Je näher die Verbindung von Zweck und Mittel dem sogenannten „Kern" ist, je größer das öffentliche Interesse im Sinne der „Kernbedeutung" des Grundrechts an der Berichterstattung ist, desto eher muß in der Abwägung das durch das allgemeine Gesetz, hier das Rechtsberatungsgesetz, geschützte Rechtsgut zurücktreten.

486 BVerfGE 61, 1, 11; vgl. auch oben 2. Teil A, capt. IV 3 a, S. 99 f.

b. Funktionale Nähe zum „Kern“ der Kommunikationsfreiheiten

Dieser Bezug auf den „Kern“ der Kommunikationsfreiheiten hat zum einen eine inhaltliche und zum anderen eine funktionale Komponente. Das öffentliche Interesse an der Berichterstattung kann darin bestehen, daß ohne diese Berichterstattung Rolle und Funktion von Rundfunk und Presse in der Demokratie berührt, geschmälert und in ihrer Bedeutung für die Bildung der öffentlichen Meinung geschädigt würden. So wie die Aufgabe der Parteien keine inhaltliche Reglementierung verträgt, wenn sie nicht um eine ihrer Grundvoraussetzungen gebracht werden soll[487], so können Grundbedingungen medialen Tätigwerdens nicht beschnitten werden, ohne daß die Aufgabe der Medien, die öffentliche Meinungsbildung zu ermöglichen und zu fördern, ernsthaft gefährdet würde.

Dies ergibt sich aus der von Rechtsprechung und Literatur mehrfach betonten Funktion der Kommunikationsfreiheiten in der Demokratie: sie schützen den Prozeß politischer Öffentlichkeit und sind von grundlegender Bedeutung im Sinne der objektiven Gewährleistung demokratischer Öffentlichkeit[488]. Dabei sind Rundfunk und Presse als Massenkommunikationsmittel „Medium“ und eminenter „Faktor“ der öffentlichen Meinungsbildung zugleich[489], denen die elementare Aufgabe der Schaffung von Informationsmöglichkeiten für die Allgemeinheit zukommt[490]. Diese Öffentlichkeit aber kann nur hergestellt werden bei Vorliegen und Garantie gewisser Grundvoraussetzungen, die im Bereich der Rundfunk- und Pressefreiheit in der Herstellung der Berichterstattungsmöglichkeiten liegen. Zu diesen Grundvoraussetzungen gehören die publizistischen Vorbereitungstätigkeiten, zu denen auch die Beschaffung von Informationen zählt[491].

Medienspezifische Besonderheiten müssen bei der Ausübung der Freiheiten des Art. 5 I GG nicht nur in Bezug auf den direkten Inhalt, sondern auch in Bezug auf die funktionale Bedeutung der Medientätigkeit im Prozeß freier Meinungsbildung betrachtet werden. Erst der prinzipiell ungehinderte Zugang zur Information versetzt die Medien in den Stand, die ihnen in der freiheitlichen

487 BVerfGE 61, 1, 11.

488 Sachs-Bethge, Art. 5 Rz. 17 ff.; Dreier-Schulze-Fielitz, Art. 5 I, II Rz. 28; Häberle, Wesensgehaltsgarantie, S. 339 f.; ähnlich bereits Smend, VVDStRL 4 (1928), S. 44, 50. Vgl. dazu auch die abweichende Meinung der Richter Kühling, Hohmann-Dennhardt und Hoffmann-Riem zu BVerfG v. 24.1.2001 1 BvR 2623/95 u. 622/99 [n-tv], JZ 2001, 708, 709.

489 BVerfGE 83, 238, 296; 59, 231, 257; 35, 202, 222; 12, 205, 260; Sachs-Bethge, Art. 5 Rz. 17.

490 Schmidt-Jortzig, in: Isensee/Kirchhof, HStR VI, § 141 Rz. 29; Bullinger, in: Isensee/Kirchhof, HStR VI, § 142 Rz. 67 ff., 78 ff.

491 BVerfGE 91, 125, 134.

Demokratie zukommende Funktion wahrzunehmen[492]. Gesetzlicher Ausdruck dieses Umstandes sind Zeugnisverweigerungsrechte sowie Einschränkung der Beschlagnahme und Durchsuchung bei denen, die bei Vorbereitung, Herstellung und Verbreitung von periodischen Druckwerken berufsmäßig mitwirken[493]. Sobald also die Grundvoraussetzungen medialer Tätigkeit so weit eingeschränkt werden, daß die Berichterstattung nicht mehr oder nur eingeschränkt möglich ist, ist der „funktionale Kern" der Medienfreiheit insofern betroffen, als die Gewährleistung demokratischer Öffentlichkeit grundsätzlich beschnitten wird. Dies betrifft vor allem Tätigkeiten im Vorfeld der Berichterstattung wie die Recherche[494], aber auch das Publizieren an sich.

Zu überprüfen ist im folgenden die Verhältnismäßigkeit des umfassenden Rechtsberatungsverbotes gegenüber den Medien. Dabei wird überprüft, ob die einzelnen Auslegungen des Art. 1 § 1 RBerG, die durch die Rechtsprechung gefunden wurden, gemessen an Art. 5 I GG geeignet, erforderlich und angemessen sind.

B. Die Verhältnismäßigkeit der ausgesprochenen Verbote

Die einzelnen Verbote, die hinsichtlich medialer Tätigkeiten im Bereich des Rechtsberatungsgesetzes ausgesprochen wurden, müssen einer verfassungsrechtlichen Überprüfung an Art. 5 I GG standhalten. Dabei sind die jeweiligen Auslegungen des Präventivverbotes und seiner Tatbestandsmerkmale an den Kommunikationsfreiheiten und ihrer Bedeutung im Verfassungsgefüge zu messen.

Die weite Auslegung[495] der Begriffe Rechtsbesorgung und Rechtsberatung erfaßt auch Tätigkeiten, die zwar im Ergebnis eine unmittelbare Förderung

---

492 BVerfG v. 24.1.2001 1 BvR 2623/95 u. 622/99 [n-tv], JZ 2001, 704.

493 Vgl. Bullinger, in: Isensee/Kirchhof, HStR VI § 142 Rz. 75.

494 A.A. insoweit Wente, Recht der journalistischen Recherche, S. 34, der auch die Tätigkeit der Informationsbeschaffung daran messen will, ob sie dazu dient, ein öffentliches Informationsinteresse zu befriedigen.

495 Zur Begrifflichkeit der „weiten" oder „engen" Auslegung: Larenz/Canaris, Methodenlehre der Rechtswissenschaft, S. 174 ff. m.w.N. Der von Larenz/Canaris vorgeschlagenen Bedeutung des Begriffspaares wird hier gefolgt. Danach muß unter den verschiedenen Bedeutungen „eng" die genannt werden, die einen engeren Anwendungsbereich im Verhältnis zu anderen Bedeutungen hat; „weit" dagegen diejenige, die einen weiteren Anwendungsbereich hat. Dementsprechend wird eine Auslegung der Begrifflichkeiten des Art. 1 § 1 RBerG, die möglichst viele Tatbestände umfaßt, den Anwendungsbereich der Tatbestandsmerkmale „Besorgung fremder Rechtsan-

fremder Rechtsangelegenheiten bewirken, die jedoch in anderer Richtung oder auch in anderer Richtung angelegt sind. Juristische Tätigkeiten der Medien und in den Medien, die nach der gängigen Auslegung als Rechtsberatung oder -besorgung im Sinne des Rechtsberatungsgesetzes subsumiert werden, weisen damit einen Doppelcharakter auf: Neben dem rechtsbesorgenden oder rechtsberatenden Aspekt haben die fraglichen Tätigkeiten einen medienspezifischen Aspekt, da sie in verschiedener Form Aufgaben von Presse und Rundfunk dienen.

Die Kriterien, die die Rechtsprechung hier bisher für die Abgrenzung gefunden hat, nämlich nach Kern, Schwerpunkt und Vordergrund der Tätigkeit zu unterscheiden[496], entsprechen nicht einer Überprüfung des Verbotes an den Anforderungen des Art. 5 I GG. Denn diese erfordert eine Überprüfung der Verhältnismäßigkeit des Verbotes. Nach jener Unterscheidung aber ist erheblich allein, ob einzelfallbezogen Ansprüche Dritter mit dem Ziel oder Ergebnis ihrer Förderung oder sogar Durchsetzung aufgegriffen werden[497]. Neben das Kriterium einer tatsächlichen Einzelfallbezogenheit tritt also das der individuellen Förderung. Dies entspricht der Rechtsprechung des BGH, der zufolge Rechtsberatung zum einen die individuelle Förderung einer konkreten fremden Rechtsangelegenheit ist[498], zum anderen aber jede Tätigkeit, die auf die unmittelbare Förderung konkreter fremder Rechtsangelegenheiten gerichtet ist[499]. Möglicherweise lassen sich aus der Überprüfung des Verhältnisses von Art. 5 I GG und Art. 1 § 1 RBerG hier Regeln entwickeln, die Ergebnis wie auch Ziel und Zweck einer Tätigkeit in vorhersehbarem Maße berücksichtigen.

Die Bedeutung der Kommunikationsfreiheiten in der und für die demokratische Grundordnung erfordert dabei eine Auslegung der Regelungen des Rechtsberatungsgesetzes in einer Weise, die zweierlei ermöglicht: Zum einen muß Bedeutung, Funktion und Zweck der Kommunikationsfreiheiten weitestgehend Rechnung getragen werden, damit die Grundrechtsträger wie Fernsehsendeanstalten oder Verlagshäuser ihren grundlegenden und verfassungsrechtlich vorge-

---

gelegenheiten“ und „Rechtsberatung“ also ausdehnt, als „weite“ Auslegung bezeichnet.

496 BGH NJW 1956, 592; NJW 1981, 1616; NJW-RR 1987, 875; OLG Düsseldorf (2. Zivilsenat), AfP 1992, 153, 154; OLG Düsseldorf (20. Zivilsenat) v. 8.12.1998, 20 U 54/98, Urteilsumdruck S. 7; OLG Dresden, AfP 1996, 180.

497 OLG Düsseldorf (20. Zivilsenat) v. 8.12.1998, 20 U 54/98, Urteilsumdruck S. 7.

498 BGH NJW 1981, 1616.

499 BGH NJW 2000, 2108; NJW1998, 3563, 3564; NJW 1995, 3122; NJW 1989, 2125 = NJW-RR 1989, 1126 = GRUR 1989, 437, 438; BGHZ 48, 12, 19 f.; BGHZ 38, 71, 75; 0 Henssler/Prütting-Weth Art. 1 § 1 Rz. 13; Rennen/Caliebe Art. 1 § 1 Rz. 34; Erbs/Kohlhaas-Senge Art. 1 § 1 Rz. 13; Altenhoff/Busch/Chemnitz Art. 1 § 1 Rz. 62.

sehenen wie einfachgesetzlich ausgeformten Aufgaben nachkommen können, zum anderen muß aber den Zwecken des Rechtsberatungsgesetzes in diesem Rahmen größtmögliche Geltung verschafft werden.

Es ist daher erforderlich abzuwägen, ob die jeweilige Einschränkung der Kommunikationsfreiheiten dem verfassungsrechtlichen Grundsatz der Verhältnismäßigkeit genügt. Im Bereich der Medien ist das Kriterium des Tätigkeitsschwerpunktes also um eine Verhältnismäßigkeitsprüfung in Ansehung des Art. 5 I GG zu erweitern.

Ausgehend von den oben aufgezeigten Linien der Rechtsprechung[500] ist bei der Abwägung – wie dargelegt[501] – nicht nur die inhaltliche Bedeutung des verbotenen Handelns, sondern auch die funktionale Bedeutung der verbotenen Tätigkeit bei der Berichterstattung im Sinne des Art. 5 I GG zu berücksichtigen. Das bedeutet, daß die vom Bundesverfassungsgericht festgestellte besondere Funktion der Medien bei der Bildung der öffentlichen Meinung in der Abwägung entscheidendes Gewicht hat. Da Rundfunk und Presse ihrer Grundfunktion nach hier eine wesentliche Rolle spielen, ist eine verfassungsrechtliche Rückanbindung bereits in Art. 5 I 2 GG angelegt.

Unabhängig von der politischen Dimension einer Publikation sind also bereits die Funktionsvoraussetzungen der Medien in der Demokratie zu wahren. Denn ohne dieselben könnten die Medien ihrer Aufgabe, zur öffentlichen Meinungsbildung durch Berichterstattung und Unterhaltung beizutragen, nicht nachkommen. Anerkennung findet dieser Gedanke bereits darin, daß die technischen und wirtschaftlichen Voraussetzungen, die die Aufgabenerfüllung überhaupt erst ermöglichen, vom Schutzbereich der Freiheiten umfaßt sind. Weitergehend heißt das, daß die faktischen Voraussetzungen auch in der Abwägung im Zusammenhang mit einfachgesetzlichen Einschränkungen berücksichtigt werden müssen.

Was also sind die Voraussetzungen nichttechnischer Art für die Veranstaltung von Rundfunk und die Gewährleistung der Publikationsarbeit der Presse? Wesentlich ist hier zunächst die Beschaffung der Informationen, insbesondere die journalistische Recherchearbeit[502]. Erforderlich ist diese Tätigkeit für jedwede Publikationsform, sei sie schlicht unterhaltender, sei sie im strengen Sinne berichterstattender Art. Im Bereich der Rechtsberatung im Sinne des Rechtsberatungsgesetzes hat die Rechtsprechung, wie dargestellt, bereits Recherchearbeiten im Hinblick auf die spätere Verwendung der gesammelten Informationen für unzulässig erklärt. Da die Recherche eine der faktischen und verfassungs-

---

500 Vgl. oben 2. Teil A, capt. IV 1, S. 95 ff.
501 Vgl. oben 2. Teil A, capt. IV 4, S. 110 ff.
502 Vgl. oben 2. Teil A, capt. IV 4 zur funktionalen Nähe zum sog. Kern der Kommunikationsfreiheiten, S. 111; BVerfGE 91, 125, 134.

rechtlich geschützten Grundvoraussetzungen der medialen Tätigkeit ist, ist unter diesem Gesichtspunkt eine Verhältnismäßigkeitsprüfung des Verbotes anzustellen und eine Abwägung zwischen geschütztem und eingeschränktem Rechtsgut vorzunehmen. Eine besondere Bedeutung kommt hier dem subjektiven Kriterium[503] der Zweck- und Zielbestimmung zu: die Unterscheidung, wann Presse und Rundfunk zur Bildung der öffentlichen Meinung beitragen wollen und wann sie zum Beispiel im wirtschaftlichen Verkehr lediglich zur Verfolgung eigennütziger Ziele handeln, ist im Hinblick auf die diesen Medien wesensimmanente Funktion, zur Bildung öffentlicher Meinung beizutragen, mit äußerster Sorgfalt zu treffen[504]. Es stellt sich sogar die Frage, ob die reine Informationsbeschaffung für eine Publikation nicht als eine wesentliche Existenzvoraussetzung medialer Publikationstätigkeit von Ziel und Zweck der späteren Publikation getrennt zu betrachten und als Zweck der Recherche lediglich die Beschaffung von Informationen zu sehen ist.

Eine weitere medienspezifische Besonderheit liegt darin, daß über die Vorgänge, über die berichtet wird oder die Gegenstand der Unterhaltung sind, Öffentlichkeit hergestellt wird. Dieser Aspekt der Herstellung von Öffentlichkeit, die der Äußerung einer Meinung außerhalb von Rundfunk und Presse nicht unbedingt eigen ist, hat in der Rechtsprechung zur Rechtsberatung in den Medien, wie bereits erläutert, Berücksichtigung gefunden und wurde zur Begründung von Verboten herangezogen. Auf den ersten Blick ähnelt die Herstellung von Öffentlichkeit, die für den Betroffenen psychischen oder auch wirtschaftlichen Druck bedeuten kann, der Konstellation der Entscheidungen zu den Boykottaufrufen. In eben diesen Entscheidungen hat das Bundesverfassungsgericht allerdings auch angedeutet, daß die schlichte Publikation unter dem Gesichtspunkt des Art. 5 I GG erlaubt gewesen wäre[505]. Ob die Herstellung von Öffentlichkeit bereits unter das Verbot des Art. 1 § 1 RBerG eingeordnet werden darf, ist im Hinblick auf Art. 5 I GG unter zwei Gesichtspunkten zu prüfen: Zum einen ist zu klären, ob die Herstellung von Öffentlichkeit nur der Tatsache nach, also objektiv betrachtet, als Rechtsberatung nach dem Rechtsberatungsgesetz verboten werden darf, zum anderen, ob sie der Zielrichtung nach, also den ihr subjektiv zugrundeliegenden Zweckvorstellungen nach, dem Verbot unterfallen kann.

---

503 Vgl. dazu Mackeprang, Ehrenschutz im Verfassungsstaat, S. 142 ff., der subjektiven (Zweck) und objektiven (Inhalt) Öffentlichkeitsbezug unterscheidet.

504 Ähnlich Bethge/v.Coelln, Rechtsberatung, S. 84, die davon ausgehen, entscheidend, aber auch ausreichend sei, daß die Recherche selbst noch neutral gehalten sei und zu einem für das Rechtsberatungsgesetz indifferenten objektiven Berichtserstattungsfall führen könne.

505 BVerfGE 25, 256, 266; vgl. auch oben 2. Teil A, capt. IV 3 c. ee, S. 106 ff.

Dies führt weiter zu der Frage, ob die gezielte Instrumentalisierung der Öffentlichkeitsherstellung, die insbesondere in medialen Vermittlungstätigkeiten oder der medialen Verwertung solcher Vermittlungstätigkeiten ihren Ausdruck findet, nach Art. 1 § 1 RBerG verboten ist oder ob diese Auslegung des Verbotes gemessen an Art. 5 I GG verfassungswidrig ist. Dies wird im folgenden untersucht. Zunächst wird das Verbot von Recherchearbeiten (I.), weiter die Einordnung öffentlichen Drucks als Mittel der Rechtsbesorgung (II.), dann das Verbot medialer Vermittlungstätigkeiten als unerlaubte Rechtsbesorgung (III.) und schließlich werden die mündlich (IV.) und schriftlich erteilten Beratungen (V.) an den Grundsätzen der Verhältnismäßigkeit gemessen.

I. Das Verbot von Recherchearbeiten als unerlaubte Rechtsbesorgung

1. Der Begriff der journalistischen Recherche

Journalistische Recherche ist das Fragen und Forschen[506], das Nachforschen, Ermitteln und Sammeln von Fakten, Ereignissen und Informationen, die zur publizistischen Information geformt, d.h. also vom Rohmaterial zur Publikationsware gemacht werden[507]. Dies bedeutet, daß eine Nachfrage einer Redaktion, eines Journalisten oder eines sonstigen Redaktionsmitarbeiters, die sich auf Tatsachen oder Ereignisse jedweder Art bezieht, und die zu redaktioneller Verarbeitung der erhaltenen Informationen führen soll, eine journalistische Recherche ist. Dies gilt für Nachfragen schriftlicher oder mündlicher und hier sowohl direkt mündlicher als auch telefonischer Art. Es handelt sich bei der journalistischen Recherche um reine Vorarbeit, zu der auch das Aufnehmen von Fotos zählen kann, wenn es der Informationssammlung dient. Presse und Rundfunk werden durch die Landespresse- und die Landesmediengesetze verpflichtet, vor ihrer Verbreitung Nachrichten auf Herkunft und Wahrheit zu überprüfen[508]. Damit besteht eine einfachgesetzliche Recherchepflicht.

Nicht umfaßt vom Begriff der Recherche werden Tätigkeiten, die bereits Gegenstand rundfunktechnischer Verarbeitung sind. Das bedeutet, daß das Interviewen einer Person vor laufender Kamera oder die Nachfrage bei Präsenz einer laufenden Kamera bereits dem Herstellungsvorgang eines Rundfunkbeitrages

506 Wente, Recht der journalistischen Recherche, S. 25.

507 Vgl. Brockhaus Enzyklopädie in 24 Bänden, Mannheim: 1992, Stichwort „Recherche".

508 Bspw. § 3 III LMedienG BW; § 6 LPG NW, weitere landespresserechtlichen Regelungen bei Löffler, Presserecht, § 6 LPG S. 240 ff.; Dazu auch: Peters, in: Bundesministerium der Justiz (Hg.): Kriminalität in den Medien, S. 150, 156.

zuzurechnen ist, wenn die Aufnahmen im wesentlichen für einen Beitrag verwendet werden können. Die Recherche aber ist dem vorgeordnet und bedeutet zunächst das Sammeln von Informationen.

2. Die Problemstellung

In den von der Rechtsprechung entschiedenen Fällen ist dem Bereich der Recherchearbeiten eine Tätigkeit zuzuordnen, die zu einem Beitrag zu der Sendung „Mahnman" erfolgt war. Im Vorfeld der Herstellung des Beitrages hatte die Redaktion von „Wie bitte?!" versucht, bei der Firma „M"[509] verschiedene Informationen einzuholen, da sie über Geschäftsunregelmäßigkeiten zu berichten gedachte und, wie sie schrieb, die Sichtweise aller Beteiligten vorher kennenlernen wollte. In einem per Fax an die Firma „M" gerichteten Schreiben hatte die Redaktion von „Wie bitte!?" zunächst sich und die Sendung vorgestellt. Dabei wurde mitgeteilt, daß in der Sendung ärgerliche und skurrile Erlebnisse von Zuschauern mit Firmen, Behörden, Gerichten u.ä. in satirischer Form vorgestellt würden. Weiterhin wurde der in Frage stehende Sachverhalt aus Sicht der Redaktion erläutert und um die Beantwortung von zwei Fragen gebeten. Diese lauteten:

1. Wem wurde die Twincard ausgehändigt?
2. Warum wurden weiterhin Telefongespräche aufgelistet und abgerechnet, obwohl die Rufnummer gesperrt war?

Weiter heißt es: „Für die Aufklärung des Falles wäre es sehr vorteilhaft, wenn sie uns eine Kopie des Vertrages für die Twincard schicken würden. Da wir immer bestrebt sind, beide Seiten zu einem Fall zu hören, wäre es schön, wenn sie uns bis zum 09.12.96, 15.00 Uhr eine Antwort zukommen lassen würden"[510].

Diese Vorgänge entsprechen den Anforderungen an journalistische Recherchetätigkeiten. Es werden präzise Fragen gestellt, die Darstellung des Geschehens aus der Sicht der Gegenseite sowie die Übersendung möglicherweise vorhandener schriftlicher Nachweise werden erbeten und es wird ein Termin des Redaktionsschlusses genannt[511]. Die Antwort auf diese Fragen kann und soll möglicherweise auch ausschließlich in einem redaktionellen Beitrag verarbeitet werden, die Nachfrage dient der reinen Vorbereitung und ist zunächst neutral.

---

509 Zum genauen Sachverhalt siehe oben 1. Teil, capt. III 4 c bb (Recherchearbeiten), S. 62 f.

510 LG Köln v. 18.12.1997, Az. 84 O 92/97 Urteilsumdruck S. 10 f.

511 Zur Bedeutung von Produktionszeit und Sendetermin in der journalistischen Recherche: Ruge, Produktionspraxis des Fernsehjournalisten, S. 8 ff.

Dies sah auch das erstinstanzlich urteilende Gericht so[512] und verneinte einen Verstoß gegen das Rechtsberatungsgesetz, da der Beklagten die journalistische Recherche im Rahmen der Pressefreiheit gestattet gewesen sei[513]. In der Folge der Recherche-Anfrage hatte die Firma „M“ aber überhöhte Rechnungen gegenüber der Spedition korrigiert. Daher sah das urteilende Oberlandesgericht in der brieflichen Nachfrage der Redaktion eine unmittelbare Förderung einer Rechtsangelegenheit der Spedition[514], nämlich die Klarstellung ihrer Rechte und die Korrektur des geltend gemachten Anspruchs und somit eine unerlaubte Rechtsbesorgung. Nach Ansicht des Oberlandesgerichts handelte es sich zwar auch um eine Recherche-Arbeit, diese stelle aber einen Verstoß gegen das Rechtsberatungsgesetz dar. Der Verstoß liege darin, daß die Recherche nicht über einen Rechtsvorgang erfolgt sei, über den journalistisch zu berichten wäre, sondern daß es sich um eine Recherche zur Vorbereitung einer Sendung handele, die wiederum einen Verstoß gegen das Rechtsberatungsgesetz darstelle[515]. Durch diese Recherchen selbst seien daher bereits in massiver Weise Rechtsangelegenheiten besorgt worden. Das Oberlandesgericht unterscheidet im Ergebnis also zwischen journalistischer Recherche und solcher, die durch die Absicht unerlaubter Rechtsbesorgung motiviert ist oder selbst bereits rechtsfördernd wirkt und damit dem journalistischen Bereich nicht mehr zugeordnet werden könne[516].

Das Landgericht hatte demgegenüber argumentiert, es habe mit der Besorgung einer Rechtsangelegenheit nichts zu tun, wenn jemand von sich aus tätig werde und seine Haltung korrigiere, weil er aufgrund einer Recherche-Anfrage schlechte Publicity fürchte[517]. Die journalistische Sorgfalt gebiete es, sich vor einem Bericht über einen Sachverhalt Gewißheit zu verschaffen und beide Seiten

512 LG Köln v. 18.12.1997, Az. 84 O 92/97 Urteilsumdruck S. 14 f.
513 LG Köln v. 18.12.1997, Az. 84 O 92/97 Urteilsumdruck S. 14 f.
514 OLG Köln, NJW 1999, 502, 504.
515 OLG Köln NJW 1999, 502, 504.
516 Im sogenannten „Erbensucher“-Fall dagegen hat der BGH (MDR 1989, 793 = NJW 1989 2125-2126) nicht bereits die Recherche derjenigen, die Erben zu finden versuchten, als unzulässige Rechtsbesorgung beurteilt. Sowohl die Ermittlung unbekannter Erben als auch die Ermittlung ihres Aufenthaltes und die damit verbundene Urkundenbeschaffung hat der BGH ausdrücklich für erlaubt und nicht als Rechtsbesorgung angesehen (NJW 1989, 2125, 2126). Diese Entscheidung hat der BGH getroffen, obwohl die beklagten Erbensucher sogar damit argumentierten, ihre Sucharbeit habe gerade zum Ziel, von den gefundenen Erben mit der Durchsetzung der Erbansprüche beauftragt zu werden. Diese Tätigkeit aber sah der BGH als Rechtsbesorgung an. Ohne dies so zu nennen, hat der BGH also die Informationsermittlung in diesen Fällen für neutral erklärt.
517 LG Köln v. 18.12.1997, Az. 84 O 92/97 Urteilsumdruck S. 15.

anzuhören. Im übrigen habe sich der Beitrag der Sendung mit der stark verfremdeten Darstellung des Sachverhaltes begnügt[518].

Mit den beiden Positionen der Gerichte ist die Problematik umrissen, nämlich die Frage, ob eine Tätigkeit, die eine journalistische Recherche darstellt und als solche in den Schutzbereich der Rundfunk- oder der Pressefreiheit fällt, gleichzeitig aufgrund der von ihr verursachten Nebenwirkungen eine unerlaubte Rechtsbesorgung sein kann. Und weiter, ob die Erzeugung der Furcht vor öffentlichem Druck bei den Adressaten der Nachfrage, der mit der Berichterstattung und vielfach auch der Vorbereitung der Berichterstattung verbunden ist, als Mittel der Rechtsbesorgung angesehen werden kann. Und schließlich, ob eine Rechtsbesorgung vorliegt, wenn auf publizistischen oder öffentlichen Druck oder die Androhung desselben eine Reaktion erfolgt, die gleichzeitig die Förderung oder Lösung einer Rechtsangelegenheit darstellt[519].

Die Beantwortung dieser Fragen hängt davon ab, ob ein Begriffsverständnis, das den Begriff der Rechtsbesorgung so weit faßt, daß auch Tätigkeiten von ihm erfaßt werden, die primär einen anderen Sinn verfolgen, als fremde Rechtsangelegenheiten zu fördern, verfassungsrechtlich im Hinblick auf Art. 5 I GG zu rechtfertigen ist. Wie bereits festgestellt wurde, sind die Gesetzeszwecke des Verbraucherschutzes, der Gewährleistung der Effektivität der Rechtspflege und des Konkurrenzschutzes – allerdings in modifizierter Form – verfassungskonforme Ziele. Zu prüfen ist nunmehr also, ob ein umfassendes Verständnis des Art. 1 § 1 RBerG, das auch die reine Nachfrage einer Redaktion, die journalistische Recherchetätigkeit, umfaßt, an den Maßstäben der Gesetzesziele und des Verhältnismäßigkeitgrundsatzes gemessen verfassungsgemäß ist. Zu überprüfen sind also Geeignetheit, Erforderlichkeit und Angemessenheit der durch die Rechtsprechung geprägten weiten Begriffsauslegung des Präventivverbotes.

3. Verhältnismäßigkeit dieser Verbotsauslegung

a. Geeignetheit

Geeignet ist ein staatlicher Eingriff, wenn das eingesetzte Mittel den verfolgten Zweck fördert[520], wenn die Wahrscheinlichkeit erhöht wird, daß der angestrebte

518 LG Köln v. 18.12.1997, Az. 84 O 92/97 Urteilsumdruck S. 14.

519 In der Literatur ist teilweise verneint worden, daß eine neutrale Recherchetätigkeit eine verbotene Rechtsbesorgung im Sinne des Rechtsberatungsgesetzes sein könne, selbst wenn sie der Vorbereitung einer letztlich verbotenen Rechtsberatung diene. Dazu: Bethge, AfP 1999, 309, 314 und Bethge/v.Coelln, Rechtsberatung, S. 83.

520 BVerfGE 96, 10, 23; 30, 292, 316; 33, 171, 187; 67, 157, 173.

Erfolg eintritt[521]. Das Gebot der Geeignetheit verlangt also die Möglichkeit der Zweckerreichung, daß das vom Staat gewählte Mittel zur Erreichung des gewünschten Zweckes beitragen kann[522]. Das Rechtsstaatsprinzip fordert, daß der Einzelne vor unnötigen Eingriffen der öffentlichen Gewalt bewahrt bleibt[523].

Die Geeignetheit der hier in Frage stehenden Gesetzesauslegung ist gegeben, wenn die Auslegung des Präventivverbots, insbesondere die Begriffsbestimmung von Rechtsbesorgung und Rechtsberatung, den Zwecken des Rechtsberatungsgesetzes dient. Die journalistische Tätigkeit des Nachfragens als Tätigkeit, die auf die unmittelbare Förderung konkreter fremder Rechtsangelegenheiten gerichtet ist, zu verstehen, muß also die vom Rechtsberatungsgesetz verfolgten Zwecke fördern und die Wahrscheinlichkeit des Erfolgseintrittes erhöhen.

aa. Schutz der Rechtsuchenden

Jede Tätigkeit, die eine fremde Rechtsangelegenheit irgendwie fördert, zu fördern geeignet ist oder die eine Förderung auslöst und die möglicherweise wiederholt werden könnte, als erlaubnispflichtige Rechtsbesorgung einzuordnen, bewahrt den einzelnen wie auch Gerichte und Behörden konsequent davor, daß Personen, die nicht sachkundig sind, in fremden Rechtsangelegenheiten auf irgendeine Weise tätig werden. Insofern dient diese Auslegung Belangen des Verbraucherschutzes durch Qualitätssicherung der Rechtsbesorgung und der Rechtsberatung ebenso wie der Erhaltung der Effektivität und Funktionsfähigkeit der Rechtspflege.

Schutz des Einzelnen vor unqualifiziertem Rechtsrat erfolgt insofern, als der Rechtsuchende nicht aufgrund der Recherchearbeit in seiner Rechtsangelegenheit glauben kann, die Angelegenheit werde nun geregelt, und es aufgrund dieses Glaubens versäumt, einen Rechtsanwalt um Hilfe zu ersuchen, deshalb Fristen versäumt, Rechtsverluste erleidet oder ähnliches. Das Verbot fördert also den Zweck, daß der Rechtsuchende keine Folgen unprofessionellen Vorgehens in Rechtsangelegenheiten tragen soll.

bb. Schutz der Rechtspflege

Schutz von Gerichten und Behörden erfolgt insofern, als daß das durch Nachfrageeingaben, Anrufe von Redaktionsmitgliedern oder ähnliche Recherchetätigkeiten ausgelöste Bearbeitungserfordernis nicht ihre Effektivität reduzieren

521 BVerfGE 30, 292, 316; 33, 171; 187; 67, 157, 173.
522 BVerfGE 30, 292, 316; 33, 171, 187; 67, 157, 173.
523 BVerfGE 30, 250, 262 ff.

kann. Auch Auswirkungen, die nur Nebenwirkungen eines Laienhandelns sind, werden also unterbunden: Laien dürfen nach der hier behandelten umfassenden Verbotsauslegung in erlaubter Weise im Bereich von fremden Rechtsangelegenheiten gar nicht tätig werden.

Journalistische Recherchearbeiten unter das Rechtsbesorgungsverbot des Art. 1 § 1 RBerG zu fassen ist geeignet, den Gesetzeszweck des Schutzes einzelner und der Rechtspflege vor schlechtem Rechtsrat zu fördern.

cc. Schutz der Anwaltschaft vor Wettbewerb

Der Frage, ob eine Auslegung, die journalistische Recherchetätigkeiten mit unter das Verbot faßt, geeignet ist, den Gesetzeszweck des Schutzes der Anwaltschaft vor Wettbewerb zu verfolgen, ist die Frage vorgelagert, ob Presse und Rundfunk mit journalistischen Recherchetätigkeiten zur Anwaltschaft überhaupt in Konkurrenz treten.

Der Gesetzesbegründung[524] nach, der die Rechtsprechung gefolgt ist[525], sollte die Anwaltschaft, deren Mitglieder ihre Berufe nach langjähriger Ausbildung erreichten, wirtschaftlich geschützt werden vor dem Wettbewerb anderer, die berufs- und standesrechtlichen Regeln, Gebührenordnung u.ä. nicht unterliegen. Damit ist der Begriff „Wettbewerb" bezogen auf den Marktausschnitt „Rechtsberatung" und „Rechtsbesorgung": Wettbewerb besteht, wenn es Mitbewerber gibt, die dem Anwalt den Abschluß von Rechtsberatungs- oder Rechtsbesorgungsverträgen mit Dritten streitig machen und ihn dadurch wirtschaftlich beeinträchtigen. Aus der Gleichheit des Zieles, das mehrere zu erreichen suchen, ergibt sich zwangsläufig der Wettbewerb[526].

Aufgrund der unterschiedlichen Zielrichtungen der journalistischen Recherche und der anwaltlichen Tätigkeit – zum einen Berichterstattung / Publikationsproduktion, zum anderen Rechtsverfolgung – könnte man meinen, hier liege aber bereits keine Konkurrenzsituation vor[527].

Dies setzt ein Verständnis des Begriffes „Wettbewerb" voraus, das vom endgültigen Handlungszweck, nämlich Publikation oder Rechtsdurchsetzung, geprägt ist. Der recherchierende Journalist sammelt aber ebenso wie der Rechtsanwalt Informationen und Fakten, die Informationsbeschaffung ist also Ziel beider

524 RStBl 1935, S. 1528.

525 BGHZ 15, 315, 321; BGH NJW 1962, 2010; NJW 1967, 1558, 1559; NJW 1974, 50; KG NJW-RR 1995, 1268.

526 Zum Begriff des „Wettbewerb", seiner etymologischen Herkunft und verschiedenen wirtschaftlichen Verwendungsweise: Baumbach/Hefermehl, Allg. Rz. 1 ff.; insbes. Rz. 4.

527 Vgl. Ricker, NJW 1999, 449, 452 f.

Tätigkeiten. Soweit es sich um Informationsbeschaffung zu Rechtsfällen und über Rechtsfälle handelt, kann eine Konkurrenzsituation zu bejahen sein, soweit dem Anwalt mit praktischer Wahrscheinlichkeit und in wirtschaftlich nicht ganz unbedeutendem Umfang durch ein Verhalten des Medienunternehmens Mandate entgehen könnten. Der Mandant, der bereits von einem Journalisten über eine Veröffentlichung mit allen faktischen Informationen versorgt worden ist, muß mit der Sammlung derselben keinen Rechtsanwalt mehr beauftragen. Dies bedeutet, daß dem Anwalt durch die journalistische Tätigkeit ein Mandat entgehen kann, weil der primäre Handlungszweck der journalistischen wie der anwaltlichen Tätigkeit, nämlich Sammlung von Fakten, Informationen und Unterlagen zu einem bestimmten Fall, derselbe ist. Das Beispiel verdeutlicht aber zugleich, daß im Falle der Recherche die Konkurrenzfälle eher rar sein dürften. Eher wird eine Konkurrenzbedrohung durch Vermittlungstätigkeiten entstehen.

Die Feststellung im Rahmen der verfassungsrechtlichen Verhältnismäßigkeitsprüfung, ob grundsätzlich die Möglichkeit von Wettbewerb in bestimmten Konstellationen besteht, vor dem geschützt werden könnte, ist zu trennen von dem Nachweis einer konkreten Wettbewerbssituation im Rahmen der Klagebefugnis[528]: Der Nachweis im konkreten Fall erfordert, daß der Kläger zum einen ein zumindest abstraktes Wettbewerbsverhältnis und zum anderen eine Beeinträchtigungsmöglichkeit nachweist. Das abstrakte Wettbewerbsverhältnis liegt vor, wenn die Möglichkeit einer unmittelbaren oder mittelbaren Behinderung beim beiderseitigen Leistungsabsatz besteht. Die Beeinträchtigungsmöglichkeit muß mit wenigstens geringer Wahrscheinlichkeit in Betracht kommen und für den Betroffenen wirtschaftlich nicht völlig unbedeutend sein[529].

Bei der Prüfung der Geeignetheit einer generellen Regelung – und als solche ist die hier behandelte Auslegung des Art. 1 § 1 RBerG zu sehen – ist es aber ausreichend festzustellen, daß die Möglichkeit der Konkurrenz zwischen Rundfunk/Presse und Anwaltschaft überhaupt besteht. Kann sie im konkreten Fall zu verneinen sein, etwa weil die räumliche Distanz der Aktionsräume der beteiligten potentiellen Wettbewerber zu groß ist[530], so ist sie doch aufgrund der Dekkungsgleichheit der Tätigkeiten in anderen Fällen – also generell – denkbar. Da, wie oben dargestellt, diese grundsätzliche Möglichkeit von „Wettbewerb" zwischen Anwaltschaft und Rundfunk/Presse besteht, ist eine Verbotsauslegung, die den Medien diese Tätigkeit untersagt, auch geeignet zur Erreichung des Gesetzeszwecks.

528 Zu einem solch konkreten Nachweis: OLG Düsseldorf, AfP 2000, 193 ff.
529 OLG Düsseldorf, AfP 2000, 193, 194; BGH GRUR 1981, 529, 530.
530 Vgl. OLG Düsseldorf, AfP 2000, 193, 194; Anm. K. Rinsche, AfP 2000, S. 195.

Das umfassende Verbot ist geeignet, den Gesetzeszweck zu fördern, weil es verhindert, daß ein Journalist durch Recherchetätigkeiten zur Anwaltschaft in Wettbewerb treten kann.

dd. Zwischenergebnis

Die Verbotsauslegung, die Recherchetätigkeiten umfaßt, ist geeignet, die dem Gesetz zugrundeliegenden Zwecke zu erreichen.

b. Erforderlichkeit

Allerdings ist es nicht erforderlich, die reine schriftliche Recherche oder mündliche Nachfrage zum Schutz des Einzelnen vor schlechtem Rechtsrat und der Funktionsfähigkeit der Rechtspflege unter das Verbot der Rechtsbesorgung zu fassen. Hinsichtlich des Gesetzeszweckes des Konkurrenzschutzes ist allerdings zu modifizieren.

Das Erfordernis der Notwendigkeit oder Erforderlichkeit im Rahmen der Verhältnismäßigkeit besagt, daß der beabsichtigte Gesetzeszweck nicht durch ein gleich wirksames, aber weniger belastendes Mittel zu erreichen sein darf[531]; es gilt das sogenannte Prinzip des geringstmöglichen Eingriffes bei gleichbleibender Effektivität. Das mildere Mittel muß eine gleichwertige Alternative darstellen, es darf Dritte und die Allgemeinheit nicht stärker belasten und nicht zu einer insgesamt unangemessenen finanziellen Belastung des Staates führen[532]. Berücksichtigungsfähig sind ferner Eigenart und Intensität der Eingriffe, die Zahl der Betroffenen oder Nebenwirkungen, die jedoch nur als Zusatzmaßstab ins Gewicht fallen sollen[533]. Bei Berücksichtigung all dieser Kriterien ergibt sich, daß es nicht immer nur ein einziges erforderliches Mittel gibt. Nach der Rechtsprechung des Bundesverfassungsgerichts kann jedoch die Verfassungswidrigkeit aufgrund mangelnder Erforderlichkeit einer Maßnahme nur festgestellt werden, wenn es eindeutig ist, daß andere, weniger einschneidende, aber gleichermaßen effektive, Mittel zur Verfügung stehen. Diese Rechtsprechung ist bei Vorhandensein mehrerer gleichsam erforderlicher Mittel zu berücksichtigen[534].

531 BVerfGE 53, 135, 145 f.; 67, 157, 177; 68, 193, 219; 92, 262, 273.
532 BVerfGE 77, 84, 110 f.; 81, 70, 91 f.
533 Stern, Staatsrecht III/2, § 84 II 3, S. 781.
534 Stern, Staatsrecht III/2, § 84 II 3, S. 782 mit Nachweisen aus der Rechtsprechung.

aa. Schutz der Rechtsuchenden

Man könnte überlegen, ob der einzelne Ratsuchende, der sich mit seiner Geschichte und seinem Rechtsproblem an eine Redaktion gewandt hat, ausreichend vor unqualifiziertem Rechtsrat geschützt werden könnte, indem er deutlich darauf hingewiesen würde, daß die jeweilige Redaktion nur zu Zwecken der Produktion von Berichterstattung oder Unterhaltung recherchiere und keineswegs die Betreuung der Angelegenheit durch einen Rechtsanwalt ersetzen wolle und könne.

Soweit der Ratsuchende die jeweilige Redaktion persönlich aufsucht, ist ein solcher Hinweis ein weniger belastendes, aber gleich wirksames Mittel, um die Gesetzeszwecke zu erreichen. Dem Rechtsuchenden kann unmißverständlich, mündlich und schriftlich, erklärt werden, daß eine journalistische Recherche und keine – möglicherweise erforderliche – professionelle Rechtsverfolgung vorgenommen werde. Wenn der Rechtsuchende dann trotz des Hinweises meint, es genüge, die Angelegenheit der Redaktion zu übertragen, ist es genauso wenig Schutzzweck des Rechtsberatungsgesetzes, ihn vor diesem Irrtum zu bewahren, wie es Schutzzweck ist, ihn zu zwingen, sich anwaltliche Hilfe zu suchen oder ihn davor zu bewahren zu meinen, die Angelegenheit werde sich schon selbst regeln. Dies gilt für jede Art der Recherche: für die, die ausschließlich zu publizistischen Zwecken erfolgt, wie auch die, die später zu Vermittlungstätigkeiten führt. Der Schutz des einzelnen Rechtsuchenden, der eine Redaktion mit einem Anliegen der Berichterstattung aufgesucht hat, kann im Stadium der Recherchearbeit durch den Hinweis gewährleistet werden, daß anwaltliche Beratung und Betreuung nicht ersetzt werden kann.

In den Fällen, in denen der Kontakt zwischen Redaktion und Ratsuchendem schriftlich oder fernmündlich hergestellt wird, kann die gleiche Effektivität des Mittels aber nicht mehr bejaht werden. Selbst wenn der Hinweis erfolgt, so kann er doch überhört oder falsch verstanden werden oder in der Post verloren gehen. Da die meisten Kontakte telefonisch oder schriftlich eingeleitet werden, liegt in diesen Risiken bereits die Gefahr des Rechtsverlustes mangels professionellen Rechtsbeistands. Diese Gefahr will das Rechtsberatungsgesetz aber gerade verhindern. Der Hinweis an den Ratsuchenden, daß anwaltlicher Rat nicht ersetzt werde, ist daher nicht ebenso wirksam wie ein Verbot. Daher ist es erforderlich, das Verbot des Art. 1 § 1 RBerG so weit auszulegen, daß es auch die Recherche der Medien in konkreten fremden Rechtsangelegenheiten umfaßt.

bb. Schutz der Rechtspflege

Gegenüber Gerichten und Behörden ist weder ein solcher Hinweis noch die Einbeziehung journalistischer Recherche in die Reihe der dem Präventivverbot unterliegenden Tätigkeiten erforderlich, um den Gesetzeszwecken des Rechtsberatungsgesetzes zu genügen. Denn Gerichte und Behörden sind nur in eingeschränktem Umfang zur Auskunft verpflichtet, so daß sie ungerechtfertigte Nachfragen ignorieren können. Soweit sie Auskunft erteilen müssen, ist es nicht Zweck des Rechtsberatungsgesetzes, einfachgesetzlich normierte Auskunftspflichten, wie sie sich etwa in den Landespressegesetzen[535] und den Landesmedien- oder Landesrundfunkgesetzen finden, zu unterlaufen. Da die Vertreter von Rundfunk und Presse, die einer reinen Recherchetätigkeit nachgehen, auch nicht als Vertreter der Rechtsuchenden fungieren und nicht als solche auftreten, können ihre Nachfragen und Eingaben auch nicht durch Eingreifen in laufende Verfahren die Effektivität der Rechtspflege gefährden. Denn die Recherche erfolgt außerhalb eines Verfahrens zu den Umständen eines solchen und nicht innerhalb desselben. Der Gesetzeszweck des Rechtsberatungsgesetzes erfaßt diesen Fall jedoch nicht. Geschützt werden soll vor Behinderungen bei der Durchführung von Rechtsstreitigkeiten und Rechtsangelegenheiten durch nicht sachkundige Personen[536].

Eine Nachfrage unter dem Absender einer Rundfunk- oder Zeitungsredaktion zeitigt zwar unter Umständen den Nebeneffekt, daß die Angeschriebenen aufgrund befürchteter und unerwünschter Öffentlichkeit schneller und gründlicher reagieren als bei einem Schreiben einer Privatperson; diese Reaktionen beeinträchtigen den Schutz des Einzelnen vor schlechtem Rechtsrat jedoch nicht, sondern bedeuten für ihn – neben anwaltlichem Rechtsrat – eine weitere Möglichkeit der Interessenverfolgung. Nimmt man die journalistische Recherche gegenüber Gerichten und Behörden aus dem Rechtsbesorgungsbegriff heraus, ist der einzelne zwar nicht mehr davor geschützt, daß mit Redaktionsvertretern Nicht-Anwälte seine rechtlichen Belange hinterfragen und unter Umständen fördern, dies schadet ihm aber nicht, sondern eröffnet vielmehr eine weitere Möglichkeit, zu seinem Recht zu kommen. Auf der Ebene der journalistischen, d.h. zur Erfüllung redaktioneller Aufgaben veranlaßten Nachfrage ist auch nicht damit zu rechnen, daß der Veranlasser der Nachfrage Schadensersatz- oder Schmerzensgeldansprüchen ausgesetzt werden könnte, die ungerechtfertigt Befragte geltend

535 Die Auflistung aller landesrechtlichen Vorschriften zum presserechtlichen Informationsrecht findet sich bei Löffler-Wenzel, Presserecht, 4. Aufl., 1997, § 4 LPG, S. 186 ff.

536 BVerfG AnwBl 1998, 274; NJW 1976, 1349.

machen könnten. Denn wann und wie durch eine einfache journalistische Nachfrage, die ja noch nicht in den Bereich der Publikation fällt, ein Schaden entstehen sollte, ist nicht ersichtlich.

cc. Schutz der Anwaltschaft vor Wettbewerb

Der Konkurrenzschutz der Anwaltschaft ist nur insoweit von Belang, als die journalistische Recherchetätigkeit eine Konkurrenzsituation schaffen könnte, die den Anwaltstand in seiner Existenz gefährdete. Denn dann könnte das Verbot dieser Konkurrenz letztlich dem Schutz der Rechtsuchenden vor schlechtem Rechtsrat dienen, indem es die Möglichkeit professionellen Rechtsrats erhielte. Daß journalistische Recherchetätigkeiten, die auf eine Publikation gerichtet sind, einen solchen Umfang annehmen könnten, daß die Anwaltschaft um ihre Existenz fürchten müßte, kann aber verneint werden.

dd. Zwischenergebnis

Das Verbot der (noch) neutralen Recherche ist ebenso erforderlich, um die Zwecke des Rechtsberatungsgesetzes zu erreichen, wie das Verbot der Recherche, die ersichtlich bereits auf die Vornahme einer Rechtsbesorgung zielt.

c. Verhältnismäßigkeit im engeren Sinn/Angemessenheit

Damit bleibt festzustellen, ob das umfassende Verbot, das auch die neutrale journalistische Recherche ebenso wie die noch indifferente umfaßt, verhältnismäßig im engeren Sinne ist. Das Erfordernis der Verhältnismäßigkeit im engeren Sinne verlangt, daß der Eingriff bzw. die Beeinträchtigung, die der Eingriff für den Einzelnen bedeutet, und der mit dem Eingriff verfolgte Zweck nicht außer Verhältnis zueinander stehen[537], der Eingriff darf den Betroffenen nicht übermäßig belasten und nicht unzumutbar sein[538]. Das heißt, daß die mit einer Maßnahme verbundenen Vorteile die mit ihr verbundenen Nachteile überwiegen müssen[539].

537 Stern, Staatsrecht III/2, § 84 II 4, S. 782 ff.; Schnapp, JuS 1983, 850, 854 f.
538 BVerfGE 83, 1, 19 f.; 81, 156, 192 f.; 81, 70, 92; 69, 1, 35; 55, 159, 165; 49, 24, 58; 30, 292, 316;17, 306, 313 f.
539 Stern, Staatsrecht III/2, § 84 II 4, S. 783.

aa. Der durch die Einschränkung erzielte Erfolg

Der Erfolg der umfassenden Verbotsauslegung liegt darin, daß Rechtsuchende davor bewahrt werden können zu glauben, die mediale Recherche – neutral oder zielgerichtet – werde ihr Rechtsproblem lösen, und deshalb auf anwaltliche Beratung zu verzichten. Gerichte und Behörden können durch Recherchen in fremden Rechtsangelegenheiten nicht aufgehalten werden und müssen nicht prüfen, ob sie zur Auskunft verpflichtet sind oder nicht.

bb. Einbußen bei den Kommunikationsfreiheiten

Die Einbußen bei den Kommunikationsfreiheiten bestehen darin, daß jede Recherche darauf überprüft werden müßte, ob sie in einem konkreten Einzelrechtsfall erfolgt[540]. Dies hemmt Spontaneität und Schnelligkeit medialer Tätigkeiten, da in Zweifelsfällen zunächst die Hausjuristen (oder andere zugelassene Rechtsberater) befragt werden müßten, ob eine Recherche erfolgen dürfe. Denn die Überprüfung müßte durch einen Erlaubnisinhaber erfolgen, die Redaktion könnte die Frage der Zulässigkeit nicht zuverlässig selbst entscheiden. Die Juristen müßten überprüfen, ob eine konkrete fremde Rechtsangelegenheit oder eine Wirtschaftsangelegenheit betroffen wäre, was vermutlich Hauptgegenstand der Publikation werde und ähnliches. Im Stadium einer Erstinformation, in dem möglicherweise noch keine gesicherten Erkenntnisse, sondern lediglich Vermutungen vorliegen, sind diese Fragen ohne weitere Recherchen auch für einen Juristen nicht unbedingt abschließend lösbar. Es muß für die Redaktion nicht einmal erkennbar sein, daß die Recherche einen Gegenstand betrifft, der sich im Hinblick auf das Rechtsberatungsgesetz als problematisch erweisen könnte. Gerade wenn es zu Zwecken der Berichterstattung schnell gehen muß, bedeutet eine Überprüfung der Frage, ob möglicherweise durch die Recherche ein Verstoß gegen das Rechtsberatungsgesetz erfolgen könnte, jedoch einen möglicherweise nicht unerheblichen Zeitverlust.

cc. Abwägung

Ziel der journalistischen Recherche ist es, eine Publikation vorzubereiten oder durch (weitere) Informationen abzusichern. Ziel der Recherche ist die Medientätigkeit an sich, die Publikation in irgendeiner Form, sei sie berichterstattender, sei sie unterhaltender Art. Das eingesetzte Mittel ist die Nachfrage, ob sie nun anonym oder unter falschem Namen oder im Namen einer Redaktion erfolgt.

540 Vgl. Hirtz, EWIR 2/1998, Art. 1 § 1 RBerG, S. 853, 854.

Ohne Recherche können Rundfunk und Presse ihren Aufgaben vielfach nicht nachkommen, erst der Zugang zur Information versetzt sie in den Stand, ihre Funktion wirklich wahrzunehmen[541]. Damit befindet sich die Recherche im Zentrum der Medienfreiheiten: sie ist Voraussetzung für die Berichterstattung jeder Art[542]. Im oben dargestellten Sinne gehört sie zum funktionalen Kernbereich des Grundrechts.

Dem steht gegenüber zum einen die (wohl seltene) Situation, daß ein Ratsuchender aufgrund der medialen Recherche keinen Rechtsanwalt aufsucht, zum anderen die geringe Wahrscheinlichkeit, daß einem Rechtsanwalt ein Rechercheauftrag entgeht, weil die erforderlichen Informationen bereits von einer Redaktion beschafft und öffentlich zugänglich gemacht wurden. Aufgrund dieser geringen Wahrscheinlichkeit bereits die Recherche zu untersagen, ist jedoch nicht verhältnismäßig.

Selbst wenn eine natürliche oder juristische Person, die im Rahmen der Recherche angeschrieben oder angesprochen wird, aufgrund befürchteten öffentlichen Drucks durch die Nachfrage bereits dazu bewegt wird, eine Angelegenheit durch Entgegenkommen, Nachgeben oder außergerichtliche Einigung zu regeln, so daß eine anwaltliche Tätigkeit insgesamt überflüssig wird, ist diese Tatsache als Nebeneffekt insgesamt zu vernachlässigen. Denn daß ein gewisser Druck durch die Nachfrage entsteht, ist die übliche Folge bei unbequemen Fragen und der journalistischen Recherche daher immanent.

Aber auch das Verbot der nicht neutralen Recherche, die als Vorbereitung von Vermittlungstätigkeiten dient, ist nicht angemessen. Denn im journalistischen Frühstadium der Recherche ist nicht abzusehen, wohin dieselbe führt. Es besteht die Möglichkeit, daß Informationen gar nicht zu erhalten sind und die Nachfrage ins Nichts führt. Eine Recherche kann aber auch eine Angelegenheit von wesentlichem öffentlichen Interesse aufdecken[543]. So kann durch die Recherche in einem Einzelfall aufgedeckt werden, daß in einem ganzen Zweig der gewerblichen Wirtschaft[544] Mißstände herrschen. Die Berichterstattung darüber ist, wie oben dargestellt, von hohem öffentlichen Interesse.

541 BVerfGE 91, 125, 134; 50, 234, 240 m.w.N.

542 So auch Bethge, AfP 1999, 309, 313 f., der „Information“ und damit auch den Zugang zu derselben als „Kernsubstanz publizistischer Nachrichtentätigkeit bezeichnet und jede Unterbindung einer solchen Kernfunktion als Berührung des Wesensgehalts des Grundrechts nach Art. 19 II GG ansieht; ähnlich auch Bethge/v.Coelln, Rechtsberatung, S. 84.

543 Vgl. oben 2. Teil A, capt. IV 3 b: Rechtsprechung zum öffentlichen Interesse, S. 101 ff.

544 Vgl. oben 2. Teil A, capt. IV 3 b, S. 101 ff. und BVerfGE 60, 234, 240.

Dem steht gegenüber die bloße Möglichkeit, daß die Recherche zu einer nicht erlaubten Rechtsbesorgung oder Rechtsberatung genutzt werden könnte. Die Recherche also im Frühstadium zu verbieten, wäre nicht angemessen. Denn derjenige, der sich durch eine Recherche verunsichert fühlt, kann die Auskunft verweigern oder anwaltlich seine Rechte und Pflichten prüfen lassen, bevor er sich äußert, und hat somit ausreichende Ausweichmöglichkeiten.

Die Anwaltschaft schließlich wird – auch wenn ihr aufgrund einer auf eine Rechtsbesorgung gerichteten Recherche möglicherweise einmal Recherchemandate entgehen – kaum in Existenznot geraten oder Einbußen von nennenswerter Bedeutung erleiden[545].

Die Angemessenheit des umfassenden Verbotes muß daher, soweit die journalistische Recherche mit unter das Verbot des Art. 1 § 1 RBerG gefaßt wird, verneint werden.

4. Ergebnis

Die Gesetzeszwecke des Verbraucherschutzes und der Erhaltung von Effektivität und Funktionsfähigkeit der Rechtspflege sind demnach auch zu erreichen, wenn die schriftliche Nachfrage, die eine journalistische Recherche ist, aus dem Begriff der Rechtsbesorgung herausgenommen wird.

Die Recherche einer Redaktion kann aus dem Rechtsbesorgungsbegriff herausgenommen werden, ohne daß die Gesetzeszwecke des Rechtsberatungsgesetzes beeinträchtigt werden. Aufgrund der Verankerung der Recherche als publizistischer Vorbereitungstätigkeit in der Rundfunk-[546] und Pressefreiheit darf die Recherche nicht als genehmigungsbedürftige, geschäftsmäßige Rechtsbesorgung eingeordnet werden[547].

---

545 Vgl. dazu wiederum BVerfGE 97, 12, 31: Im Fall der softwaregesteuerten Patentgebührenüberwachung durch Nicht-Anwälte hat das Gericht eine „fühlbare Beeinträchtigung der für eine ordnungsgemäße Rechtspflege benötigten Anwaltschaft" ebenso verneint wie daß die erzielbaren Gebühren für die (Patent-)Anwaltschaft von „nennenswerter Bedeutung" sein könnten.

546 BVerfGE 91, 125, 134.

547 Im Ergebnis so auch Bethge, AfP 1999, 309, 314; Bethge/v.Coelln, Rechtsberatung, S. 84.

II. Öffentlicher Druck als Mittel der Rechtsbesorgung

In der Rechtsprechung wird teilweise festgestellt[548], daß der mit der Publikation verbundene öffentliche Druck Mittel der Rechtsbesorgung sei. Weil die potentiellen Anspruchsgegner die Auswirkungen von Öffentlichkeit in einer streitigen Situation fürchteten, lenkten sie möglicherweise auch gegen die eigene Rechtsüberzeugung ein, um nicht öffentlich blamiert zu werden. Ob es verfassungsrechtlich haltbar ist, die Wirkung von Öffentlichkeit, sobald ein Zusammenhang mit Rechtsangelegenheiten gegeben ist, generell als Förderungsmittel einer fremden Rechtsangelegenheit anzusehen, wird im folgenden geprüft.

1. Der Begriff publizistischen Drucks

In der Rechtsprechung finden sich verschiedene Formulierungen für das Phänomen des publizistischen Drucks. So ist von der Ausübung von („irgendwelchem") Druck[549], dem Druck der Kamera[550], publizistischem Druck[551], aber auch von schlechter Publicity[552], von massiver Prangerwirkung[553], dem Bloßstellen und Lächerlichmachen[554] von Personen die Rede.

Gemeint ist, daß die Öffentlichkeit des Fernsehens den einzelnen möglichen Kontrahenten in eine (Zwangs-)Lage bringt oder zu bringen droht, in der er entscheiden muß, wie er sich öffentlich darstellt. Diese Entscheidungssituation kann dazu führen, daß jemand in einer Streitigkeit entgegen der eigenen Überzeugung, den eigenen Interessen und möglicherweise sogar den eigenen Rechten einlenkt, um eine Veröffentlichung und/oder die Nennung seines Namens zu vermeiden, in einer Publikation als großzügig dazustehen oder jedenfalls negati-

548 So OLG Düsseldorf v. 7.7.1998, Az.: 20 U 20/98, Urteilsumdruck S. 17; OLG Düsseldorf v. 16.12.1997, Az.: 20 U 83/97, Urteilsumdruck S. 21; OLG Düsseldorf, Az.: 20 U 64/97, AfP 1998, 232, 234; LG Köln v. 23.12.1997, Az.: 31 O 601/97, Urteilsumdruck S. 32. Anders mittlerweile der BGH, ZUM 2002, 124.

549 OLG Düsseldorf, AfP 1998, 232, 234; OLG Düsseldorf v. 7.7.1998, Az.: 20 O 20/98, Urteilsumdruck S. 17; LG Köln v. 23.12.1997, Az.: 31 O 601/97, Urteilsumdruck S. 31, 32.

550 LG Duisburg v. 25.2.1998, Az.: 45 O 75/97, Urteilsumdruck S. 10.

551 OLG Düsseldorf v. 16.12.1997, Az.: 20 U 109/97, Urteilsumdruck S. 8.

552 LG Köln v. 18.12.1997, Az.:84 O 92/97, Urteilsumdruck S. 15.

553 OLG Köln, NJW 1999, 502, 504. Der Begriff der „Prangerwirkung" hat sich hier durchgesetzt, vgl. zuletzt BVerfG v. 24.01.2001, Az.: 1 BvR 2623/95 und 1 BvR 622/99 (n-tv), Urteilsumdruck im Internet Rz. 80.

554 OLG Düsseldorf v. 16.12.1997, Az.: 20 U 83/97, Urteilsumdruck, S. 8.

ve Auswirkungen auf sein Unternehmen oder seinen Gewerbebetrieb zu verhindern.

2. Die Problemstellung

Sofern es diese Entscheidung des Betroffenen zugunsten der eigenen Darstellung in der Öffentlichkeit mit sich bringt, daß die Rechtsangelegenheiten anderer verändert werden, da er in der Streitigkeit einlenkt oder sich einigt, nimmt die Rechtsprechung an[555], daß eine unmittelbare Förderung einer fremden Rechtsangelegenheit durch den Fernsehsender erfolgt sei, die, da dieser über keine Erlaubnis verfüge, unzulässig sei.

Dabei wird zum einen davon ausgegangen, daß eine verbotene Rechtsbesorgung vorliege, wenn die Presse oder der Rundfunk Berichterstattung und Information mit der Ausübung von Druck zugunsten eines der Beteiligten mit dem Ziel der Förderung der Rechtsangelegenheit dieses Beteiligten im konkreten Einzelfall verbinde[556]. Weitergehend wird zum anderen festgestellt, daß es genüge, daß die Berichterstattung mit der Ausübung von Druck zugunsten eines der Beteiligten im konkreten Einzelfall verknüpft sei[557]. Wenn ein Sender über die Beschwerde, die Reklamation, den konkreten Fall eines Zuschauers in einer Weise berichte, die den Gegner dieses Zuschauers in der Öffentlichkeit bloßzustellen oder lächerlich zu machen oder auch nur negativ erscheinen zu lassen drohe, was bei diesem möglicherweise zu Reaktionen führe, die mit der Rechtslage sogar in Widerspruch stünden, für den betroffenen Zuschauer aber wirtschaftlich günstig seien, dann diene dieses Vorgehen ohne weiteres der Förderung der konkreten Rechtsangelegenheiten des Zuschauers[558].

Nach einem Teil der Rechtsprechung[559] genügt also bereits das Herstellen von Öffentlichkeit in fremden Rechtsangelegenheiten, um die verbotene Förderung dieser Angelegenheit durch den Sender anzunehmen, sofern die Erzeugung der Öffentlichkeit im Ergebnis zu Reaktionen des potentiellen Kontrahenten füh-

555 Anders: LG Köln v. 18.12.1997, Az.: 84 O 92/97, Urteilsumdruck S. 15.

556 OLG Düsseldorf v. 7.7.1998, Az.: 20 U 20/98, Urteilsumdruck S. 17.

557 OLG Düsseldorf v. 16.12.1997, Az.: 20 U 83/97, Urteilsumdruck S. 21; OLG Düsseldorf, Az.: 20 U 64/97, AfP 1998, 232, 234; LG Köln v. 23.12.1997, Az.: 31 O 601/97, Urteilsumdruck S. 32.

558 OLG Düsseldorf v. 16.12.1997, Az.: 20 U 83/97, Urteilsumdruck S. 21 f.; OLG Düsseldorf, 20 U 64/97, AfP 1998, 232, 234.

559 Die Rechtsprechung differiert sogar innerhalb eines Senates desselben Oberlandesgerichts: vgl. die vier vorangehenden Fußnoten vor allem die zwei vor der vorhergehenden (555, 556).

re. Denn es soll „ohne weiteres" ausreichen, daß eine Berichterstattung nur drohe, jemanden negativ erscheinen zu lassen[560]. Eine gezielte Instrumentalisierung der Öffentlichkeit zur Erreichung von Zwecken der Rechtsförderung in fremden Angelegenheiten wird von einem anderen Teil der Rechtsprechung gefordert.

Problematisch an den Argumentationen ist, daß es den Massenmedien, insbesondere Rundfunk und Presse wesensimmanent ist, Öffentlichkeit herzustellen. Indem sie Öffentlichkeit im Sinne von Allgemeinzugänglichkeit schaffen, setzen sie einen transindividuellen Kommunikations- und Meinungsbildungsprozeß in Gang und konstituieren so einen öffentlichen Meinungsmarkt[561]. Diese Funktion begründet die vom Bundesverfassungsgericht mehrfach betonte bedeutende Stellung der Massenmedien in der freiheitlich-demokratischen Grundordnung: Sie werden als essentielle Mitträger der freiheitlich-demokratischen Grundordnung und für das freiheitliche Staatswesen als „schlechthin konstituierend" angesehen[562]. Denn ihnen kommt maßgebende Wirkung zu sowohl für die Verbindung zwischen Volk und Staatsorganen wie für deren Kontrolle als auch für die Integration der Gemeinschaft in allen Lebensbereichen[563]. Der Rundfunk ist also Medium und Faktor der öffentlichen Meinungsbildung[564] und er hat integrierende Funktion für das Staatsganze[565]. Aufgrund seiner Breitenwirkung, Aktualität und Suggestivkraft kommt ihm besondere Bedeutung zu[566]. Dies bedeutet, daß die Herstellung und Ausübung öffentlichen oder publizistischen Drucks oder des Drucks mit der Kamera den elektronischen Medien, insbesondere dem Fernsehen, wesensimmanent sind[567]. Dieser Druck ist bedingt durch die technische Reichweite zum einen sowie die durch die vom Bundesverfassungsgericht benannte besondere Suggestivkraft des Mediums, durch seine Aktualität und Breitenwirkung zum anderen.

Diese Breitenwirkung, Aktualität und Suggestivkraft führen zu dem Phänomen, das in der dargestellten unterschiedlichen Weise als öffentlicher oder publizistischer Druck oder in ähnlicher Weise bezeichnet wird. Durch die große

560 OLG Düsseldorf v. 16.12.1997, Az.: 20 U 83/97, Urteilsumdruck S. 21 f.; OLG Düsseldorf, 20 U 64/97, AfP 1998, 232, 234.

561 Ricker in: Löffler/Ricker, Handbuch des Presserechts, 4. Aufl. 2000, 1. Abschnitt, capt. 3, Rz. 21, S. 21, ähnlich bereits: Ricker, Anzeigenwesen und Pressefreiheit, S. 33, 79; P. Schneider, Pressefreiheit und Staatssicherheit, S. 94.

562 BVerfGE 7, 198, 208; 10, 121; 35, 202, 221.

563 BVerfGE 35, 202, 222.

564 BVerfGE 12, 205, 260; 47, 198, 225.

565 Paschke, Medienrecht, § 4 Rz. 206.

566 BVerfGE 90, 60, 87. BVerfG NJW 2000, 1859, 1860. Vgl. auch abweichende Meinung zu BVerfG v. 24.1.2001 – 1 BvR 2623/95 u. 622/99 (n-tv), JZ 2001, 708, 709.

567 Ähnlich: Bethge, AfP 1999, 309, 315; Bethge/v.Coelln, Rechtsberatung, S. 91.

Reichweite und durch die Aktualität insbesondere des Rundfunks erreichen Sendungen wie auch Schlagzeilen, Artikel und Inserate in der Presse in kurzer Zeit eine große Zahl von Menschen. Live-Sendungen ermöglichen es, bei Geschehnissen im Moment des Geschehens als Zuschauer „anwesend“ zu sein. Die Zuschauer bilden sich eine Meinung nach den Informationen, Bildern und Kommentaren, die ihnen durch das Medium vermittelt werden. Die über das Medium hergestellte Öffentlichkeit bewirkt, daß in kürzester Zeit eine große Zahl von Fernsehzuschauern Informationen zu einer oder über eine Person oder ein Unternehmen, die bzw. das sie vorher gar nicht kannte, erhält und eine Meinung über diese bildet. Diese Meinung kann aber unmittelbar wieder geäußert werden und Ausdruck finden in Kundgaben der Verachtung gegenüber natürlichen Personen oder verändertem, ins Negative gewendetem, ablehnendem Konsumverhalten gegenüber Personen, Geschäften und Unternehmen.

Da Art. 5 I 2 GG die Rundfunkfreiheit umfassend gewährleistet, sind von diesem Schutz die typischen Besonderheiten des Rundfunks mitumfaßt. Denn diese Eigenschaften werden bei Berichterstattung und Unterhaltung als Grundlage freier Meinungsbildung genutzt, der die Rundfunkfreiheit dient[568]. Damit kommt der Herstellung von Öffentlichkeit und dem sogenannten publizistischen Druck verfassungsrechtliche Bedeutung zu, die einer Argumentation der Rechtsprechung gegenübersteht, die bereits die Herstellung von Öffentlichkeit in Rechtsangelegenheiten durch das Fernsehen zur unerlaubten unmittelbaren Förderung in Rechtsangelegenheiten erklärt.

Da die Medien, insbesondere der Rundfunk, die Entstehung einer solchen Drucksituation nicht konsequent verhindern können, wenn sie ihrem Berichterstattungs- und Informationsauftrag Genüge tun und die Rechte der Rundfunk-, Presse- und Meinungsfreiheit umfassend wahrnehmen wollen, stellt diese Auslegung des Tatbestandsmerkmals der Rechtsbesorgung bzw. der unmittelbaren Förderung einer fremden Rechtsangelegenheit im Sinne des Art. 1 § 1 RBerG einen weitreichenden Eingriff in die Rundfunkfreiheit des Art. 5 I 2, 2. Alt. GG dar. Ob diese Auslegung nach Art. 5 II GG verfassungsgemäß ist, ist also am Grundsatz der Verhältnismäßigkeit zu überprüfen.

In der folgenden Untersuchung wird unterschieden zwischen der Herstellung öffentlichen Drucks in fremden Rechtsangelegenheiten und der gezielten Instrumentalisierung dieser Öffentlichkeit zur Erreichung bestimmter Ziele. Diese wird in dem Kapitel „Vermittlungstätigkeiten“ behandelt.

Gegenstand des vorliegenden Kapitels ist die Frage, ob es gemessen an Art. 5 I 2 GG verhältnismäßig ist, bereits die Herstellung von Öffentlichkeit als Mittel der Rechtsbesorgung zu begreifen, sofern im Ergebnis die Förderung der behan-

---

568 BVerfGE 57, 295, 319; 83, 238, 295 f.; 87, 181, 197; 90, 60, 87.

delten Rechtsangelegenheit eingetreten ist. Dabei ist wiederum zu berücksichtigen, ob diese Auslegung geeignet, erforderlich und angemessen ist, die Gesetzeszwecke des Rechtsberatungsgesetzes zu erreichen.

3. Verhältnismäßigkeit dieser Verbotsauslegung

a. Geeignetheit

Das Verbot der Herstellung von Öffentlichkeit und damit publizistischen Drucks in fremden Rechtsangelegenheiten ist geeignet, wenn es zur Erreichung der Zwecke des Rechtsberatungsgesetzes beitragen kann[569]. Das bedeutet, daß das Verbot publizistischen Drucks in Rechtsangelegenheiten anderer den Verbraucherschutz erhöhen sowie die Funktionsfähigkeit der Rechtspflege erhalten oder stärken muß.

aa. Schutz des Einzelnen und der Rechtspflege

Hier gilt das zu den Recherchearbeiten Gesagte: Jede Tätigkeit, die eine fremde Rechtsangelegenheit irgendwie fördert, zu fördern geeignet ist oder eine Förderung auslöst und die möglicherweise wiederholt werden könnte, als erlaubnispflichtige Rechtsbesorgung einzuordnen, bewahrt den einzelnen wie auch Gerichte und Behörden konsequent davor, daß Personen, die nicht sachkundig sind, in fremden Rechtsangelegenheiten tätig werden. Insofern dient das generelle Verbot der Herstellung von Öffentlichkeit und publizistischen Drucks Belangen des Verbraucherschutzes durch Qualitätssicherung der Rechtsbesorgung und -beratung ebenso wie der Erhaltung und Steigerung der Effektivität und Funktionsfähigkeit der Rechtspflege. Denn auch zufällige Auswirkungen, die nur Nebenwirkungen einer Rundfunk- oder Pressetätigkeit sind, werden so unterbunden. Vertreter von Redaktionen oder Kamerateams können im Bereich von fremden Rechtsangelegenheiten nicht tätig werden und deshalb in keiner Weise den Ablauf in Behörden oder Gerichten irritieren, einer Einzelperson schlechten Rechtsrat erteilen oder sie in Entscheidungszwänge irgendwelcher Art in Rechtsangelegenheiten bringen.

---

569 Vgl. oben 2. Teil B, capt. I 3 a, S. 119 f.

(1) Schutz des Rechtsuchenden

Ohne das Verbot der Herstellung von Öffentlichkeit in Rechtsangelegenheiten von Einzelpersonen könnten sich Recht- und Ratsuchende mit Problemen an Presse und Rundfunk wenden und um Hilfe durch Publikation bitten. Auch wenn hier die reine Öffentlichmachung ohne Vermittlungstätigkeit oder gezielte Instrumentalisierung der Öffentlichkeit behandelt wird, darf dem Einzelnen dennoch nicht der laut Gesetzeszweck zu verhindernde Rechts- oder Vermögensverlust drohen. Da der Rechtsuchende die Berichterstattung als konkrete Hilfe in seinem Fall verstehen könnte, würde er aber ohne das Verbot möglicherweise darauf verzichten, sich rechtzeitig professionelle Hilfe zu suchen, und Fristen versäumen oder Rechte gar nicht geltend machen. Es besteht also für den einzelnen Rechtsuchenden die Gefahr zu glauben, die Publikation schütze und vertrete seine Rechte ausreichend, und deshalb Rechtsverluste zu erleiden.

(2) Schutz des Kontrahenten

Auch die von der Berichterstattung betroffenen Kontrahenten werden durch das Verbot vor unqualifiziertem Rechtsrat im Sinne des Gesetzeszwecks geschützt: Nach dem üblichen Verständnis soll der Recht*suchende* geschützt werden[570]; daß auch der potentielle Kontrahent vor dem unqualifizierten Rechtsrat bewahrt werden soll, wird nicht erwähnt. Dennoch soll nicht nur derjenige, der den Beratenden „engagiert“, als Rechtsuchender geschützt werden. Denn Rechtsuchender und Kontrahent in diesem Sinne sind nicht immer streng zu trennen. So kann sich der Kontrahent auf die Vermittlung einer bestimmten Person einlassen und seinerseits auf die Einschaltung eines Anwaltes verzichten, weil er die Vermittlungsperson für kompetent hält; denkbar ist dies beispielweise bei Vertragsverhandlungen[571]. In diesem Sinne ist der Gesichtspunkt des Verbraucherschutzes als Schutz des einzelnen Rechtsuchenden vor schlechtem Rechtsrat umfassend im Sinne von Schutz der Allgemeinheit zu verstehen: Auch der Kontrahent soll – ebenso wie Gerichte und Behörden – vor den Folgen nichtsachgemäßer Rechtsberatung und -besorgung geschützt werden.

Die potentiellen Anspruchsgegner – hier als Kontrahenten bezeichnet – können bei Verletzungen ihres allgemeinen Persönlichkeitsrechts, ihrer Willensbildungs- und Willensbetätigungsfreiheit, ihres Eigentums oder Vermögens zusätzlich andere Unterlassungs-, Schadensersatz- oder Gegendarstellungsansprüche

570 Gesetzesbegründung, RStBl 1935, S. 1526, 1528; BVerfG NJW 1976, 1349; Caliebe in: Seitz (Hg.), Inkasso-Handbuch, S. 493 Rz. 1026.

571 Dazu: Bell, Anwaltshaftung gegenüber Dritten, S. 21 ff.

geltend machen oder sogar Strafanzeige erstatten[572]: In Betracht kommen Strafanzeigen wegen Beleidigungsdelikten nach §§ 185 ff. StGB, wegen Nötigung nach § 240 StGB oder möglicherweise auch wegen falscher Verdächtigung nach § 164 StGB. Gegen eine öffentliche Bloßstellung stehen dem Betroffenen als Abwehrrechte zum einen die Notwehr nach § 227 BGB und § 32 StGB zu, zum anderen der medienrechtliche Gegendarstellungsanspruch, ferner kann er Schadensersatzansprüche aus positiver Vertragsverletzung (pVV) bzw. § 280 I n. F.[573] BGB, aus §§ 823 I, 847 BGB, § 831 BGB, §§ 823 II, 824 BGB und § 826 BGB, 1 UWG geltend machen. Anspruchsgegner könnten entweder das Publikationsorgan oder der diesen informierende Rechtsuchende sein.

Das Präventivverbot des Art. 1 § 1 RBerG in der hier beschriebenen Weise umfassend zu verstehen, gewährt aber zusätzlichen Schutz vor den Folgen unqualifizierter Rechtsbesorgung. Denn die Durchsetzung dieses Schutzes durch Rechtsanwaltskammern oder einzelne Rechtsanwälte schreckt zusätzlich ab und bewahrt dadurch potentielle Kontrahenten vor den Folgen öffentlicher Bloßstellung.

Denn die eben benannten Möglichkeiten der Gegenwehr gegen mediale Rechtsverletzungen – ausgenommen der Gegendarstellungsanspruch – erfordern eine gewisse Schärfe der Berichterstattung, sozusagen einen publizistischen Angriff: Nicht jede Bekanntgabe wahrer Tatsachen aus einer gewerblichen Betätigung ist schon deshalb unzulässig, weil sie dem Betroffenen lästig ist[574]. Die Bekanntgabe von unzuverlässigem Geschäftsgebaren in Fernsehsendungen verbunden mit Nachfragen zur Sache durch Redaktionsmitarbeiter ist aber durchaus als verbotene Rechtsbesorgung betrachtet worden[575] und konnte damit einen

572 So jetzt auch Rennen/Caliebe, Art. 1 § 1 RBerG Rz. 23. Weiterführend: Edenfeld, Der Schuldner am Pranger – Grenzen zivilrechtlicher Schuldbeitreibung, in: JZ 1998, 645-653; Scheffler, Zur Strafbarkeit der Schuldeneintreibung mittels „Schwarzen Mannes“ – Zugleich eine Anmerkung zu LG Leipzig, Urteil v. 31.8.1994, in: Neue Justiz 1995, 573-576; Hirte, Mitteilung und Publikation von Gerichtsentscheidungen, NJW 1988, 1698-1705; Kerscher, Die Prangerwirkung von Gerichtsberichten als Teilaspekt der Medienwirkung, in: DRiZ 1983, 442-443; F.-J. Rinsche, Strafjustiz und öffentlicher Pranger, in: ZRP 1987, 384-386; Schomburg, Die öffentliche Bekanntmachung einer strafrechtlichen Verurteilung. In: ZRP 1986, 65-68; Treffer, Das Prangersyndrom – ein Phänomen, das durch die sogenannten Neuen Medien akzentuiert wurde – zugleich eine Würdigung der vielschichtigen Aspekte, die eine Berichterstattung im Einzelfall nach sich ziehen kann, in: ZUM 1989, 433-440; BGH NJW 2000, 1036-1040; BGH, NJW 1995, 1965-1966; OLG Dresden, JW 1930, 1317-1318; LG Bonn, NJW-RR 1995, 1515-1516; LG Leipzig v. 31.8.1994, NJW 1995, 3190-3193.

573 I. d. F. vom 29.11.2001, BGBl I 2001, S. 3137 ff.

574 Edenfeld, JZ 1998, 645, 652.

575 OLG Köln, NJW 1999, 502, 504.

Unterlassungsanspruch begründen. Dies bedeutet, daß die Einordnung publizistischen Drucks als Rechtsbesorgung weiter gehen kann als die straf- und zivilrechtlichen Vorschriften. Den publizistischen Druck aus der Auslegung des Begriffs der Rechtsbesorgung nach Art. 1 § 1 RBerG herauszunehmen, verringert also den Schutz vor nicht professionellen Tätigkeiten in fremden Rechtsangelegenheiten.

Der medienrechtliche Gegendarstellungsanspruch[576] geht ebenfalls nicht so weit wie das Verbot nach dem Rechtsberatungsgesetz. Zwar kann derjenige, der durch eine Darstellung in Massenmedien persönlich betroffen ist, verlangen, daß das Medium eine von ihm selbst verfaßte Gegendarstellung in gleicher Weise veröffentlicht wie die Erstmitteilung und dies sogar ohne daß eine Rechtsverletzung oder eine unwahre oder ehrverletzende Darstellung erfolgt ist[577]. Mit diesem Anspruch ist jedoch nicht die Möglichkeit der Verhängung eines Ordnungsgeldes verbunden. Diese Möglichkeit bietet Art. 1 § 8 II RBerG. Dem steht auch nicht entgegen, daß tauglicher Täterkreis des Art. 1 § 8 RBerG nur natürliche Personen sind, weil juristische Personen und Personenvereinigungen nicht ordnungswidrig handeln können[578]. Denn trotz dieses Umstandes sind auch juristische Personen und Personenvereinigungen als Normadressaten des Art. 1 § 8 RBerG anzusehen[579]. Ungeachtet dieses Umstandes ist eine höhere Wirksamkeit aber allein deshalb schon gegeben, weil unstreitig alle natürlichen Personen, zum Beispiel also Verleger und die einzelnen Redaktionsmitglieder, der Ordnungswidrigkeitenregelung unterfallen.

Die Herstellung von Öffentlichkeit unter das Verbot des Art. 1 § 1 RBerG zu fassen, erhöht also den Schutz des Einzelnen vor schlechtem Rechtsrat[580].

Den publizistischen Druck in der Auslegung des Begriffs der Rechtsbesorgung nach Art. 1 § 1 RBerG mitzuerfassen, ist daher geeignet, die Gesetzeszwecke des Rechtsberatungsgesetzes zu fördern.

---

576 Dazu im einzelnen: Paschke, Medienrecht, § 15 Rz. 797 ff.

577 Paschke, Medienrecht, § 15 Rz. 797 ff.; Löffler/Ricker, Handbuch des Presserechts, S. 167 ff.

578 Caliebe, in: Seitz, Inkasso-Handbuch, S. 835, Rz. 1996.

579 Caliebe, in: Seitz, Inkasso-Handbuch, S. 836, Rz. 1996; a.A. Altenhoff/Busch/Chemnitz Art. 1 § 8 Rz. 752, nach denen Normadressaten nur natürliche Personen sind.

580 A.A. anscheinend Bethge/v.Coelln, Rechtsberatung, S. 91, die meinen, daß der Normzweck des Rechtsberatungsgesetzes durch den Öffentlichkeitseffekt nicht tangiert sei.

bb. Schutz der Anwaltschaft vor Wettbewerb

Eine Konkurrenzsituation zwischen Rundfunk/Presse und Anwaltschaft kann hier nicht festgestellt werden, so daß das umfassende Verbot jedenfalls nicht geeignet ist, den Gesetzeszweck des reinen oder des beschränkten Konkurrenzschutzes zu erreichen. Weder der endgültige noch der primäre Handlungszweck sind hier identisch: da hier die Fälle des Herstellens von Öffentlichkeit an sich (also mit dem Ziel der Information der Allgemeinheit bzw. der Berichterstattung) behandelt werden, ist es auch nicht etwa ein Nebenzweck der Berichterstattung, auch den Kontrahenten aufzurütteln oder ähnliches. Diese Konstellation fällt unter die Instrumentalisierung von Öffentlichkeit, die im Kapitel „Vermittlungstätigkeiten" behandelt wird. In den Fällen der Berichterstattung durch Herstellen von Öffentlichkeit kann sich allenfalls als Nebeneffekt ergeben, daß der Kontrahent auf die Berichterstattung mit Einlenken reagiert, eine Zielgleichheit zwischen Rundfunk/Presse und Anwaltschaft kann aber nicht festgestellt werden.

cc. Zwischenergebnis

Die gesetzliche Regelung ist also in der Auslegung, die publizistischen Druck als Mittel der Rechtsbesorgung versteht, geeignet, die dem Gesetz zugrundeliegenden Zwecke des Schutzes des Einzelnen vor unprofessioneller Rechtsbesorgung und der Erhaltung der Funktionsfähigkeit der Rechtspflege zu erreichen. Eine Konkurrenzsituation zwischen Medien und Anwaltschaft besteht in diesen Fällen nicht, so daß der Gesetzeszweck des Konkurrenzschutzes in keiner seiner Varianten durch das umfassende Verbot gefördert werden kann.

b. Erforderlichkeit

Ein Mittel ist erforderlich, wenn der Gesetzgeber zur Erreichung der Gesetzeszwecke nicht ein anderes, gleich wirksames, aber das betroffene Grundrecht weniger einschränkende Mittel hätte wählen können[581]. Da der Gesetzgeber hier, wie dargestellt, nicht ausdrücklich Tätigkeiten von Rundfunk und Presse aus dem Anwendungsbereich des Rechtsberatungsgesetzes herausgenommen, andererseits aber kein ausdrückliches Verbot ausgesprochen hat, ist zu überprüfen, ob die in der Rechtsprechung gefundene Auslegung des Präventivverbotes den Anforderungen der Erforderlichkeit genügt. Daß die Herstellung publizistischen

581 BVerfGE 53, 135, 145 f.; 67, 157, 177; 68, 193, 219; 92, 262, 273. Dazu auch oben 2. Teil B, capt. I 3 b, S. 123 f. (Recherchearbeiten).

Drucks als Mittel der Rechtsbesorgung angesehen und damit dem Verbot untergeordnet wird, muß in seiner Wirksamkeit also das einzige mögliche Mittel zur Erreichung der Gesetzeszwecke des Rechtsberatungsgesetzes sein.

aa. Schutz des Einzelnen vor unqualifiziertem Rechtsrat

Das Rechtsberatungsgesetz soll den einzelnen Rechtsuchenden davor schützen, daß er die Erledigung seiner Rechtsangelegenheiten Personen überläßt, die nicht über die für eine ordnungsgemäße Erledigung erforderliche Sachkunde verfügen[582]. Es soll verhindert werden, daß der Rechtsuchende Rechts- oder Vermögensverluste erleidet, weil er sich einem unqualifiziertem Rechtsberater anvertraut[583].

Die Herstellung öffentlichen Drucks in Rechtsangelegenheiten als Mittel der Rechtsbesorgung zu begreifen, verbietet, daß Rundfunksender oder Verlage über ihre Mitarbeiter fremde Rechtsangelegenheiten fördern und Einzelne auf diese Weise Rechtsrat von nicht zugelassenen Personen erhalten.

Möglicherweise sind aber mildere Mittel ebenso wirksam wie das umfassende Verbot.

(1) Schutz des Rechtsuchenden

(a) Hinweis auf nichtanwaltliche Tätigkeit

Der Rechtsuchende könnte vor Rechts- oder Vermögensverlust bewahrt werden, indem er deutlich darauf hingewiesen würde, daß die Berichterstattung rein aus publizistischen Motiven erfolge und ihm keine anwaltliche Beratung ersetzen könne[584]. Der Hinweis müßte je nach Einzelfall dem Rechtsuchenden direkt gegenüber oder jedenfalls aus Anlaß der Publikation in schriftlicher oder einer deutlich wahrnehmbaren Sendeform erfolgen. Sofern der Rechtsuchende diesen Hinweis nicht berücksichtigte, wäre er ebensowenig schutzbedürftig wie jemand, der weder um mediale noch um professionelle rechtsbesorgende Hilfe nachsuchte[585].

---

582 Gesetzesbegründung, RStBl 1935, S. 1526, 1528; BVerfG NJW 1976, 1349; Caliebe in: Seitz (Hg.), Inkasso-Handbuch, S. 493 Rz. 1026.

583 König, Rechtsberatungsgesetz, S. 22 f.

584 Dieses Mittel hält Ricker, NJW 1999, 449, 453 für ausreichend.

585 Ähnlich Rennen/Caliebe Art. 1 § 1 Rz. 24, die sogar davon ausgehen, daß jeder Bürger wisse, daß mediale Rechtsverfolgung nichts mit der Tätigkeit eines Rechtsanwalts/Rechtsbeistandes zu tun habe, und daher einen Schutz durch das Rechtsberatungsgesetz verneinen.

(b) Gefahr der Formalbeleidigung

Eine andere Problematik, die auch durch den eben beschriebenen Hinweis nicht umgangen werden könnte, liegt darin, daß der Rechtsuchende, der Presse oder Rundfunk informiert und auf diese Weise eine Publikation veranlaßt, sich durch die Publikation als Täter oder Tatgehilfe einer Formalbeleidigung nach §§ 192, 185 StGB strafbar machten kann. Mitarbeiter eines Senders oder einer Redaktion dagegen unterliegen dieser Strafbarkeit nur in eingeschränktem Umfang[586].

Eine Formalbeleidigung nach §§ 192, 185 StGB liegt vor, wenn die Behauptung oder Verbreitung wahrer Tatsachen durch die Umstände ihrer Behauptung oder Verbreitung beleidigend werden[587], indem durch die Form oder die Begleitumstände eine selbständige beleidigende Wertung zum Ausdruck gebracht wird[588]. Dies ist von der Rechtsprechung bejaht worden für den sogenannten Publikationsexzeß[589], der Veröffentlichung einer wahren, ehrenrührigen Tatsache, obwohl daran kein öffentliches Interesse besteht[590]. Folgte man dieser Rechtsprechung, zu der mittlerweile Zweifel laut geworden sind[591], und nähme man eine Strafbarkeit wegen Formalbeleidigung durch Publikation nach §§ 185, 192 StGB an, könnte ein professioneller Rechtsberater den Rechtsuchenden vor Schäden durch Strafanzeigen bewahren. Denn ein professioneller und zugelassener Rechtsberater müßte den Rechtsuchenden darüber unterrichten, daß bei der Veröffentlichung eines Rechtsproblems unter Umständen eine Strafanzeige wegen einer Formalbeleidigung drohen könnte. Hier entstünde für den Rechtsuchenden also aufgrund der rechtlich nicht qualifizierten medialen Vorgehensweise von Rundfunk oder Presse erst ein neues Rechtsproblem.

Schutzzweck des Rechtsberatungsgesetzes ist es jedoch nicht, davor zu schützen, Normen des Strafgesetzbuches zu verletzen. Die Verantwortung, sich nicht strafbar zu machen bzw. rechtmäßig zu verhalten, weist die Rechtsordnung jedem Einzelnen, sofern er dem deutschen Strafrecht unterfällt, selbst zu. Ein Rechts- oder Vermögensverlust durch eine vorsätzliche Straftat kann auch von einem professionellen Rechtsberater nur in eingeschränktem Umfang verhindert

586 Dazu: BGHZ 66, 183, 188 – „Panorama"; OLG Köln, NJW 1993, 1486, 1487, – „Lindenstraße".

587 Tröndle/Fischer, § 192 StGB Rz. 2 ff.; Schönke/Schröder-Lenckner, § 192 StGB Rz. 1.

588 Schönke/Schröder-Lenckner, § 192 StGB Rz. 1.

589 Dazu im einzelnen: Leipziger Kommentar-Herdegen, § 192 StGB Rz. 7 ff.; Systematischer Kommentar-Rudolphi § 192 StGB Rz. 6.

590 OLG Braunschweig, MDR 1948, 186; OLG Frankfurt, NJW 1948, 226; BayObLGSt 12, 266; anders: LG Hamburg, MDR 1992, 522.

591 BGHZ 66, 182, 188; LG Hamburg, MDR 1992, 522; Schönke/Schröder-Lenckner § 192 StGB Rz.1.

werden. Insofern läßt es das Strafgesetzbuch genügen, daß ein Täter über die Kenntnis, Unrecht zu tun[592], verfügt, und läßt gemäß § 17 StGB den Verbotsirrtum nur in sehr eingeschränktem Umfang, nämlich bei Unvermeidbarkeit des Irrtums, an die strenge Anforderungen gestellt werden, als Schuldausschließungs- oder Strafmilderungsgrund gelten. So wird die Vermeidbarkeit eines Irrtums bereits angenommen, wenn der Täter die gehörige Anspannung seines Gewissens unterlassen und es dadurch versäumt hat, das Unrechtmäßige seines Handelns zu erkennen[593]. In Zweifelsfällen darf er sich nicht auf sein eigenes Urteil verlassen[594], sondern muß die erforderlichen Auskünfte von einer sachkundigen und zuverlässigen Person oder Stelle einholen, die die Gewähr für eine objektive, verantwortungsbewußte Auskunftserteilung bietet[595]. Der Rechtsuchende ist daher ohnehin verpflichtet, sich bei Zweifeln an der Rechtmäßigkeit seines Tuns professionellen Rat zu suchen. Hinsichtlich möglicher Strafrechtsverletzungen bedarf er insoweit des Schutzes des Rechtsberatungsgesetzes gar nicht, da er strafrechtlich ohnehin vollverantwortlich für sein Tun ist. Da darüber hinaus die Formalbeleidigung zumindest mit Beleidigungsvorsatz, nach der Rechtsprechung sogar mit Beleidigungsabsicht[596] erfolgen muß, ist der Rechtsuchende, wenn diese Umstände gegeben sind, allein verantwortlich für sein Tun.

(c) Zwischenergebnis

Ein Hinweis, daß eine reine Berichterstattungstätigkeit erfolge und keine rechtsbesorgende Hilfe im professionellen Sinne, hat auch in den Fällen der Herstellung von Öffentlichkeit nicht die gleiche Wirksamkeit wie das Unterlassen einer Tätigkeit, die irgendwie rechtsfördernd im Sinne des Rechtsberatungsgesetzes wirken kann. Auch hier besteht die Möglichkeit des Überhört- oder Übersehenwerdens, selbst wenn der Hinweis im Einzelfall unmißverständlich ist[597]. Ein Hinweis an den Ratsuchenden ist daher kein milderes Mittel. Das Verbot des Art. 1 § 1 RBerG in der Weise auszulegen, daß auch das Herstellen von Öffentlichkeit in konkreten fremden Rechtsangelegenheiten erfaßt wird, ist daher erforderlich, um den Gesetzeszweck des Schutzes des Einzelnen vor unqualifiziertem Rechtsrat zu erreichen.

---

592 BGHSt 15, 377, 383; 45, 97, 101.
593 BGHSt 2, 194, 201 f.; 3, 357; 4, 1; 4, 237.
594 BGHSt 5, 112; 5, 284; 21, 18.
595 BGHSt 4, 5; 4, 352; 5, 118; 21, 20; 40, 257, 264; Schönke/Schröder-Cramer § 17 StGB Rz. 18; Wessels/Beulke, Strafrecht AT Rz. 466.
596 Systematischer Kommentar-Rudolphi, § 192 StGB Rz. 2.
597 Dazu auch die Ausführungen zur Recherche, oben 2. Teil B, capt. I 3 b aa, S. 124 f.

(2) Schutz des Kontrahenten

Auch dem Kontrahenten gegenüber wäre der Hinweis darauf, daß nur Berichterstattung und keine qualifizierte Rechtsberatung erfolgt, kein milderes Mittel. Auch der Kontrahent kann es versäumen, sich rechtzeitig anwaltliche Hilfe zu besorgen, wenn er auf die Wirkung der Veröffentlichung des Rechtsproblems wartet und vertraut.

(3) Zwischenergebnis

Hinsichtlich des Schutzes des Einzelnen vor schlechtem Rechtsrat ist eine Einbeziehung der Herstellung öffentlichen Drucks in das Präventivverbot erforderlich.

bb. Schutz der reibungslosen Abwicklung des Rechtsverkehrs

Hinsichtlich des weiteren Gesetzeszwecks, nämlich der Gewährleistung der reibungslosen Abwicklung des Rechtsverkehrs, d.h. des Verkehrs der Rechtsuchenden mit Gerichten und Behörden, ist ein Verbot der Herstellung von Öffentlichkeit ebenfalls erforderlich.

Gemäß dem in der Gesetzesbegründung genannten Schutzzweck[598], der in der Rechtsprechung weiterhin anerkannt ist[599], erfolgte der im Rechtsberatungsgesetz normierte Zulassungszwang, um im Interesse von Behörden und Dienststellen die Erschwerung der Arbeit durch nicht hinreichend sachkundige Vertreter zu unterbinden.

Die Verwendung des Begriffes der „Vertreter" deutet zwar darauf hin, daß das Auftreten für den Rechtsuchenden vor den jeweiligen Stellen gemeint ist. Dies spricht bereits dagegen, daß das Herstellen von Öffentlichkeit die Arbeit von Behörden und Dienststellen einschränken könnte. Denn die Fälle des Herstellens von Öffentlichkeit durch Berichterstattung umfassen nicht die Konstellation, daß Redaktionsvertreter sich als Vertreter der Rechtsuchenden ausgeben. Redaktionelle Vertreter oder Kameraleute treten in diesen Fällen für sich bzw. ihre Redaktion auf, nicht für den Rechtsuchenden, der in den hier behandelten Fällen nur als Informant für Berichterstattung dient. Soweit der Arbeitsablauf in den genannten Stellen durch die Berichterstattung verlangsamt wird, unterfällt dies nicht den Schutzzwecken des Rechtsberatungsgesetzes.

---

598 RStBl 1935, S. 1526, 1528.
599 VGH Mannheim, NJW 1984, 1052.

Dennoch können Behördenvertreter sich durch die Berichterstattung in laufenden konkreten Rechtsangelegenheiten unter Druck gesetzt fühlen und so in ihrer Entscheidungsfreiheit gehemmt sein. Dies soll mit dem Gesetzeszweck „Schutz der reibungslosen Abwicklung des Rechtsverkehrs" aber verhindert werden. Nur das hier geprüfte umfassende Verbotsverständnis des Art. 1 § 1 RBerG gewährleistet, daß Behördenvertreter nicht wegen befürchteter Blamage in den Medien unter Druck geraten und möglicherweise deshalb aus sachfremden Gründen Entscheidungen treffen.

cc. Zwischenergebnis

Das umfassende Verbot medialer Tätigkeiten im Bereich konkreter fremder Rechtsangelegenheiten, das die Herstellung von Öffentlichkeit einschließt, ist bezüglich des Gesetzeszweckes „Schutz des Einzelnen vor schlechtem Rechtsrat" erforderlich, da keine milderen und ebenso wirksamen Mittel ersichtlich sind, die die Erreichung des Gesetzeszweckes gewährleisten. Auch zum Schutz der reibungslosen Abwicklung des Rechtsverkehrs ist kein milderes, aber ebenso wirksames Mittel ersichtlich und somit die Erforderlichkeit des Verbotes zu bejahen.

c. Verhältnismäßigkeit im engeren Sinn/Angemessenheit

Es genügt aber nicht den Erfordernissen der Verhältnismäßigkeit im engeren Sinne, die Herstellung oder die drohende Herstellung von Öffentlichkeit in fremden Rechtsangelegenheiten als Mittel der Rechtsbesorgung zu verstehen und sie damit dem Präventivverbot des Art. 1 § 1 RBerG zu unterwerfen.

Das Erfordernis der Verhältnismäßigkeit im engeren Sinne verlangt, daß der Eingriff bzw. die Beeinträchtigung, die der Eingriff für den Einzelnen bedeutet, und der mit dem Eingriff verfolgte Zweck nicht außer Verhältnis zueinander stehen[600], daß keine übermäßige und unzumutbare Belastung des Betroffenen durch den Eingriff erfolgt[601]. Die mit einer Maßnahme verbundenen Vorteile müssen die mit ihr verbundenen Nachteile überwiegen[602].

Die nachfolgende Abwägung ergibt, daß das untersuchte Begriffsverständnis der Rechtsbesorgung und -beratung den Grundrechtsträgern von Rundfunk- und Pressefreiheit nicht zumutbar ist. Die Untersagung der Ausübung öffentlichen

600 Stern, Staatsrecht III/2, § 84 II 4, S. 782 ff.

601 BVerfGE 83, 1, 19 f.; 81, 156, 192 f.; 81, 70, 92; 69, 1, 35; 55, 159, 165; 49, 24, 58; 30, 292, 316;17, 306, 313 f. Vgl. dazu oben 2. Teil B, capt. I 3 a, S. 119 f.

602 Stern, Staatsrecht III/2, § 84 II 4, S. 783. Vgl. auch oben 2. Teil B, capt. I 3 c., S. 126.

Drucks in Rechtsangelegenheiten durch Rundfunksender oder Presseredaktionen, die zu rechtlichen Angelegenheiten – auch einzelner Personen in konkreten Fällen – Bericht erstatten oder die solche Fälle zum Gegenstand einer Unterhaltungspublikation machen wollen, ist übermäßig belastend. Eine übermäßige Belastung kann nur verneint werden, wenn die Einschränkung der Kommunikationsfreiheiten in angemessenem Verhältnis zu den Einbußen steht, welche die Beschränkungen der Kommunikationsfreiheiten für die betroffenen Grundrechtsträger bedeuten[603]. Dies ist hier aus folgenden Erwägungen nicht der Fall:

aa. Der durch die Einschränkung erzielte Erfolg

Der durch die Gesetzesauslegung bewirkte Erfolg ist zwar, wie dargestellt, umfassend. Durch die vollständige Untersagung von Medientätigkeiten wie Berichterstattung oder Unterhaltungsproduktion im Umfeld von konkreten fremden Rechtsangelegenheiten werden im Ergebnis die Ziele des Verbraucherschutzes in Form von Schutz vor unqualifiziertem Rechtsrat ebenso erreicht wie der Erhaltung der Funktionsfähigkeit der Rechtspflege.

bb. Einbußen bei den Kommunikationsfreiheiten

Es werden aber typische Medientätigkeiten untersagt, was zu weitreichenden Konsequenzen führen kann. Konzepte von Sendungen und der gesamte Produktionsprozeß müßten daraufhin überprüft und dahingehend abgesichert werden, daß Vorbereitungs-, Produktions- und Sendetätigkeiten nicht durch den Druck der Öffentlichkeit zur Förderung fremder Rechtsangelegenheiten beitragen[604]. Dies bedeutet, daß Berichterstattung zu aktuellen, konkreten Rechtsangelegenheiten anderer generell problematisch würde. Mit diesem Begriffsverständnis wird es zum Beispiel möglich, daß die Berichterstattung zu einem konkreten Einzelfall, der gleichzeitig unter beiderseitiger anwaltlicher Vertretung vor Gericht ausgefochten wird, als rechtsbesorgend beurteilt werden kann, wenn aufgrund der Berichterstattung eine der Parteien einlenkt. Wenn nun den beteiligten Unternehmen Prominenz und dem streitigen Vorgang aufgrund der Verwendung öffentlicher Gelder oder drohenden Schadens für eine Vielzahl von Personen öffentliches Interesse zukommt[605], ist deutlich, daß ein Verbot der Berichterstat-

603 BVerfGE 59, 231, 265.

604 Vgl. Hirtz, EWIR 2/1998, Art. 1 § 1 RBerG, S. 853, 854. Vgl auch oben 2. Teil B, capt. I 3 c bb., S. 127.

605 Ein solcher Grenzfall war am 16.5.2000 Gegenstand einer Sendung von „plusminus“ (ARD): Die Firma Sarubucus Landschaftsbau war für Gartenbauarbeiten auf

tung im Bewußtsein des öffentlichen Drucks in die elementaren Befugnisse und den Auftrag des Rundfunks, die mit der Rundfunkfreiheit garantiert sind, eingreift.

cc. Abwägung

Die Kommunikationsfreiheiten sind gegenüber den Zwecken des Rechtsberatungsgesetzes untergewichtet worden. Dies ist festzustellen unter Berücksichtigung der Bedeutung der Rechtspflege als Ausdruck der Funktionsfähigkeit und Wehrhaftigkeit des Staates und des Einzelnen. Die Abwägung ergibt, daß Tätigkeiten der Medien in wesentlichen Bereichen unangemessen erschwert werden.

Denn der Verzicht darauf, die einfache Herstellung öffentlichen Drucks in konkreten Rechtsangelegenheiten als Rechtsbesorgung zu verstehen, gefährdet die Zwecke der Erhaltung der Funktionsfähigkeit der Rechtspflege und des Verbraucherschutzes vor schlechtem Rechtsrat nur in geringem Maße. Das Verbot der Herstellung öffentlichen Drucks schränkt aber die Medien elementar im Recht der Berichterstattung ein. Denn sowohl das eingesetzte Mittel (Öffentlichkeit) als auch der verfolgte Zweck (Publikation) sind nicht nur typisch für Rundfunk und Presse, sondern ihnen auch wesensimmanent und damit für die Erfüllung ihrer Aufgaben unabdingbar.

Die Gefahren sowohl für die Funktionsfähigkeit der Rechtspflege insgesamt als auch für den Einzelnen, der vor schlechtem Rechtsrat geschützt werden soll, sind auch bei Herstellung von Öffentlichkeit durch Berichterstattung in konkreten Rechtsangelegenheiten gering:

Denn es geht um den Fall der Herstellung von Öffentlichkeit an sich – von Seiten der Medien besteht hier kein Wille, rechtsbesorgend tätig zu werden. Die Förderung einer fremden Rechtsangelegenheit ergibt sich nur als Nebeneffekt aus der Berichterstattung, weil der potentielle Kontrahent öffentlichen Druck fürchtet und einlenkt.

Ebenso ist es aber denkbar, daß er sich weigert, Auskunft zu erteilen, und/oder vor einer Kamera Stellung zu nehmen. Weiterhin hat er die Möglichkeit, dem Sender oder Verlag gegenüber einen Gegendarstellungsanspruch oder Unterlassungs- oder Schadensersatzansprüche geltend zu machen. Ihm stehen ferner die Mittel des Straf- und Strafprozeßrechts zu. Der potentielle Kontrahent kann sich mit Strafanzeigen wegen Beleidigungsdelikten nach § 185 ff. StGB, wegen Nötigung nach § 240 StGB oder möglicherweise auch wegen falscher

---

einem Villengelände der Göttinger Gruppe nicht bezahlt worden. Die Gartenbaufirma erhob Klage beim Berliner Landgericht *und* informierte plusminus. Daraufhin bezahlte die Göttinger Gruppe einen Teil der Schuld.

Verdächtigung nach § 164 StGB zur Wehr setzen. Gegen eine öffentliche Bloßstellung stehen dem Betroffenen als Abwehrrechte zum einen die Notwehr nach § 227 BGB und § 32 StGB zu, zum anderen der medienrechtliche Gegendarstellungsanspruch. Ferner kann er Schadensersatzansprüche aus positiver Vertragsverletzung (pVV) bzw. § 280 I n. F. BGB[606] aus §§ 823 I, 847 BGB, § 831 BGB, §§ 823 II, 824 BGB und § 826 BGB, 1 UWG geltend machen[607]. Anspruchsgegner könnten entweder das Publikationsorgan oder der dieses informierende Rechtsuchende sein.

Und schließlich kann der Kontrahent die Öffentlichkeit sogar als Plattform für eigene Zwecke nutzen, so daß er möglicherweise auch einen Vorteil aus der Berichterstattung zieht, ohne daß Belange der Rechtspflege auch nur berührt werden.

Gegen den Informanten des Senders sowie gegen die Redaktion stehen ihm die verschiedenen beschriebenen Schutzmöglichkeiten zu.

Der rechtsuchende Informant kann unter den Verbraucherschutzgesichtspunkten des Rechtsberatungsgesetzes durch die beschriebenen Hinweise weitgehend geschützt werden, des Verbotes der Herstellung von Öffentlichkeit bedarf es hierfür nicht. Soweit er Gefahr läuft, sich zu blamieren oder dem öffentlichen Spott preiszugeben, ist es nicht Schutzzweck des Rechtsberatungsgesetzes, dies zu verhindern. Denn das Rechtsberatungsgesetz schützt vor unprofessionellem Rechtsrat, nicht aber vor Öffentlichkeit. Kein Gesetz schützt vor der eigenverantwortlichen Entscheidung, persönliche Angelegenheiten vor den Medien und über die Medien vor der Öffentlichkeit auszubreiten. Geht eine Redaktion weiter, als der Ratsuchende es gestattet hat, stehen aber auch ihm die Mittel des Presse-, des Zivil- und des Strafrechts zu, um eventuell verletzte Rechte zu verfolgen und durchzusetzen[608].

Gerichte und Behörden sind zum anderen von den hier ausgelösten „Zufallsprodukten" Rechtsbesorgung kaum betroffen. Sofern Behördenvertreter sich öffentlich unter Druck gesetzt sähen, stünden ihnen alle benannten Abwehrmöglichkeiten zu. Insbesondere können sie Auskünfte verweigern und auf Gegendarstellungen bestehen, wenn sachlich falsch berichtet wurde. Soweit eine sachliche Berichterstattung erfolgt, liegt diese aber im öffentlichen Interesse und kann Behörden nicht weiter unter Druck setzen, als es ihren öffentlichrechtlichen Aufga-

---

606 I. d. F. vom 29.11.2001, BGBl I 2001, S. 3137 ff.

607 Dazu auch oben 2. Teil B, capt. II 3 a zum Schutz des Kontrahenten, S. 135 ff. m.w.N.

608 Auch Bethge/v.Coelln, Rechtsberatung, S. 89, verweisen darauf, daß bei Verletzung des Persönlichkeitsrechts der Beteiligten oder der Ausübung unangemessenen Drucks die möglichen Reaktionsansprüche nicht solche des Rechtsberatungsgesetzes sind.

ben und Pflichten ohnehin entspricht. Die gegebenen Abwehrmöglichkeiten wahrzunehmen bzw. eine sachlich richtige Berichterstattung hinzunehmen, ist den Behörden aber zumutbar. Die Funktionsfähigkeit der Rechtspflege wird hier nicht beeinträchtigt, sondern möglicherweise sogar gefördert. Nur um den Effekt zu erreichen, daß jeder rechtsregelnd eingreifende Zufall verhindert werden könnte, die Rundfunk-, Presse- und die Meinungsfreiheit in der beschriebenen elementaren Weise einzuschränken, ist nicht angemessen und damit verfassungswidrig.

Selbst bezüglich des Schutzes der Anwaltschaft vor Wettbewerb ist zu vermuten, daß – wollte man Wettbewerb durch zufällig ausgelöste Nebeneffekte annehmen – die zu erwartenden Einbußen, die durch zufällige Erledigungseffekte der Herstellung von Öffentlichkeit verursacht würden, sich in so engem Rahmen bewegten, daß es unangemessen wäre, die Kommunikationsfreiheiten so weitgehend einzuschränken, wie es durch die Einbeziehung der Herstellung von Öffentlichkeit in das Verbot der Fall ist.

Dieses Ergebnis entspricht auch der Rechtsprechung des Bundesverfassungsgerichts zu den sogenannten Boykottaufrufen[609]. Die Herstellung von Öffentlichkeit in fremden Rechtsangelegenheiten enthält zunächst keine Reduzierung einer Auseinandersetzung auf vollständige wirtschaftliche Beschränkung. Sollte eine solche Publikation im Einzelfall ausschließlich darauf gerichtet sein, eine Person wirtschaftlich zu ruinieren, und sollte ein solcher publizistischer Druck erzeugt werden, daß eine Auseinandersetzung mit geistigen Mitteln unmöglich würde, dann wäre bereits der Schutzbereich des Art. 5 I GG nicht eröffnet[610]. Im übrigen würden hier Normen des Wettbewerbs- oder des Strafrechts vorrangig zum Schutz des Boykottierten eingreifen. Die Herstellung von Öffentlichkeit im hier behandelten Sinn und die Ausübung wirtschaftlichen Drucks im Sinne der Boykottrechtsprechung des Bundesverfassungsgerichts sind nicht identisch.

4. Ergebnis

Die Herstellung von Öffentlichkeit durch die Massenmedien und damit verbundenem publizistischen Druck an sich ist kein Mittel der Rechtsbesorgung[611]. Eine solche Auslegung des Begriffs ist gemessen an Art. 5 I 2 GG unverhältnismä-

---

609 Oben 2. Teil A, capt. IV 3 c aa, S. 103 ff.

610 Vgl. oben 2. Teil A, capt. IV 3 c aa, S. 103 ff., 106.

611 Im Ergebnis vgl. Flechsig, ZUM 1999, 273, 277 und in einer Entscheidung vom 6.1.2001 jetzt ähnlich auch der BGH, BGH NJW 2002, 642, 646. Abzulehnen ist insoweit die Auffassung von Römermann, Anwalt 6/2001, 13, 15; von Busse, NJW 1999, 1084 f. und von Dombek, BRAK-Mitteilungen 2001, 98, 103.

ßig, da es die Rundfunk- und die Pressefreiheit in unzumutbarer Weise einschränkt.

III. Das Verbot von Vermittlungstätigkeiten

Von der Herstellung von Öffentlichkeit zu unterscheiden sind die Vermittlungstätigkeiten, bei denen teilweise eine gezielte Instrumentalisierung der Herstellung von Öffentlichkeit stattfindet. Hier wird eine klassische Berichterstattungs- oder Unterhaltungstätigkeit verbunden mit Vermittlungsbemühungen in fremden Rechtsangelegenheiten unter Ausnutzung des Effekts der Öffentlichkeit, des sogenannten publizistischen Drucks.

1. Der Begriff der Vermittlungstätigkeiten

Redaktionelle vermittelnde Tätigkeiten sind nicht oder nicht nur auf die Nachfrage, das Erzielen der Information, gerichtet, sondern auf die Lösung einer Problematik durch Erstreben einer Einigung der uneinigen Parteien oder des Einlenkens einer der Parteien. Der Begriff „Vermittlung" wird in Bezug auf mediale Tätigkeiten hier damit anders verwendet als im Zusammenhang mit der Mediation, wo er die neutrale Verhandlungsleitung für zwei Parteien meint[612]. Denn Vermittlungstätigkeiten im hier verwendeten Sinne können durchaus parteinehmend und damit letztlich Interessenvertretung für eine Seite sein. Der Vermittler oder Mediator in Mediationsverfahren dagegen ist unparteilich und versucht, den Parteien zu helfen, selbst kreative, wertschöpfende Lösungen zu entwickeln[613].

Die redaktionellen vermittelnden Tätigkeiten können darin bestehen, daß Rechtsuchender, Kontrahent und ein redaktioneller Mitarbeiter sich zusammensetzen und die Streitigkeit verhandeln, oder darin, daß ein redaktioneller Mitarbeiter allein mit dem Kontrahenten spricht oder in Schriftkontakt tritt und nach einer Lösung sucht. Die Tätigkeiten können sachlich – allein bezogen auf die Rechtssache – durchgeführt werden oder auch Elemente von Komik und Satire enthalten: entscheidend ist, daß ihr Ziel ist, ein konkretes Rechtsproblem einer oder mehrerer Personen zu lösen.

---

612 Vgl. Mähler/Mähler, in: Breidenbach/Henssler: Mediation für Juristen, S. 15; Schöpflin, JA 2000, 157, 163; Kraft, VersR 2000, 935.

613 Vgl: Schöpflin, JA 2000, 157, 163; Eidenmüller, Verhandlungsmanagement durch Mediation, in: Henssler/Koch: Mediation, 2000, S. 51.

Wie die journalistischen Recherchearbeiten sind vermittelnde Tätigkeiten in schriftlicher, fernmündlicher oder direkt-persönlicher Form zu beobachten. Im Gegensatz zu den Recherchearbeiten erfolgen die vermittelnden Tätigkeiten aber nicht nur außerhalb des Publizitätsbereichs, sondern sind auch unmittelbar Gegenstand der Publikation, indem sie beispielsweise vor laufender Kamera, möglicherweise sogar „live" durchgeführt werden. Nicht zu den vermittelnden Tätigkeiten gehören abstrakte Belehrungen der Allgemeinheit, die Heranziehung fiktiver Beispielsfälle, die bereits behandelten Recherchetätigkeiten als reine Vorbereitungshandlung und die Herstellung von Öffentlichkeit durch Berichterstattung ohne das Ziel der Lösung fremder Rechtsprobleme. Diese Tätigkeiten erzielen möglicherweise als Nebeneffekt die Förderung einer fremden Rechtsangelegenheit, sind jedoch nicht auf Vermittlung gerichtet.

Behandelt werden hier alle Vermittlungstätigkeiten vor, in und außerhalb der Sendungen oder Pressepublikationen mit Ausnahme der telefonischen Beratungen, die durch einen Rechtsanwalt durchgeführt werden.

2. Die Problemstellung

Die Rechtsprechung erklärt alle genannten Vermittlungstätigkeiten im Bereich konkreter fremder Rechtsangelegenheiten zu unerlaubten Rechtsbesorgungen, wenn die fraglichen Tätigkeiten Hauptgegenstand der Publikation sind und nicht lediglich beispielgebenden Charakter haben[614].

Unter Vermittlungstätigkeiten werden hier alle Aktivitäten von Redaktionen gefaßt, die darauf gerichtet sind, fremde Rechtsangelegenheiten zu fördern oder zu erledigen, die also gezielte Rechtsbesorgungen oder Rechtsberatungen im Sinne des herrschenden Begriffsverständnisses darstellen und von den Redaktionen selbst mit „sich-einschalten", „verhandeln", „zur-Rede-stellen", „sich einmischen" und ähnlichen Vokabeln umschrieben werden.

---

614 BGH NJW 1981, 1616; NJW 1956, 591, 592; ebenso: OLG Hamm, NJW 1954, 516, 518; OLG Köln, AfP 1997, 551; OLG Nürnberg, NJW-RR 1998, 137, 138; dazu auch: LG Duisburg, Urteil v. 07.01.1999, Az.: 41 O 180/98, EWiR 6/1999, § 1 UWG, S. 419, mit der Begründung, die rechtliche Seite der geklärten Angelegenheit habe nicht im Vordergrund gestanden und es sei im wesentlichen nicht um die Klärung der rechtlichen Verhältnisse gegangen. Dazu auch oben 1. Teil II 1 c, S. 7. Mittlerweile scheint der BGH großzügiger in der Beurteilung dessen, was im Vordergrund einer Sendung steht. Vgl. Pressemitteilung des BGH Nr. 93/2001, http://www.uni-karlsruhe.de/~BGH/PressemitteilungenBGH/PM2001/PM 093 2001. htm (Stand: 7.12.2001); FAZ vom 8.12.01, S. 21; BGH ZUM 2002, 642, 646=NJW 2002, 2877, 2878; NJW 2002, 2879, 2880; NJW 2002, 2881,2882; NJW 2002, 2884, 2885.

So hatte sich der sogenannte Mahnman in der Sendung „Wie bitte?!" mit einem Megaphon auf das Firmengelände des Kontrahenten, einer Möbelfirma „U", begeben und in einem Gespräch unter Einsatz eines Megaphons geklärt, warum die Rechtsuchenden zu der bei „U" bestellten Kommode über Monate hin nicht die passenden Schubladen erhalten hatten[615]. Innerhalb der Unterhaltung mit einem Mitarbeiter der Firma „U" forderte er: „Ja. Sie organisieren jetzt also mal vier Schubladen in Buche natur"[616]. Dieses Erheben einer Forderung und das Verhandeln mit den Kontrahenten wurden als auf die unmittelbare Förderung einer fremden Rechtsangelegenheit gerichtete Rechtsbesorgung eingestuft. In der Sendung „Jetzt reicht's! – Wir kämpfen für Ihr gutes Recht" hatten sich der Rechtsuchende und ein Kamerateam zu dem Kontrahenten, der Firma Opel, begeben[617]. Dort verhandelte ein Redaktionsmitarbeiter „Herr A." gemeinsam mit dem Rechtsuchenden, indem er den Opel-Händler mit einer sozialen Notlage der Familie und Fehlern bei der Vertragsdurchführung seitens der Firma Opel konfrontierte. Diese Vermittlungstätigkeit wurde als eine auf die unmittelbare Förderung konkreter fremder Rechtsangelegenheiten gerichtete Tätigkeit[618] beurteilt, wobei darauf abgestellt wurde, daß die Instrumentalisierung öffentlichen Drucks in der Berichterstattung die Grenze zur unzulässigen Rechtsbesorgung überschreite[619]. In einer weiteren Entscheidung wurde der Übergang von Berichterstattung zur Rechtsbesorgung an dem Punkt gesehen, an dem der Redaktionsmitarbeiter sich in das Geschehen „einmischte"[620] und eine „Vermittlung" versuchte. Moderationen aus der Sendung wurden als Indizien für die Zielgerichtetheit der Sendung auf Rechtsbesorgungen gewertet. Auch das Telefonieren und Zusammenarbeiten mit dem Kontrahenten sowie das Informieren desselben über eine soziale Notlage[621] ist als Förderung einer fremden Rechtsangelegenheit angesehen worden. Dabei wurde teilweise auch darauf abgestellt, daß die Öffentlichkeit einer Sendung zur Erreichung des gesetzten Zieles, nämlich der Förderung der Rechtsangelegenheit, instrumentalisiert worden sei[622]. Auf der anderen Seite wurden auch Vermittlungstätigkeiten, die außerhalb der Sendung, also oh-

---

615 OLG Köln, NJW 1999, 502; LG Köln v. 18.12.97, Az.: 84 O 92/97, Urteilsumdruck S. 6.
616 LG Köln v. 18.12.97, Az.: 84 O 92/97, Urteilsumdruck S. 7.
617 OLG Düsseldorf, AfP 1998, 232.
618 OLG Düsseldorf, AfP 1998, 232, 234.
619 OLG Düsseldorf, AfP 1998, 232, 234.
620 OLG Düsseldorf, Urteil v. 16.12.1997, Az.: 20 U 83/97, Urteilsumdruck S. 22.
621 LG Köln, Urteil v. 23.12.1997, Az.: 31 O 601/97, Urteilsumdruck S. 14, 21, 31.
622 OLG Düsseldorf v. 16.12.1997, Az.: 20 U 83/97, Urteilsumdruck S. 21; vgl. oben 2. Teil B II, S. 126 ff.

ne direkten publizistischen Druck, vorgenommen worden waren, als verbotene Rechtsbesorgung oder -beratung angesehen[623].

Dem üblichen Verständnis des Präventivverbotes gemäß fallen beide Arten von Vermittlungstätigkeiten – diejenigen, die vor der Kamera stattfinden ebenso wie diejenigen, die außerhalb des Rampenlichts durchgeführt werden – in den Begriffsbereich der Rechtsbesorgung.

Gleichzeitig ist diesen Vermittlungstätigkeiten gemeinsam, daß sie der Berichterstattung oder der Unterhaltung, der Information oder dem Amusement der Fernsehzuschauer dienen, indem sie über Rundfunk oder Presse publik gemacht werden. Auch eine Vermittlungstätigkeit, die ohne Kamera außerhalb einer Sendung vorgenommen und über die anschließend berichtet wird – sei es in Form einer mündlich vorgebrachten Erzählung des Moderators, sei es über einen Einspielfilm, in dem eine Situation durch Schauspieler nachgestellt wird – ist auf diese Weise Vorbereitung einer Publikation.

In den Schutzbereich der Rundfunkfreiheit nach Art. 5 I 2, 2. Alt. GG fallen alle mit der Veranstaltung von Rundfunkprogrammen zusammenhängenden Tätigkeiten von der Informationsbeschaffung über die Sendungsproduktion bis zu ihrer Verbreitung im Sinne von Meinungsäußerung und/oder Berichterstattung[624]. Ähnlich gilt für die Pressefreiheit nach Art. 5 I 2, 1. Alt. GG, daß alle mit der Eigenart der Pressearbeit zusammenhängenden Tätigkeiten von der Beschaffung der Information bis zur Verbreitung der Nachricht und der Meinung[625] geschützt sind. Da auch die Vermittlungstätigkeit in einer Rechtsangelegenheit der Vorbereitung oder Produktion einer Sendung sowie einer Druckpublikation dienen kann, fällt sie in diesen Fällen, in denen eine Redaktion Material für die Berichterstattung oder eine Unterhaltungspublikation sammelt, verwertet und publiziert, in den Schutzbereich der Rundfunk- bzw. der Pressefreiheit[626]. Eine Vermittlungstätigkeit, die später nachgespielt wird, ist dabei als Vorbereitungstätigkeit, eine dagegen, die aufgezeichnet wird, als Produktionstätigkeit anzusehen. Beide fallen in den Schutzbereich der Rundfunkfreiheit und sind somit über Art. 5 I 2, 2. Alt. GG geschützt.

Demgemäß ist an den Grundsätzen der Verhältnismäßigkeit zu messen, ob es verfassungsgemäß ist, die jeweilige Tätigkeit unter das Präventivverbot des Rechtsberatungsgesetzes zu fassen und den Medienunternehmen zu verbieten.

---

623 OLG Düsseldorf, AfP 1998, 232; LG Köln, Urteil v. 23.12.1997, Az.: 31 O 601/97, Urteilsumdruck S. 2, 6, 14.

624 BVerfGE 35, 202, 222 fd.; 78, 101, 102 f.; 91, 125, 134; Dreier-Schulze-Fielitz, Art. 5 I, II Rz. 80; Isensee/Axer, Jugendschutz, S. 42.

625 BVerfGE 10, 118, 121; 20, 162, 176; 50, 234, 240.

626 Vgl. dazu auch oben 2. Teil A, capt. I 1 und 2, S. 79 ff., 82 ff.

In der Gruppe der Vermittlungstätigkeiten sind also zu untersuchen diejenigen, die außerhalb des Rampenlichts, und diejenigen, die vor laufender Kamera erfolgen. Festgestellt werden kann zunächst, daß die bloße Berichterstattung über Fälle, in denen Redaktionen sich „eingeschaltet“ haben, auch nach der gängigen Rechtsauslegung nicht als Rechtsbesorgung einzuordnen sind. Denn diese Fälle sind bereits abgeschlossen, so daß aktuell zum Zeitpunkt der Berichterstattung keine konkrete Einzelrechtsfrage mehr existiert. Wenn aber zum Zeitpunkt der Problemlösung eine solche Rechtsfrage bestanden hat, dann kann mit der Berichterstattung ein Verstoß gegen § 1 UWG i.V.m. Art. 1 § 1 RBerG gegeben sein[627]. Der Bericht über eine – vielleicht geförderte, inzwischen jedoch abgeschlossene – konkrete, fremde Rechtsangelegenheit ist keine Rechtsbesorgung im Sinne des Rechtsberatungsgesetzes. Die bereits abgeschlossene vermittelnde Tätigkeit, die Gegenstand der Berichterstattung ist, kann jedoch eine geschäftsmäßige Förderung einer konkreten, fremden Rechtsangelegenheit gewesen sein und war dann einfachrechtlich nach Art. 1 § 1 RBerG untersagt.

Hier ist also zu überprüfen, ob das Verbot dieser vermittelnden Tätigkeit als Vorbereitungstätigkeit einer publizistischen Präsentation am Grundsatz der Verhältnismäßigkeit gemessen verfassungsgemäß ist. Parallel ist in den Fällen der Vermittlungstätigkeit vor laufender Kamera zu prüfen, ob das Verbot der „live“ vorgenommenen Rechtsbesorgung als Publikationsform aufgrund mangelnder Verhältnismäßigkeit verfassungswidrig ist.

3. Verhältnismäßigkeit dieser Verbotsauslegung

Das Verbot von Vermittlungstätigkeiten in fremden Rechtsangelegenheiten ist geeignet, wenn es zur Erreichung der Zwecke des Rechtsberatungsgesetzes beitragen kann[628]. Das bedeutet, daß das Verbot der Vermittlung in Rechtsangelegenheiten anderer den Verbraucherschutz erhöhen sowie die Funktionsfähigkeit der Rechtspflege erhalten oder stärken muß.

---

627 Vgl. oben 1. Teil capt. IV 3, S. 70 ff.
628 Vgl. oben 2. Teil B, capt. I 3 a, S. 119 f.

a. *Geeignetheit*

aa. *Erfüllung des Gesetzeszweckes des Schutzes des Einzelnen und der Rechtspflege*

Wie bezüglich der reinen Recherchetätigkeiten[629] und des einfachen Herstellens von Öffentlichkeit[630] in Form der Berichterstattung bereits festgestellt, sind Verbote von Tätigkeiten im Bereich konkreter fremder Rechtsangelegenheiten geeignet, den einzelnen Rechtsuchenden wie auch Gerichte, Behörden und sonstige Dienststellen davor zu bewahren, daß durch unqualifizierte Rechtswahrnehmung Schäden in Form von Rechts- oder Vermögenseinbußen oder auch Effektivitätsverlust eintreten. Dies gilt auch für Tätigkeitsformen, die komische oder satirische Elemente enthalten, da die rechtsberatenden oder rechtsbesorgenden Komiker ebenso wie jeder Laie schlechten oder unvollständigen Rechtsrat erteilen können.

Die Einwände, die gegen die Geeignetheit des Präventivverbotes gegenüber Presse und Rundfunk erhoben wurden, greifen demgegenüber nicht:

(1) Einwand des mangelnden Anwaltszwanges gegenüber Behörden

Es ist zu bedenken gegeben worden, daß gegenüber Behörden kein Anwaltszwang besteht und jeder Bürger dort selbst seine Rechte wahrnehmen könne, so daß ein Verbot medialen Tätigwerdens vor Behörden die Laienrechtswahrnehmung nicht wirksam unterbinden könne[631]. Da deshalb ein Verbot der Medientätigkeit den Gesetzeszweck nicht fördern könne, sei die Geeignetheit der Verbotsregelung zu verneinen. Mit diesem Argument wird letztlich die Geeignetheit des Präventivverbotes hinsichtlich laienhafter Rechtsbesorgung vor Behörden und Gerichten, vor denen kein Anwaltszwang besteht[632], generell bestritten.

Dem Argument ist entgegenzuhalten, daß Medien nicht nur anstatt der in eigener Person betroffenen Bürger gegenüber Behörden tätig werden können, sondern darüber hinaus zum Beispiel ein weiteres Mal für einen Bürger, der selbst schon vorstellig geworden ist. Die rechtsberatende Tätigkeit von Medienvertretern ist damit eine zusätzliche laienhafte Betätigung, die nach dem Gesetzeszweck gerade nicht zulässig sein soll. Da auf diese Weise Behörden und Gerichte, d.h. die Allgemeinheit und die Rechtspflege vor laienhaften Rechtsbera-

629 Oben 2. Teil B, capt. I 3 a, S. 119 ff.
630 Oben 2. Teil B, capt. II 3 a, S. 134 ff.
631 Ricker, NJW 1999, 449, 452. Ähnlich bereits Schneider, MDR 1976, 1, 4.
632 Vgl. bspw. § 78 ZPO, § 67 VwGO.

tern[633] bzw. vor zusätzlichen Laieneingaben geschützt werden, ist die Regelung geeignet, die gesetzgeberischen Ziele zu fördern. Es unterliegt der Einschätzungsprärogative des Gesetzgebers, zu bestimmen, in welchem Umfang ein Gesetzeszweck gelten und verfolgt werden soll. Da der Gesetzgeber die Geltung des Rechtsberatungsgesetzes von vornherein auf die Beratung in fremden Rechtsangelegenheiten beschränkte, ist nur an diesem Vergleichsmaßstab zu überprüfen, ob die Regelung geeignet ist. Denn Gesetzeszweck ist, die durch Laien vorgenommene Beratung und Besorgung in fremden[634] Rechtsangelegenheiten aus Gründen des Verbraucherschutzes und der Erhaltung der Funktionsfähigkeit der Rechtspflege zu unterbinden.

Nur bei objektiver Untauglichkeit des Mittels ist ein Gesetz mangels Geeignetheit verfassungswidrig[635]. Wenn der Gesetzgeber gegenüber Behörden und einigen Gerichten weder in eigenen noch in fremden Rechtsangelegenheiten einen Anwaltszwang[636] aufstellen wollte und das Rechtsbesorgungsverbot des Rechtsberatungsgesetzes auf fremde Rechtsangelegenheiten beschränkte[637], dann entspricht das seiner gesetzgeberischen Einschätzungsprärogative. Die Geeignetheit des Mittels im Sinne der Möglichkeit, den angestrebten Zweck zu fördern, bedeutet im übrigen nicht, daß der Erfolg in jedem Einzelfall auch tatsächlich erreicht werden kann oder muß, die abstrakte Möglichkeit der Zweckerreichung genügt[638]. Diese ist, wie oben dargelegt, aber gegeben.

(2) Der Einwand mangelnden Handlungswillens vor Behörden

Weiter wird argumentiert, die Geeignetheit entfalle, weil Presse und Rundfunk gar nicht in umfassender Weise gegenüber Behörden tätig werden wollten, ihnen vielmehr nur an der Steigerung der verkauften Auflage bzw. an der Akzeptanz der Sendungen liege[639]. Eine Gegenauffassung sieht in diesem Argument ein „Eigentor", da „diese Behauptung" gerade die Gefahren für den einzelnen Rechtssuchenden, der sich in der Hoffnung wiege, Presse und Rundfunk würden ihm schon helfen, aufzeige[640].

---

633 Dazu auch: König, Rechtsberatungsgesetz, S. 24; Rick, Verfassungsrechtliche Stellung, S. 219.
634 Art. 1 § 1 RBerG.
635 BVerfGE 67, 157, 173.
636 Vgl. bspw. § 78 ZPO.
637 Art. 1 § 1 RBerG.
638 BVerfGE 67, 157, 175.
639 Ricker, NJW 1999, 449, 452.
640 Prütting, Rechtsberatung durch Medien? In: Bundesministerium der Justiz (Hg.): Kriminalität in den Medien, S.128, 137.

Vor allem ist dem genannten Argument entgegenzusetzen, daß dennoch die Möglichkeit besteht, daß Presse und Rundfunk gegenüber Behörden tätig werden, auch wenn sie es grundsätzlich gar nicht beabsichtigen, da sie natürlich hauptsächlich die Akzeptanz der Rezipienten, der Zuschauer, Zuhörer und Leser erstreben. Selbst wenn es stimmt, daß Medien und ihre Vertreter gar nicht vor Behörden tätig werden wollen, verhindert das Verbot dennoch die Ausnahme dieses grundsätzlichen Nichthandlungswillens. Der eine Redaktionsvertreter, der doch einmal vor einer Behörde verhandeln möchte, tut dies entgegen dem gesetzlichen Verbot des Art. 1 § 1 RBerG. Deshalb ist die Regelung des Präventivverbots auch in dieser Hinsicht geeignet, die vom Gesetzgeber gesetzten Gesetzeszwecke zu fördern.

(3) Der Einwand mangelnden Rechtsrates in der Öffentlichkeit

Schließlich ist zu bedenken gegeben worden, daß aufgrund der Öffentlichkeit medialer Betätigungen im Rechtsbereich schon begrifflich gar kein Rechtsrat vorliegen könne[641], der Ratsuchende außerdem keinen Anspruch auf Vollständigkeit und Richtigkeit der Aussagen habe[642]. Deshalb könne die gesetzliche Regelung des Rechtsberatungsgesetzes hinsichtlich aller drei Schutzgesichtspunkte nicht geeignet sein[643].

(a) Das Argument des begrifflichen Ausschlusses des Rechtsrats

Es ist fraglich, ob die Unterscheidung zwischen publizistischem (durch Rundfunk oder Presse) und vertraulichem Rechtsrat (durch einen Rechtsbeistand)[644] den begrifflichen Ausschluß begründen kann.

Es wird darauf abgestellt, daß der von einer Redaktion erteilte und publizierte Rechtsrat keine Rechtsberatung im Sinne des Rechtsberatungsgesetzes sein könne, weil er sich von dem durch einen zugelassenen Rechtsbeistand gewährten wesentlich unterscheide: Der Rechtsrat durch den Rechtsbeistand erfolge grundsätzlich vertraulich und unterliege einer Erfolgskontrolle, der publizierte Rechtsrat dagegen unterliege öffentlicher Kontrolle[645]. Aufgrund dieses Unterschiedes wird der publizierte Rechtsrat als außerhalb der Zwecke und damit der Anwendbarkeit des Rechtsberatungsgesetzes stehend angesehen[646].

641 Ricker, NJW 1999, 449, 452; Wenzel, AfP 1995, 648.
642 Ricker, NJW 1999, 449, 452.
643 Ricker, NJW 1999, 449, 452.
644 So Wenzel, AfP 1995, 646, 648.
645 Wenzel, AfP 1995, 646, 648.
646 Vgl. Wenzel, AfP 1995, 646, 648.

Schließlich wolle der Rechtsuchende, der sich an die Medien wende, sein Problem zum Gegenstand öffentlicher Diskussion machen. Dies sei eine andere Ausgangslage, die auch eine andere Bewertung des mit einer Falschauskunft verbundenen Risikos erforderlich mache[647].

Zum einen wird also argumentiert, daß der öffentlich von Laien erteilte „Rechtsrat“ sogar einer wirksameren Kontrolle (durch die Öffentlichkeit) unterliege als der im verborgenen erteilte professionelle Rechtsrat. Zum anderen wird darauf abgestellt, daß der Rechtsuchende sich bewußt dafür entscheide, das Risiko der öffentlichen Beratung mit der Vielfalt der geäußerten Ansichten in Kauf zu nehmen, und daß daher die Rechtslage ohne das Rechtsberatungsgesetz zu beurteilen sei.

(aa) Kontrollierbarkeit durch die Öffentlichkeit

Dieser Wertung, daß publizierter bzw. publizistischer Rechtsrat einer wirksameren, da öffentlichen, Kontrolle unterliege, sind zwei Argumente entgegenzuhalten:

Zunächst hat sich der Gesetzgeber für eine staatliche Kontrolle entschieden: Zum einen für die Kontrolle über Qualifikation und Zulassung und damit auch für die Kontrolle über die Haftung und die Unterwerfung unter das anwaltliche Berufsrecht, zum anderen die damit verbundene Kontrolle durch Rechtsanwaltskammer, Fachöffentlichkeit und Ehrengerichtsbarkeit[648]. Die Entscheidung, welche Kontrolle er wähle, steht ihm im Rahmen der legislativen Einschätzungsprärogative zu.

Zum zweiten ist zweifelhaft, wie weit die öffentliche Kontrolle tatsächlich ausgeübt würde und so zu wirksamen Schutzmechanismen führte[649]. Mit der in § 169 S. 1 GVG garantierten Öffentlichkeit der Gerichtsverhandlung ist zwar gesetzlich eine Möglichkeit öffentlicher Kontrolle gerade vorgesehen[650], diese im Rechtsstaats- und Demokratieprinzip verwurzelte Regelung[651] betrifft aber die Kontrolle staatlicher Verfahren durch Öffentlichkeit und Medien.

Inwieweit die Medien sich selbst und gegenseitig wirksam kontrollierten oder kontrollieren könnten, ist jedoch ein nicht kalkulierbarer Unsicherheitsfaktor.

---

647 Wenzel, AfP 1995, 646, 648; diesem folgend Ricker, NJW 1999, 449, 452.

648 Vgl. dazu: BVerfGE 75, 246, 271.

649 Auch Wenzel, AfP 1995, 646, 648 stellt fest, daß eine Gewähr für die Ausübung öffentlicher Kontrolle nicht besteht, meint aber, daß schon die Möglichkeit der Kontrolle die Medien zu Sorgfalt und möglichster Genauigkeit zwinge.

650 Dazu im einzelnen: Kissel, GVG-Kommentar § 169 GVG, Rz. 1 ff.

651 Vgl. BVerfG v. 24.01.2001, Az. 1 BvR 2623/95, 1 BvR 622/99 (n-tv) Rz. 69 ff.

Insofern kann allenfalls von öffentlicher Kontrollierbarkeit von nichtstaatlichen und unprofessionellen Vermittlungsbemühungen, jedoch nicht von öffentlicher Kontrolle gesprochen werden.

Dem Schutz eines umfassenden Verbotes kommen diese Möglichkeiten der Kontrollierbarkeit jedoch nicht gleich. Obwohl sowohl der Kontrahent als auch der Staat über Möglichkeiten der Gegenwehr bei Rechtsverstößen durch öffentliche Rechtsverfolgung mittels Anprangerung verfügen, handelt es sich hier eben um Mittel der Gegenwehr, also der Reaktion. Diese sind schwächer als ein von vornherein bestehendes Verbot. Trotz der Möglichkeiten der Gegenwehr wie der Strafanzeige bei Verstößen gegen Normen des Strafgesetzbuches[652] oder auch der Verpflichtung der Staatsanwaltschaft, von sich aus ein Ermittlungsverfahren einzuleiten, sobald sie aus Nachrichten von Presse oder Rundfunk Kenntnis von dem Verdacht einer Straftat erlangt hat[653], trotz der Möglichkeit des Verletzten, bei Verletzung seines allgemeinen Persönlichkeitsrechts Unterlassungs-, Gegendarstellungs-, Schadensersatz- und Schmerzensgeldansprüche geltend zu machen[654], besteht ein Schutzbedürfnis. Deshalb ist die umfassende Auslegung des Präventivverbotes trotz der Möglichkeit öffentlicher Kontrolle geeignet, den Einzelnen und die Rechtspflege vor schlechtem Rechtsrat zu schützen.

Daß die Öffentlichkeit einer juristischen Raterteilung die Qualifizierung als Rechtsberatung im Sinne des Präventivverbotes ausschließen soll, erscheint nach all dem nur unter dem Gesichtspunkt, daß die Beratung nicht wirklich im Innenverhältnis zwischen Ratsuchendem und Berater bleibt, verständlich. Denn hier könnte gerade aufgrund der Publikation die Außenwirkung eintreten, die die Rechtsbesorgung von der Rechtsberatung unterscheidet[655]. Dennoch ist die mündliche oder schriftliche Unterrichtung des Rechtsuchenden über die Rechtslage in einem Einzelfall und über die zu ergreifenden Maßnahmen bei der Durchsetzung der Rechte des Ratsuchenden im Sinne der herrschenden Definition der Rechtsberatung[656] auch in der Öffentlichkeit möglich. Soweit gerade aufgrund der Publikation eine Reaktion beteiligter Dritter erfolgt, kann die Beratung möglicherweise aufgrund der Publikation zu einer Rechtsbesorgung werden, weil hier eine Außenwirkung eintritt[657]. Da die Rechtsberatung jedoch ein Spezialfall der Rechtsbesorgung ist, bewirkt dies allenfalls einen graduellen, jedoch keinen qualitativen Unterschied und spricht nicht gegen die Geeignetheit der umfassenden Verbotsauslegung, die mediale Vermittlungstätigkeiten erfaßt.

---

652 § 77 StGB, § 158 StPO.
653 Dazu: Kleinknecht/Meyer-Goßner, § 160 StPO Rz. 9.
654 Vgl. dazu oben 2. Teil B, capt. II 3 zum Schutz des Kontrahenten, S. 135 f.
655 Dazu oben 1. Teil, capt. II, S. 22 f.
656 Henssler/Prütting-Weth Art. 1 § 1 Rz. 16 m.w.N.
657 Vgl. oben S. 22 f.

Dagegen, daß das Merkmal der Öffentlichkeit einer Beratung ihre Qualifizierung als Rechtsberatung ausschließen muß, spricht schließlich auch, daß trotz der grundsätzlichen Vertraulichkeit des anwaltlichen Rechtsrates der Mandant den Rechtsanwalt von der Verschwiegenheitspflicht aus dem Anwaltsvertrag, aus § 43 a BRAO, § 203 I Nr. 3 StGB befreien kann[658]. Ist der Anwalt nicht mehr zur Verschwiegenheit verpflichtet, kann er auch öffentlich über die ihm anvertraute Rechtsache sprechen. Es ist auch im Hinblick darauf nicht ersichtlich, wieso die Veröffentlichung etwas an der Qualifizierung der Raterteilung als Rechtsrat ändern sollte[659].

Die Geeignetheit der die Vermittlungstätigkeiten erfassenden Verbotsauslegung kann nicht verneint werden, weil durch öffentliche Kontrolle des medialen Rechtsrates bereits ein ausreichender Schutz der Rechtsuchenden gegeben wäre.

(bb) Bewußtes Eingehen des Risikos durch den Ratsuchenden

Weiter ist der begriffliche Ausschluß des Rechtsrates damit begründet worden, der Rechtsuchende wende sich an die Medien mit einer anderen Erwartungshaltung als an einen professionellen Rechtsberater: er suche nämlich nicht nur die Beratung, sondern auch die öffentliche Diskussion[660]. Damit entstehe aber eine unterschiedliche Ausgangslage, weshalb sich auch die Gefahren unterschieden, die dem Rechtsuchenden bei nichtöffentlichem (Laien)-Rechtsrat und bei publiziertem Laien-Rechtsrat drohten[661]. Derjenige, der seinen Fall zum Gegenstand öffentlicher Diskussion mache, wolle, daß eventuell auch abweichende Ansichten geäußert würden[662], und erwarte keine fundierte rechtliche Lösung[663]. Er verfolge eben die Lösung seines Problems über die Mechanismen des öffentlichen Meinungsmarktes[664].

Dieses Argument ist zunächst einleuchtend: Nach der herrschenden Auslegung der Begriffe der Rechtsbesorgung und Rechtsberatung kann es für die Annahme einer solchen auf die Erwartungshaltung des Rechtsuchenden ankommen[665]. So wird von der Besorgung einer Rechtsangelegenheit im Gegensatz zu

---

658 BGH NJW 1999, 1404, 1406; BayObLG NJW 1966, 1664, 1665; Zugehör-Sieg, S. 385 Rz. 811.

659 Im Ergebnis ebenso: Zuck, BRAK-Mitteilungen 2001, 105, 110.

660 Wenzel, AfP 1995, 646, 648; Ricker, NJW 1999, 449, 452.

661 Wenzel, AfP 1995, 646, 648.

662 Wenzel, AfP 1995, 646, 648.

663 Ricker, NJW 1999, 449, 452.

664 Ricker, NJW 1999, 449, 452; Rennen/Caliebe Art. 1 § 1 Rz. 24; ähnlich auch Wenzel, AfP 1995, 646, 648.

665 BGH NJW 2000, 2108, 2109; OLG Düsseldorf, WRP 1991, 588; OLG Schleswig, AnwBl 1987, 343; OLG Frankfurt, MDR 1999, 1167; Rennen/Caliebe Art. 1 § 1

einer Wirtschaftsangelegenheit ausgegangen, wenn der Beauftragte zum Ausdruck bringt, daß er die Anwendung des Rechts beherrscht und der Rechtsuchende ihn gerade aus diesem Grunde beauftragt[666]. Beauftragt der Auftraggeber also jemanden aufgrund von dessen Rechtskenntnissen, so soll eine Rechtsbesorgung im Sinne des Art. 1 § 1 RBerG beabsichtigt sein.

Demnach obliegt dem Auftraggeber eine gewisse Bestimmungsbefugnis, in welchem Umfang und mit welchem Schutz durch das Präventivverbot des Rechtsberatungsgesetzes er sich beraten läßt. Beauftragt er also eine Redaktion, dann hieße das, daß er gerade keine professionelle Rechtsberatung oder -besorgung wünschte und von daher nicht nach dem Rechtsberatungsgesetz schutzwürdig sei[667].

Gegen diese Gewichtung der Erwartungshaltung des Rechtsuchenden sprechen zwei Argumente:

Das Gesetz kann, um eine bestimmte Schutzfunktion zu erreichen, eine Typisierung wählen[668], die nur, soweit eine weitere Differenzierung möglich wäre, einer sachlichen Rechtfertigung bedarf. Der Schutz der Rechtsuchenden einschließlich der Kontrahenten und der Rechtspflege vor unqualifizierten Beratern läßt aber keine weitere Differenzierung zu. Wollte man die Rechtsuchenden, die lediglich die öffentliche Diskussion suchen, aus dem Schutz ausnehmen, müßte man im Einzelfall den jeweiligen Kenntnisstand des Rechtsuchenden bzw. seinen Grad an Naivität oder Vertrauensseligkeit feststellen können. Da innere Motiv- oder Willenslagen aber nur schwer feststellbar sind, ist in diesen Fällen ein Verzicht auf eine Differenzierung gerechtfertigt[669]. Damit muß eine Differenzierung zwischen solchen Rechtsuchenden, die in den Medien professionellen und fristgerechten Rechtsrat suchen und solchen, die nur eine öffentliche Diskussion erwarten, nicht vorgenommen werden. Der Verzicht auf den Schutz im Einzelfall durch einen einzelnen Auftraggeber schließt damit den Begriff des Rechtsrates noch nicht aus. Die umfassende Verbotsauslegung bleibt geeignet, die Schutzzwecke des Rechtsberatungsgesetzes zu erreichen.

Rz. 19; Erbs/Kohlhaas-Senge Art. 1 § 1 Rz. 6; Altenhoff/Busch/Chemnitz Art. 1 § 1 Rz. 72 ff.; König, Rechtsberatungsgesetz, S. 32 f., 40 f.

666 BGH NJW 2000, 2108, 2109; Rennen/Caliebe Art. 1 § 1 Rz. 19; Erbs/Kohlhaas-Senge Art. 1 § 1 Rz. 6; Altenhoff/Busch/Chemnitz Art. 1 § 1 Rz. 72 ff.

667 So im Ergebnis auch Rennen/Caliebe Art. 1 § 1 Rz. 24, die dem Rechtsuchenden in dem Fall das Risiko eines Rechtsverlusts auferlegt sehen, wenn er Stellen mit der Rechtsverfolgung beauftragt, von denen jeder Bürger wisse, daß sie nichts mit der Tätigkeit eines Rechtsanwaltes zu tun haben.

668 Dazu im einzelnen: Kirchhof, HStR V, § 124 Rz. 293 ff., insbes. 296, 297.

669 Kirchhof, HStR V, § 124 Rz. 296.

Zum zweiten aber dienen die Schutzzwecke des Rechtsberatungsgesetzes auch dem Schutz der Allgemeinheit[670], dem Schutz möglicher Kontrahenten[671] sowie dem Schutz der Rechtspflege vor unqualifizierten Rechtsberatern.

Auf diesen Schutz kann der einzelne Ratsuchende, der sich an eine Redaktion wendet, aber gar nicht wirksam verzichten. Denn der Kontrahent könnte – auch wenn der Ratsuchende im Bewußtsein der Laienhaftigkeit der Hilfe sich an das Medium gewandt hätte – dennoch darauf vertrauen, daß die Rechtsangelegenheit in juristisch professionellen Händen sei und so leichtfertig und in gutem Glauben Rechtsverluste erleiden. Auch der Kontrahent ist aber ein Ratsuchender, der durch das Rechtsberatungsgesetz vor eben diesen Gefahren durch das Präventivverbot geschützt werden soll[672].

Ob der Rechtsuchende, der sich an die Medien wendet, selbst tatsächlich nicht schutzbedürftig ist, weil er gar nicht erwartet, eine rechtlich fundierte Lösung zu erhalten[673], ist im übrigen zweifelhaft. Wahrscheinlicher ist, daß er sich von der Veröffentlichung seiner Rechtsangelegenheit eine Beschleunigung der Problemlösung verspricht, aber dennoch erwartet, daß sie rechtlich „hält". Jedenfalls kann nicht davon ausgegangen werden, daß jedermann, der sich mit einem Rechtsproblem an Rundfunk oder Presse wendet, lediglich die öffentliche Auseinandersetzung sucht.

Auch wenn der Rechtsuchende keinen professionellen Rechtsrat erwartet, liegt in der Tätigkeit der Medien dennoch eine juristisch unprofessionelle Behandlung fremder Rechtsangelegenheiten, vor denen das Rechtsberatungsgesetz gerade schützen soll. Die umfassende Auslegung ist daher geeignet, den Gesetzeszweck zu erreichen.

(cc) Zwischenergebnis

Festzustellen ist also, daß die Frage, ob eine fremde Rechtsangelegenheit im Sinne des Rechtsberatungsgesetzes geschäftsmäßig gefördert wird, mit der Öffentlichkeit einer Tätigkeit zunächst nichts zu tun hat. Die Geeignetheit der umfassenden Auslegung kann daher nicht mit dem Argument verneint werden, daß, sobald eine Raterteilung publiziert werde, schon begrifflich kein Rechtsrat im Sinne des Rechtsberatungsgesetzes mehr vorliege.

---

670 BVerfGE 97, 12, 30; 75, 246, 267; 41, 378, 390.
671 Vgl. oben 2. Teil B, capt. II 3 a. aa. (2), S. 135 f.
672 Dazu vgl. oben 2. Teil B, capt. II 3 a. aa (2), S. 135 f.
673 So Rennen/Caliebe Art. 1 § 1 Rz. 24.

(b) Fehlender Anspruch auf Vollständigkeit

Weiter wird darauf verwiesen, daß auch gegenüber einem Rechtsanwalt kein Anspruch auf Vollständigkeit und Richtigkeit der Aussagen besteht[674] und das Präventivverbot deshalb zur Erreichung keines der Gesetzeszwecke geeignet sei. Nach dieser Argumentation verbessert auch die Professionalität des Anwaltes nicht die Lage des Rechtsuchenden, da diesem jedenfalls kein durchsetzbarer Anspruch auf richtige oder vollständige Beratung zusteht.

Das Fehlen eines solchen Anspruchs schließt aber die Geeignetheit der Regelung nicht aus. Zunächst ist es Zweck des Rechtsberatungsgesetzes, den Einzelnen und die Allgemeinheit vor schlechtem Rechtsrat zu bewahren. Verfolgt wird dieser Gesetzeszweck in der Weise, daß über Zulassungserfordernisse Professionalität und Zuverlässigkeit der Berater überprüft werden können. Erfolg und absolut richtiges Verhalten schuldet zwar auch der Rechtsanwalt nicht, der nur verpflichtet ist, ordnungsgemäß zu handeln, der sorgfältige und sachkundige Beratung und Betreuung des Mandanten sowie rechtzeitige Vorbereitung der erforderlichen Schritte schuldet[675]. Das nicht ordnungsgemäße – und das kann bedeuten: das unvollständige oder der Sache nicht angemessene – Verhalten und Beraten durch Laien gehören aber gerade zu dem schlechten Rechtsrat, vor dem der Gesetzgeber schützen wollte.

Das Argument mangelnder Geeignetheit mangels Richtigkeitsanspruchs stellt letztlich darauf ab, daß auch der Anwalt keine Erfolgsgarantie[676] abgibt. Das Präventivverbot soll aber lediglich sicherstellen, daß keine Rechtsverluste durch Laienberatung entstehen, eine Erfolgsgarantie normiert es nicht. Deshalb ist das Argument, daß auch Rechtsanwälte nur unvollständig berieten, nicht ausreichend, um die Wirksamkeit eines Verbotes der umfassenden Beratung durch Laien zu widerlegen.

(c) Zwischenergebnis

Die vorgebrachten Einwände gegen die Geeignetheit eines umfassenden Verständnisses des Präventivverbotes, das auch die vermittelnden Tätigkeiten der Medien im Rechtsbereich umfaßt, sind abzulehnen. Das Verbot medialer Vermittlungstätigkeiten ist geeignet, die unmittelbaren Gesetzeszwecke des Rechtsberatungsgesetzes zu fördern.

---

674 Ricker, NJW 1999, 449, 452.
675 Borgmann/Haug, Anwaltshaftung, § 25, S. 165.
676 Dazu: Kleine-Cosack, vor § 51 b BRAO, Rz. 1.

bb. Erfüllung des Gesetzeszweckes „Schutz der Anwaltschaft vor Wettbewerb"

Hinsichtlich des Gesetzeszwecks „Schutz der Anwaltschaft vor Wettbewerb" muß zunächst festgestellt werden, ob der Verbotsausspruch diesem Gesetzeszweck überhaupt dienen kann. Dies erfordert das Vorliegen einer für die Anwaltschaft existenzbedrohenden Situation durch die medialen Vermittlungstätigkeiten[677]. Der Einwand, daß die gängige Gesetzesauslegung nicht geeignet sei, weil zwischen Rundfunk/Presse und Anwaltschaft überhaupt keine Konkurrenzsituation bestehe[678], ist nicht überzeugend.

Vielmehr kann festgestellt werden, daß grundsätzlich Wettbewerb zwischen beiden Gruppen stattfinden kann: Bei den Vermittlungstätigkeiten liegen die Ziele der Medien und der Anwaltschaft parallel. Endgültiger Handlungszweck ist für beide die Rechtsverfolgung bzw. die Erledigung einer Rechtsangelegenheit, für Rundfunk und Presse kommt als zweiter Zweck noch die Publikation hinzu. Die Tätigkeiten, die zur Erreichung dieser Ziele verfolgt werden, sind einander weitgehend gleich. Es werden Briefe geschrieben, auf die Rechtslage verwiesen, Ansprüche geltend gemacht, Gespräche arrangiert und geführt, es werden Vorwürfe gemacht, an das Gewissen appelliert und es wird mit Konsequenzen gedroht.

Zu berücksichtigen ist der Gesetzeszweck „Konkurrenzschutz" aber nur, wenn er den übrigen (unmittelbaren) Gesetzeszwecken, also dem Schutz der Rechtsuchenden und der Rechtspflege vor schlechtem Rechtsrat, dient[679]. Wann dies der Fall ist, ist Gegenstand der folgenden Erwägungen, um dann die Geeignetheit des umfassenden Verbotes zur Erreichung auch dieses Zwecks darzustellen.

(1) Schutz der Rechtsuchenden vor schlechtem Rechtsrat

Wenn Rechtsbesorgung in den Medien eine Konkurrenzsituation schafft, die den Anwaltstand in seiner Existenz gefährdet[680], dann kann das Verbot dieser Konkurrenz letztlich dem Schutz der Rechtsuchenden vor schlechtem Rechtsrat dienen, indem es die Möglichkeit professionellen Rechtsrats erhält. Nur unter diesen Voraussetzungen ist der Konkurrenzschutz ein verfassungslegitimer Geset-

---

677 Vgl. oben 2. Teil A, capt. II 2 c zum Konkurrenzschutz S. 91 ff.

678 Ricker, NJW 1999, 449, 452 f.

679 BVerfGE 97, 12, 31; dazu auch oben, 2. Teil A, capt. II 2 c, II 3 zum Konkurrenzschutz, S. 91 ff.

680 Zur Notwendigkeit einer existentiellen Beeinträchtigung der Anwaltschaft auch: Wenzel, AfP 1995, 646, 648; Töpper, DRiZ 1999, 172, 173.

zeszweck[681]. Es müßte also eine Gefährdung des Anwaltsstandes durch Konkurrenz darin liegen können, daß mit Redaktionen von Rundfunk und Presse Personen zur Anwaltschaft in Wettbewerb treten, die keinen standesrechtlichen, gebührenrechtlichen oder ähnlichen im Interesse der Rechtspflege gesetzten Schranken unterliegen[682]. Nur bei Vorliegen einer solch existenzgefährdenden Konkurrenz wäre die Geeignetheit überhaupt zu prüfen, da mangels einer entsprechenden Konkurrenzsituation ansonsten durch die weite Verbotsauslegung[683] der Gesetzeszweck des (modifizierten) Konkurrenzschutzes[684] gar nicht gefördert werden könnte. Das Vorliegen einer solch bedrohlichen Konkurrenz ist jedoch zweifelhaft.

(a) Bemühungen des Gesetzgebers zur Entlastung der Rechtspflege

Zunächst widerspricht die Annahme einer Existenzgefährdung der Anwaltschaft der gegenwärtigen Belastung der Rechtspflege, die zu rechtspolitischen Konsequenzen geführt hat. Dazu gehören Bestrebungen zur Stärkung der Schiedsgerichtsbarkeit zur Entlastung der Gerichte. Hier hielt es der Gesetzgeber nicht für notwendig, Belange der Anwaltschaft durch Einführung eines Anwaltszwanges zu berücksichtigen.

Daß angesichts der hohen Zahl von Rechtsfällen, die allein vor Gericht verhandelt werden, die Übernahme und Lösung einiger Einzelfälle durch die Medien überhaupt ins Gewicht fallen kann, erscheint kaum vorstellbar[685]. Im Gegenteil gibt es angesichts der Anzahl von Rechtsstreitigkeiten verschiedenartige Bestrebungen, die Gerichte zum Beispiel dadurch zu entlasten, daß Rechtsangelegenheiten außergerichtlich gütlich geregelt werden sollen. Beispiele für diese Bestrebungen sind die Einführung des Weges zum Schiedsmann nach § 15 a EGZPO[686], der nunmehr schon in drei Bundesländern umgesetzt wurde, oder die Regelungen der §§ 1025 ff. ZPO[687], die die Möglichkeit privater Schiedsverein-

---

681 Vgl. oben, 2. Teil A, capt. II 2 c, zum Konkurrenzschutz, S. 91 ff.

682 Dazu: BGHZ 15, 315, 317; BVerwG NJW 1989, 1175; OLG Karlsruhe, AnwBl 1985, 323, 325; Henssler/Prütting-Weth Einl. Rz. 7. Außerdem so bereits die Gesetzesbegründung in: RStBl 1935, S. 1528.

683 Zum Begriff der weiten Auslegung Larenz/Canaris, Methodenlehre, oben 2. Teil B, S. 105, Fn. 495.

684 Dazu oben 2. Teil A, capt. II 2 c, S. 91 ff.

685 So auch Ricker, NJW 1999, 449, 453; kritisch auch: Töpper, DRiZ 1999, 172, 173.

686 Eingeführt am 15.12.1999 durch das „Gesetz zur Förderung der außergerichtlichen Streitbeilegung", BGBl I 1999, S. 2400-2401.

687 Geändert am 22.12.1997 durch das „Gesetz zur Neuregelung des Schiedsverfahrensrechts – Schiedsverfahrens-Neuregelungsgesetz – SchiedVfG", BGBl I 1997, S. 3224-3241.

barungen normieren. Im Gegensatz zu der Verpflichtung, den Schiedsmann aufzusuchen, die für vermögensrechtliche Ansprüche bis zur Höhe von 1500 DM gilt[688], kann nach § 1030 I ZPO jeder vermögensrechtliche Anspruch Gegenstand einer Schiedsvereinbarung sein. Ein Anwaltszwang wurde nicht eingeführt. Es ist festzustellen, daß trotz dieser Regelungen, welche Rechtsstreitigkeiten in den privaten Bereich verlagern und welche es ermöglichen, sich selbst auch in Rechtsangelegenheiten um höhere Summen als die der Streitwertgrenze nach § 23 GVG zu vertreten, bisher nicht zum Zusammenbruch der Anwaltschaft geführt hat. Ebensowenig ist im übrigen die Anwaltschaft in den europäischen Nachbarländern, in denen es dem Rechtsberatungsgesetz vergleichbare Regelungen nicht gibt[689], bisher in ihrer Existenz gefährdet. Eine Gefährdung der Anwaltschaft, die dazu führen könnte, daß der oben genannte Gesetzeszweck des Rechtsberatungsgesetzes verhindert würde, weil der Berufsstand, der professionellen Rechtsrat erteilt, in Existenznot geriete, kann daher bisher nicht festgestellt werden.

Zwar wird hier nicht bezweifelt[690], daß die Redaktionen von Presse und Rundfunk, die Rechtsbesorgungen vornehmen, überhaupt eine Konkurrenz für den Anwaltsstand darstellen. Angesichts der bestehenden und zu erwartenden Größenverhältnisse wird aber die existenzbedrohliche Kraft dieser Publikationsformen in Frage gestellt[691]. Darüberhinaus erzielen die in Streit stehenden Publikationsformen möglicherweise sogar eher einen Werbeeffekt durch das Wecken von Problembewußtsein[692] und das Aufzeigen rechtlicher Möglichkeiten und Durchsetzungswege. Auch neue Betätigungsfelder für Rechtsanwälte könnten sich in den Medien auftun. So könnten Anwälte zum Beispiel telefonische Kurzberatungen vor laufenden Kameras durchführen oder in Rechtsfällen zur Vorbereitung einer Sendung tätig werden. Zu erwarten, daß Presse und Rundfunk diese Tätigkeiten in einem solchen Maße aufnehmen könnten, daß die Rechtsanwalt-

---

688 § 15 a I S. 1 Nr. 1 EGZPO.

689 So z.B. in Finnland und Schweden. In Großbritannien bspw. gibt es im außergerichtlichen Bereich bis auf wenige Ausnahmen keine Beschränkungen der Rechtsberatungsbefugnis. Dazu im einzelnen: Lühn, AnwBl 2001, 319, 320 f.; Dombek, BRAK-Mitteilungen 2001, 98, 100 ff.; Henssler, AnwBl 2001, 525 ff., 531; Kleine-Cosack, NJW 2000, 1593, 1594. Undifferenziert insoweit: Rasehorn, DRiZ 2000, 442.

690 So aber Ricker, NJW 1999, 449, 452 f.

691 Darauf, daß aus Raum- und Zeitgründen die Anzahl der Fälle, die in Rundfunk und Presse erörtert werden können, begrenzt ist, verweist bereits Wenzel, AfP 1995, 646, 648. Ähnlich nun auch der BGH, ZUM 2002, 639, 641.

692 So auch Ricker, NJW 1999, 449, 453; Zuck, BRAK-Mitteilungen 2001, 105, 110; Dombek; BRAK-Mitteilungen 2001, 98, 104; Creutz, Anwaltsreport 12/2001, 14, 15; Töpper, DRiZ 1999, 172, 173.

schaft dies an Umsatzeinbußen bemerken würde, ist angesichts der geringen Sendezeit, die für die Rechtssendungen letztlich doch aufgebracht wird, und angesichts der geringen Anzahl der in den Medien überhaupt aufgreifbaren Fälle zur Gesamtzahl der Rechtsfälle mehr als unwahrscheinlich[693].

(b) Gefahr durch einen „Rechtsberatungskanal"/Vergleich mit der Situation der Rechtsberatung im Internet

Um die Geeignetheit des Verbotes medialer Vermittlungstätigkeiten zur Erreichung des Gesetzeszweckes „eingeschränkter Konkurrenzschutz" zugunsten der Anwaltschaft letztlich festzustellen, muß aber die Überlegung angestellt werden, ob es zumindest denkbar ist, daß in Rundfunk und Presse eine solch große Zahl an Rechtsfällen aufgegriffen werden könnte, daß die Anwaltschaft doch in ihrer Existenz bedroht würde und somit der Schutz der einzelnen Rechtsuchenden und der Rechtspflege insgesamt vor schlechtem Rechtsrat nicht mehr gewährleistet werden könnte.

Die Frage ist, wie sich der Extremfall auswirken würde, daß ein (privater) Fernsehsender einen reinen „Rechtsberatungskanal" einrichten würde, auf dem 24 Stunden am Tag sieben Tage in der Woche die Möglichkeit bestünde, eigene Rechtsfragen vorzutragen und klären oder regeln zu lassen sowie bei der Erledigung fremder Rechtsangelegenheiten Zeuge zu sein.

Im Internet ist – zumindest für den Rechtsuchenden – eine vergleichbare Situation bereits eingetreten: Rechtsberatungen können „online" über verschiedene Adressen[694], hinter denen teilweise einzelne Kanzleien, teilweise Kanzlei-

693 Auf die Vielfalt des Rechtsberatungsmarktes und Entwicklungspotentiale verweist Heussen, AnwBl 1998, 551, 554 f. A.A. aber Hirtz, EWiR 2/1998, Art. 1 § 1 RBerG, S. 853, 854.

694 Bspw.: www.gigarecht.de, Rechtsanwalt Stefan Sadowsky, Imstedt 40, 22083 Hamburg, Tel: 040 / 254 955 13, Fax: 040 / 254 955 19, E-Mail: sadowsky@gigarecht.de; www.infogenie.de, Niederlassung Berlin, An den Treptowers 1, 12435 Berlin, Tel: 030 / 72 61 03 – 0, Fax: 030 / 72 61 03 – 299, Hotline: 01908 / 7 32 40 (3,63 DM pro Minute), Mo.-So. 8 - 22 Uhr, E-Mail: info@infogenie.de; www.netline-recht.de, netline-solutions.com GmbH, Heimstettenstr. 17b, 80805 München, E-Mail: info@netline-recht.de, www.oreba.de, Inselstr. 1, 40479 Düsseldorf, E-Mail: info@oreba.de; www.rechts-auskunft.de, Marcus Gutzeit & Georg Pistorius, Rechtsanwälte, Raiffeisenstraße 4-6, 34225 Baunatal, Tel: 05601 / 89499-0, Fax: 05601 / 89499-2, E-Mail: Kontakt@Rechts-Auskunft.de; www.rechtsfinder.de, ra-online GmbH i.Gr., Boyenstraße 41, 10115 Berlin, Tel: 030 / 280 43 800, Fax: 030 / 280 43 899, E-Mail: info@ra-online.de, Fax: 030 / 280 43 899; www.recht-online.com, Woschko Beteiligungen GmbH, 74189 Weinsberg, http://www.rechtslotse.de, Ahnfeldt & Geercken, Rechtsanwälte, Am Landpflegeheim 36, 22549 Hamburg.

verbünde und teilweise Vermittler von spezialisierten Anwälten stehen, letztlich also Rechtsanwälte, abgefragt werden. Ein Internet-Ombudsmann – allerdings mit Sitz in Österreich – steht für die Lösung von Problemen von Internet-Käufern zur Verfügung[695] und sogar ein sogenannter Cybercourt[696], verhandelt im Cyber-Chat[697]. Unter den Beratungsadressen ist der Rechtsrat jedoch nicht gratis zu erhalten, zumindest ein Standardberatungspreis wird verlangt. Das junge Medium Internet haben sich also Rechtsanwälte als Mittel ihrer Berufsausübung zunutze gemacht[698].

Ebenfalls im Internet verfügbar sind etwa 45 sogenannte Portale, die sich ausschließlich mit Fragen zu den Themen Recht und Steuern befassen[699]. Im Netz zu finden sind Vertragsmuster – etwa aus den Bereichen Scheidungs-, Erb-, Miet-, Pacht-, Leasing-, Arbeits-, Unternehmens-, Gesellschafts-, Immobilien- oder Internetrecht[700] – ebenso wie automatisierte Rechtsberatungen[701]. Und schließlich ist eine Computer-Software entwickelt worden[702], die – orientiert an in der Praxis typischen Fragestellungen – den Anwender systematisch durch die Alternativen der juristischen Problemlösung führt. Im Ergebnis erhält dann der Nutzer ein auf seine Fragestellung bezogenes juristisches Prüfungsprotokoll[703]. All diese Informationsmöglichkeiten werden genutzt und von anwaltlicher Seite

695 Der Internet Ombudsmann, Österreichisches Institut für angewandte Telekommunikation, Margaretenstraße 70, A-1050 Wien, Tel: 00 43 / 1 / 595 21 12 – 95, Fax: 00 43 / 1 / 595 21 12 – 99, E-Mail: kontakt@ombudsmann.at, Internet: www.ombudsmann.at.

696 Cybercourt, Gesellschaft für Computerrecht e.V., Robert Niedermeier, Brienner Straße 9, 80333 München, E-Mail: mail@cybercourt.de, Internet: www.cybercourt.org.

697 Dazu: Plusminus (ARD), Sendung vom 24.04.2001, Sendemitschrift im Netz: http://www.swr.de/plusminus/beitrag/01_04_24/beitrag3.html – Stand: 12.12.2001. Es handelt sich hier um Schlichtungsverfahren bzw. Online-Mediation; dazu: Lüer, AnwBl 2001, 601.

698 Dazu auch: Härting, Anwaltsreport 2001, 9 ff.; Wilde, AnwBl. 2001, 220; Ebbing, Anwalt 5/2001, 6 ff.

699 Vgl. Hagenkötter, AnwBl 2001, 269, 271; dazu auch: Henssler, AnwBl 2001, 525, 528.

700 www.jusline.de; www.redmark.de; www.compuserve.de; www.vertragstexte.de; www.ruhr-uni-bochum.de/zme/Betreuungsverfuegung.htm; vgl. auch Hagenkötter, AnwBl 2001, 269, 271.

701 Bspw. www.nilgens.de; www.ratgeber-recht.com oder www.wilworks.co; eine amerikanische automatische Testamentserrichtung.

702 www.janolaw.de.

703 Dazu: Hagenkötter, MC 2001, 19 f.

wird bereits ein Wegbrechen des Massengeschäfts für die Anwaltschaft prognostiziert[704].

Daß die kostenpflichtige „Online"-Beratung von den Kunden genutzt wird[705], läßt vermuten, daß auch eine permanente Gratis-Beratungsmöglichkeit über das Fernsehen oder sogar eine ständige Pay-TV-Rechtsberatung wahrgenommen würde[706]. Dies spricht für die Möglichkeit, daß eine existentielle Bedrohung der Anwaltschaft durch mediale Vermittlungs- und Beratungstätigkeiten entstehen könnte und damit für die Geeignetheit der umfassenden Verbotsauslegung.

Keine Geeignetheit der Begriffsauslegung zur Erreichung des Gesetzeszweckes „Schutz der Anwaltschaft vor Wettbewerb" liegt aber vor, wenn eine existenzbedrohende Gefährdung der Anwaltschaft infolge des Wettbewerbs durch Rundfunk und Presse nicht festgestellt werden kann. Mehrere Gesichtspunkte sprechen nun dagegen, eine existenzbedrohende Gefährdung des Anwaltsstandes zu konstatieren:

- Die Vergleichbarkeit der Rechtsratsuche über „Online"-Kanzleien und eine Rundfunk- oder Presseredaktion ist nur eingeschränkt gegeben. Beide Wege eröffnen zwar Möglichkeiten der Zeitersparnis: sie ersparen den Weg in eine Kanzlei. Dabei eröffnet der Weg über das Internet in eine „Online"-Kanzlei aber den Zugang zu einem vom Rechtsberatungsgesetz geforderten professionellen

---

704 Hagenkötter, AnwBl 2001, 269 ff.; ders., MC 2001, 19 f. Henssler, AnwBl 2001, 525, 528 verweist darauf, daß die Nutzung automatisierter Rechtsberatungen und von Computer-Software für den Nutzer mit der Nutzung eines juristischen Handbuches vergleichbar sei. In beiden Fällen muß der Nutzer den Transfer der abstrakt generellen Informationen auf seinen konkreten Rechtssachverhalt selbst leisten. Die Online-Beratung durch Anwälte dagegen bietet ebenso wie die direkt telefonische Anwaltsberatung über Telefonhotlines direkte Antworten auf direkte Fragen und entspricht damit der Situation der Vermittlungs- und Beratungssendungen, deren Gegenstand konkret vorgetragene Fälle von Fernsehzuschauern sind.

705 Härting, in Hagenkötter/Härting, Anwälte im Netz, 2001, S. 69 f. verweist allerdings darauf, daß auf den Websites amerikanischer und britischer Anwaltskanzleien, die über längere Erfahrung mit Internet-Auftritten verfügen, die Formularberatungen, wie sie in Deutschland angeboten werden, nur selten zu finden sind, also offenbar nicht angenommen wurden. Dort fänden sich Online-Rechtsberatungen vor allem in Form von Angeboten größerer Drittbetreiber oder „automatisiert" als Nutzung von Datenbanken, die beispielsweise die automatisierte Abfassung von Vertragsentwürfen ermöglichten. Creutz, Anwaltsreport 7/2001, 20, 22 schlägt die verstärkte Nutzung von Internet und SMS-Diensten durch Anwälte für die Mandantenbetreuung und Mandatsübernahme vor.

706 Darauf, daß im Internet auch Rechtsberatung durch Nicht-Anwälte zu erhalten sei, verweist Zuck, BRAK-Mitteilungen 2001, 105, 110; daß teilweise Unklarheiten bestehen, wer Betreiber einer Website ist, stellt auch Härting in Hagenkötter/Härting, Anwälte im Netz, S. 69, fest.

Rechtsberater, von dem erwartet werden kann, daß er den Erfordernissen des vorgetragenen Problems entsprechend und schnell reagiert.

- Ob der Weg über eine Fernsehsendung letztlich schneller ist, als die direkte Vermittlung durch einen Rechtsanwalt, ist dagegen von dem einzelnen Fall abhängig. Denkbar sind sowohl Verzögerungen, weil ein Rechtsproblem gerade nicht aktuell oder für die Sendung passend erscheint, als auch Beschleunigungen von festgefahrenen Verfahren, weil die Beteiligten durch die Präsenz des Mediums „in Schwung gebracht" werden. Dies ist für den Ratsuchenden erkennbar; wer sich aufgrund der Vereinfachung der Anfrage über das Internet bisher an einen Rechtsanwalt gewandt hat, wird sich nicht zwingend nunmehr auf eine im juristischen Bereich nicht professionell arbeitende Redaktion verlassen. Verglichen mit den Abfragemöglichkeiten im Internet ist der Weg über eine Redaktion – sofern nicht gerade eine telefonische Beratung stattfindet – im übrigen (noch) ausgesprochen langsam.

Daß also nur aufgrund des bestehenden Angebotes potentielle Mandanten zum Fernseh-Rechtsberatungskunden werden, ist nicht zwingend. Zwar besteht im Einzelfall durchaus die Gefahr (die die umfassende Auslegung des Präventivverbotes zu bannen sucht), daß der Fernsehzuschauer glaubt, über den Sender umfassende professionelle Hilfe zu erhalten. Dem Durchschnittsmandanten dürfte der Unterschied zwischen professioneller und nichtprofessioneller Hilfe aber bewußt sein. Die Fernsehzuschauer sind nicht so unwissend, daß sie die Laienberatung in sie ernsthaft betreffenden Rechtsproblemen unbedingt der anwaltlichen vorziehen würden. Sofern im übrigen für die Sender aber Rechtsanwälte in der Beratung der Zuschauer tätig würden, wäre eine Gefährdung des Anwaltstandes zu verneinen, weil dieser ja mitverdiente.

Deshalb ist es unwahrscheinlich, daß bisherige oder potentielle Mandanten in einem solchen Umfang nur noch Fernsehvermittlung und -beratung in Anspruch nehmen, daß die Anwaltschaft in existentielle Bedrängnis geriete.

- Weiter ist es nicht jedermanns Sache, sein Problem öffentlich zu machen. Viele juristische Schwierigkeiten und Probleme wie komplexe Vertragsverhandlungen erfordern Beratung mit Spezialkenntnissen sowie längere Beratungen und Verhandlungen. Diese können zum einen von Laien gar nicht geleistet werden, zum anderen würden sich mangels Publikationswirkung Redaktionen auch nicht an diese Fälle begeben. Sie müssen die Auswahl der gesendeten Fälle vornehmlich nach wirtschaftlichen, d.h. Quoten-Gesichtspunkten, treffen, um das Publikumsinteresse zu wecken, zu erhalten und um wirtschaftlich gewinnbringend senden zu können.

- Ferner würde – je mehr fernsehmediale Rechtsberatung erfolgte – es immer schwieriger, die Lösung des eigenen Problems in einer Sendung zu finden. Das

Interesse, eigene Probleme über einen Sender lösen zu lassen, würde also proportional zur Zunahme der gesendeten Fälle abnehmen.

Eine Konkurrenz, die der Anwaltschaft in ihrer Existenz tatsächlich zu schaffen machen könnte, findet daher aller Voraussicht nach nicht im Fernsehen und auch nicht in der Presse statt. Der Wegbruch des Massengeschäfts durch Angebote im Internet und leistungsfähige Rechtsberatungssoftware sowie die Marketingkonzepte nichtanwaltlicher Berater, die anerkanntermaßen unter eine der Ausnahmeregelungen fallen, stellen, wie bereits festgestellt wird, einen möglicherweise einschneidenden Eingriff in den Anwaltsmarkt dar[707]. Da hier automatisierte Rechtsberatungen stattfinden, kann auch eine höhere Zahl von Anfragen „bearbeitet" werden als in Online-Kanzleien oder Rechtsberatungssendungen. Aber selbst in dem Bereich der automatisierten Beratung gibt es Möglichkeiten der Anwaltschaft, sich die technischen Neuerungen selbst zunutze zu machen. Teilweise haben die Anwälte bereits darauf reagiert, indem sie mit kostenlosen Online-Angeboten auf sich aufmerksam machen[708].

Die Gefahr, daß sich ein Rechtsberatungskanal etablieren und die deutsche Anwaltschaft wirtschaftlich beeinträchtigen könnte, besteht also grundsätzlich. Da eine drohende Existenzgefährdung jedoch nicht angenommen werden kann, ist diese Gefahr zu vernachlässigen. Nur um einer solchen Bedrohung zu begegnen, kann der Konkurrenzschutz ein zulässiger Gesetzeszweck sein[709]. Daher ist trotz bestehenden Wettbewerbs das umfassende Verbot nicht geeignet, den Gesetzeszweck des Konkurrenzschutzes zu erfüllen. Die Konkurrenz ist nicht in existenzbedrohender Weise vorhanden, so daß die übrigen Gesetzeszwecke nur über den Konkurrenzschutz zu erreichen wären.

(2) Schutz von Gerichten und Behörden

Da eine Existenzgefährdung der Anwaltschaft nicht festgestellt werden kann, ist weder die Funktionsfähigkeit der Rechtspflege noch der Gesetzeszweck des Verbraucherschutzes durch die mediale Konkurrenz bedroht. In diesem Sinne ist

707 Vgl. oben 2. Teil B, capt. III 3 a bb (1) (b), S. 165 ff. ; Hagenkötter, MC 2001, 19 f.; ders., AnwBl 2001, 269 ff.

708 Auf der homepage des Düsseldorfer Rechtsanwaltes Dr. Nilgens (www.nilgens.de) beispielsweise befindet sich ein Rechtsberatungsautomat zum Reisevertragsrecht. RA Nilgens gibt auf derselben homepage das Reiserecht als einen Tätigkeitsschwerpunkt an. – Zu einem Beispiel aus den USA, wo ein kostenlose Service einer Kanzlei vielfache Aufträge in mit dem Service zusammenhängenden Rechtsfragen bescherte: Hagenkötter, AnwBl 2001, 269, 272.

709 S. oben 2. Teil A capt. II 2 c und II 3: Konkurrenzschutz, S. 91 ff.

also die umfassende Verbotsauslegung nicht geeignet, die Gesetzeszwecke zu erreichen.

(3) Zwischenergebnis

Der Gesetzeszweck des Konkurrenzschutzes ist für die Geeignetheit der Gesetzesauslegung bezüglich medialer Vermittlungstätigkeiten nicht relevant[710]. Denn der Schutz des Anwaltsstandes vor Konkurrenz durch Rundfunk und Presse dient nicht den übrigen Gesetzeszwecken des Rechtsberatungsgesetzes.

cc. Ergebnis zur Geeignetheit eines Verbotes von Vermittlungstätigkeiten

Das Präventivverbot in der Weise auszulegen, daß mediale Vermittlungstätigkeiten von ihm erfaßt werden, ist geeignet, die Zwecke des Rechtsberatungsgesetzes zu fördern. Lediglich Zwecke des eingeschränkten Wettbewerbsschutzes können nicht erreicht werden, weil die Anwaltschaft durch mediale Vermittlungstätigkeiten nicht in ihrem Bestand bedroht ist.

b. Erforderlichkeit

Es sind jedoch auch mildere Beschränkungsformen der Rundfunktätigkeiten denkbar[711], die daraufhin zu überprüfen sind, ob sie eine gleichwertige Wirksamkeit zur Erreichung der Gesetzesziele gewährleisten. Diese Vorschläge sind: einen Hinweis auf nicht abschließende und rechtlich fundierte Rechtsberatung zu geben bzw. klarzustellen, daß nur Teilaspekte erörtert würden[712], anwaltliche Mitarbeit stärker anzuerkennen, die anwaltliche Mitarbeit in Rechtsberatungssendungen zu stärken und/oder relevante Handlungen durch einen Rechtsanwalt ausführen zu lassen[713].

Diese Mittel sind, da sie ein generelles Verbot der Instrumentalisierung durch Ausübung publizistischen Drucks nicht erfordern, alle mildere Mittel als das generelle Verbot. Ob sie in der Wirksamkeit der umfassenden Verbotsauslegung gleichkommen, ist aber fraglich.

710 Anders Ricker, NJW 1999, 449, 452 f.
711 Ricker, NJW 1999, 449, 453.
712 Ricker, NJW 1999, 449, 453; Zuck, BRAK-Mitteilungen 2001, 105, 110.
713 Ricker, NJW 1999, 449, 453.

aa. Hinweis auf mangelnde rechtliche Fundierung

(1) Hinweis im Einzelfall

Hinweise darauf, daß die Vermittlungstätigkeit nicht abschließend und rechtlich fundiert sei und die eines Rechtsanwaltes nicht ersetzen könne, können im Einzelfall gleiche Wirksamkeit erreichen wie ein generelles Tätigkeitsverbot[714].

Dies erfordert, bereits zu Beginn der Vermittlungstätigkeit, d.h. in der Vorbereitungsphase, wenn der Ratsuchende eine Redaktion über sein Rechtsproblem informiert, deutlich darauf hinzuweisen, daß die Redaktion Vermittlungstätigkeiten nur zu Publikationszwecken ausführe. Weiter müßte der Hinweis beinhalten, daß die Redaktion dem Ratsuchenden keinen rechtlichen Beistand gewähre, wie dies ein Rechtsanwalt tue, und daß die Vorgehensweise mangels juristischer Qualifikation nicht umfassend sein könne. Der Ratsuchende, der in diesem Stadium einen solchen Hinweis liest, kann sich noch für eine andere Vorgehensweise als über Presse oder Rundfunk entscheiden. Darüberhinaus kann die Publikation mit einem solchen Hinweis versehen werden, was das Bewußtsein der Rezipienten, die möglicherweise einmal selbst die Hilfe der Redaktion in Anspruch nehmen werden, schärft. Sofern sich unter solchen Gegebenheiten Rechtsuchende dennoch darauf verlassen, daß ihnen Presse- oder Sendeunternehmen schon helfen werden[715], und dadurch Rechtsverluste erleiden, wären sie ebensowenig schutzbedürftig wie jemand, der sich gar keine Hilfe in juristischen Angelegenheiten sucht[716].

Bei Vermittlungstätigkeiten, die nicht vorbereitet werden, sondern sich aus der Sendung selbst ergeben, könnte ebenfalls ein Warnhinweis ergehen. Denkbar wäre, daß ein Zuschauer – angeregt durch einen gesendeten Beitrag – mit einem Anruf sein Problem vorträgt und ein Redaktionsmitglied sofort telefonisch tätig wird. Hier kann der Anrufer sofort und nachdrücklich auf die benannten Umstände hingewiesen werden. Zusätzlich könnte der Rechtsuchende nach der Sendung nochmals schriftlich einen Hinweis erhalten, falls er den sofort erteilten aufgrund der Sendesituation nicht wahrgenommen haben sollte.

Dennoch besteht hier bereits die Gefahr, daß eine Frist ungenutzt verstreichen könnte, weil die Erteilung der Hinweise eine gewisse Bearbeitungszeit erforderte. Es ist immer denkbar, daß der Hinweis verlorengeht oder nicht wahrgenommen wird. Damit kann seine Erteilung keine gleiche Wirksamkeit errei-

714 Dazu: Ricker, NJW 1999, 449, 453; Zuck, BRAK-Mitteilungen 2001, 105, 110; so auch Bethge, AfP 1999, 409, 415.

715 Dies befürchtet Hirtz, EWiR 2/1998, Art. 1 § 1 RBerG, S. 853, 854 für eine „Vielzahl von Rechtsuchenden".

716 So auch Rennen/Caliebe Art. 1 § 1 RBerG Rz. 24.

chen wie eine umfassende Verbotsauslegung, die die Erteilung unprofessionellen Rechtsrates ganz unterbindet.

Bezüglich des Gesetzeszweckes der Erhaltung der Funktionsfähigkeit der Rechtspflege durch Schutz von Gerichten und Behörden vor unqualifiziertem Rechtsrat ist ein milderes, aber ebenso wirksames Mittel wie das Verbot von Vermittlungstätigkeiten durch Medienvertreter nicht ersichtlich. Solange die Vermittlungstätigkeiten zwischen Privaten stattfinden, tragen sie möglicherweise sogar zur Entlastung der Gerichte bei. Sobald Medienvertreter zwischen Privaten und Behörden zu vermitteln versuchen oder gar vor Gericht auftreten, besteht die Gefahr der Verzögerung durch Laientätigkeit, die gerade durch das Präventivverbot verhindert werden soll.

(2) Hinweis im „Rechtsberatungskanal"

Auch bei Einrichtung eines „Rechtsberatungskanals"[717] könnte ein Gewöhnungseffekt einsetzen, der doch dazu führen würde, daß einzelne Ratsuchende sich darauf verlassen würden, durch den Kanal ordnungsgemäß und der anwaltlichen Beratung vergleichbar beraten zu werden. Zwar kann grundsätzlich davon ausgegangen werden, daß Fernsehzuschauer nicht so unwissend sind, daß die Gefahr in großem Umfang bestehen würde und das Entstehen einer den Anwaltsstand gefährdenden Konkurrenzlage zu besorgen wäre, es ist aber denkbar, daß einzelne Ratsuchende trotz Hinweises doch die Laienrechtsberatung für gleichwertig erachten und dadurch schlechten Rechtsrat erhalten und Rechtsverluste erleiden könnten.

(3) Zwischenergebnis

Festzuhalten ist somit, daß die Erteilung eines Hinweises milder, aber nicht verläßlich ebenso wirksam ist wie das Präventivverbot, soweit es um Vermittlungstätigkeiten zwischen Privaten geht. Auch die Funktionsfähigkeit der Rechtspflege kann durch dieses alternative Mittel nicht gleich wirksam wie durch ein Verbot geschützt werden. Die Erteilung des Hinweises ist damit im Ergebnis kein alternatives Mittel, das die Gesetzeszwecke des Schutzes der Rechtsuchenden und der Rechtspflege vor unqualifiziertem Vorgehen in gleicher Weise wie das umfassende Verbot erreichen kann.

---

717 Vgl. zum „Rechtsberatungskanal": oben 2. Teil B, capt. III 3 a, S. 165 ff.

bb. Ausführung relevanter Tätigkeiten durch einen Rechtsanwalt

(1) Erreichung der Gesetzeszwecke

Weniger eindeutig ist die Beurteilung der anwaltlichen Mitarbeit. Sofern die rechtlich relevanten Tätigkeiten durch Anwälte ausgeführt würden, die ihrerseits berufsrechtlichen Beschränkungen unterliegen[718], wäre dem Gesetzeszweck, qualifizierte Rechtsberatung zum Schutz der Allgemeinheit und der Rechtspflege zu gewährleisten[719], Genüge getan. Die Qualität der Beratung wäre weiterhin nochmals über die Berufshaftpflichtversicherung[720] abgesichert[721]; schließlich unterliegt der Anwalt den Sanktionen der §§ 203, 356 StGB, die ebenfalls den Schutz des Mandanten gewährleisten.

Die Sicherung der Qualität der Rechtsberatung und der Funktionsfähigkeit der Rechtspflege schützen auch das Vertrauen der Bevölkerung in eine funktionierende Rechtspflege; Garanten dieses Vertrauens sind die Grundwerte der Anwaltschaft wie Verschwiegenheit, die anwaltlichen Privilegien wie das Zeugnisverweigerungsrecht und die anwaltlichen Pflichten wie die Berufshaftpflichtversicherung[722]. Dies ergibt sich daraus, daß das Rechtsberatungsgesetz lediglich Rechtsanwälte und einige ausgewiesene Rechtskundige zur Rechtsberatung zuläßt, nicht aber Volljuristen[723] oder ehemalige Richter ohne Anwaltszulassung, die zwar fachlich kompetent sind, jedoch weder über die besonderen Privilegien verfügen noch den besonderen Pflichten unterliegen[724].

---

718 Dazu: Kleine-Cosack, BRAO (1997), 3. Aufl., §§ 43 ff., insbes. § 43 a Rz. 2 i.V.m. § 1 Rz. 9; Jessnitzer/Blumberg-Blumberg, BRAO, 9. Aufl. (2000), § 1 Rz. 2, §§ 43 ff., insbes. § 43 Rz. 2; Henssler, AnwBl 2001, 525, 527.

719 So im Ergebnis auch: Bethge, AfP 1999, 309, 315; Ricker, NJW 1999, 449, 453; V. Römermann, Anwalt 6/2001, 13, 14 f. Unklar, ob dies über eine Gesetzes- oder eine Auslegungsänderung erreicht werden soll: Busse, NJW 1999, 1084, 1085, der meint, mediale Rechtsberatungsangebote in der Hand von Rechtsanwälten sollten zugelassen werden.

720 Die Verpflichtung zum Abschluß einer Berufshaftpflichtversicherung als Zulassungsvoraussetzung ist normiert in § 51 BRAO.

721 So auch Dombek, BRAK-Mitteilungen 2001, 98, 103; zu den verschiedenen möglichen zivilrechtlichen Haftungskonstellationen aus Vertrag, Vertrag mit Schutzwirkung für Dritte, Vertrag zugunsten Dritter und Delikt: Steinkraus/Schaaf, JuS 2001, 167, 171 f.; Grunewald, AnwBl 2000, 209, 211; Bell, Anwaltshaftung gegenüber Dritten, insbes. S. 110 ff., 117 ff. m.w.N.

722 Vgl. Henssler, AnwBl 2001, 525, 527.

723 Anders ist bspw. in Frankreich die Befugnis zur Rechtsberatung an das Innehaben einer Qualifikation, nämlich einer licence en droit oder eines vergleichbaren Abschlusses geknüpft. Dazu: Lühn, AnwBl 2001, 319, 320.

724 So auch Henssler, AnwBl 2001, 525, 527.

Soweit derselbe Haftungsumfang wie bei der anwaltlichen Beratung und Mandatsbetreuung ohne Publizierungszusammenhang bestünde, würde der Gesetzeszweck des Schutzes vor unqualifiziertem Rechtsrat auch nicht durch Haftungsbeschränkungen geschwächt. Die gleichwertige Haftung kann aber durch zivilrechtliche Vertragsgestaltungen gewährleistet werden[725].

Dem Gesetzeszweck, den Einzelnen und die Allgemeinheit vor schlechtem Rechtsrat und dadurch bedingtem Rechts- oder Vermögensverlust zu bewahren, wäre damit Genüge getan. Dies bedeutete in den hier behandelten Vermittlungskonstellationen, daß kein „Mahnman", ein Clown oder ein Moderator mit dem Rechtsuchenden dessen Kontrahenten aufsuchte, um zu verhandeln, sondern eben ein Rechtsanwalt, der in eigener Verantwortung und nicht auf Weisung einer Redaktion handelte.

Soweit die Funktionsfähigkeit der Rechtspflege erhalten werden soll, besteht trotz anwaltlicher Vertretung vor Gericht gemäß § 169 S. 2 GVG ein Verbot von Ton- und Fernseh-Rundfunkaufnahmen sowie Ton- und Filmaufnahmen zum Zwecke der öffentlichen Vorführung oder Veröffentlichung ihres Inhalts[726], so daß Verzögerungen durch die Anwesenheit von Kamerateams ausgeschlossen sind. Im übrigen haben Medienvertreter ohnehin in den Grenzen des § 169 S. 2 GVG ein Zutrittsrecht, an dem sich dadurch, daß eine Redaktion mehr als im üblichen Maße der Berichterstattung in ein Verfahren involviert wäre, nichts änderte. Eine vergleichbare Regelung besteht gegenüber Behörden wie der Staatsanwaltschaft nicht. Hier könnten jedoch die Behördenleiter ihr Hausrecht ausüben und bei Gefahr für die Funktionsfähigkeit und den geordneten Ablauf Kamerateams und störenden Medienvertretern den Zutritt verweigern.

Auch soweit es um das Verfassen von Schreiben geht, ist nicht ersichtlich, wieso die Durchführung der Tätigkeit durch einen Rechtsanwalt weniger effektiv zur Erreichung der Gesetzeszwecke sein könnte als ein umfassendes Verbot. Sofern Rechtsanwälte Anschreiben an Gerichte und Behörden – auch auf Veranlassung eines Senders bzw. einer Rechtsberatungssendung – lege artis formulieren, wozu sie als Rechtsanwälte verpflichtet sind, ist die Gefahr der Beschränkung der Funktionsfähigkeit der Rechtspflege ebenso wenig gegeben wie in den Fällen, in denen ein vom Betroffenen engagierter Anwalt tätig wird. In diesen Fällen ist es also nicht erforderlich, die Vermittlungstätigkeit, hinter der auch ein Sender steht, als verbotenes Mittel der Rechtsbesorgung zu betrachten. Denn die Funktionsfähigkeit der Rechtspflege wird nicht beeinträchtigt. Eine Konkurrenzsituation zur Anwaltschaft würde nicht bestehen, da ja ein Vertreter der Anwaltschaft jeweils als Rechtsberater tätig wäre. Das Rechtsberatungsgesetz aber

---

725 Dazu unten, Anhang, S. 207 ff.

726 Dazu: Kissel, GVG-Kommentar, § 169 Rz. 3, 33.

schützt einen Anwalt in keinem Fall vor einer Konkurrenz durch andere Rechtsanwälte[727].

Damit wäre der vom Gesetzgeber bestimmten Qualitätsgarantie durch Zulassung Genüge getan[728].

Diese Möglichkeit gewährt sogar umfassenderen Schutz als ein generelles Verbot, da sie eine zusätzliche Rechtsdurchsetzungsmöglichkeit – sozusagen mit verstärkten Mitteln – schafft. Sofern eine anwaltliche Beratung oder Rechtsbesorgung also in Verbindung mit der Ausübung öffentlichen Drucks beispielsweise durch den Rundfunk erfolgte, hätte der Betroffene mehr Rechtsdurchsetzungsmöglichkeiten als ohne diese publizistische Möglichkeit; es drohten ihm also weniger Rechtsverluste. Das Rechtsberatungsgesetz als Verbraucherschutzgesetz[729] ist nicht beeinträchtigt, wenn zusätzliche professionelle Beratungsmöglichkeiten geschaffen werden. Diese dienen dem Verbraucher in anderer Hinsicht: bei der Durchsetzung seiner Ansprüche und Rechte.

Allerdings soll das Gesetz eben vor Rechtsverlusten durch unqualifizierten Rechtsrat schützen und nicht mediale Durchsetzung gewährleisten, weshalb der benannte Umstand kein systematisches, sondern allenfalls ein rein ergebnisorientiertes Argument sein kann.

(2) Exkurs: Rolle der Redaktion bei anwaltlicher Rechtsberatung

Die veranlassende Redaktion, die die anwaltliche Betreuung im Rahmen ihrer Publikation oder ihrer Publikationsvorbereitung vermittelt, ist nach dieser Wertung weder als Geschäftsherrin einer verbotenen Rechtsberatung oder Rechtsbesorgung zu betrachten noch kann sich dann der Rechtsanwalt einer Beteiligung

---

727 Dies ergibt sich schon aus der Gesetzesbegründung, RStBl 1935, S. 1528; dazu auch: Rick, Verfassungsrechtliche Stellung, S. 222.

728 Ähnlich entschied der BGH, Beschluß v. 7.11.1995, Az. XI ZR 114/95, WuB VIII D. Art. 1 § 1 RBerG 1.96, S. 281, zu der Frage, ob Art. 1 Abs. 1 Satz 2 Nr. 5 RBerG es Inkassounternehmen verbiete, die ihnen zur Einziehung abgetretenen Forderungen unter Einschaltung eines Rechtsanwaltes gerichtlich durchzusetzen. Die Regelungszwecke des Rechtsberatungsgesetzes, argumentierte der BGH, rechtfertigten diese Einschränkung der Berufsausübungsfreiheit der Inkassounternehmen nicht. Deutlich dazu auch in einer Anmerkung: Müller, WuB VIII D. Art. 1 § 1 RBerG 1.96, S. 282. Busse, NJW 1999, 1084, 1085, der Rechtsberatung in den Medien durch Rechtsanwälte zulassen möchte, hält insoweit eine Gesetzesänderung für erforderlich.

729 Dazu: König, Rechtsberatungsgesetz, S. 22; Henssler/Prütting-Weth, Einl. RBerG Rz. 5; Prütting, Rechtsberatung durch Medien? In: Bundesministerium der Justiz (Hg.): Kriminalität in den Medien, S. 128, 138; Henssler/Kilian, Anmerkung zu BGH, Urteil v. 17.2.2000, Az. IX ZR 50/98, in: WuB IV A. § 812 BGB 4.00, S. 889.

an einer verbotenen Rechtsberatung schuldig machen. Soweit die Rechtsprechung davon ausgeht, daß der Rechtsanwalt in solchen Konstellationen, in denen auch zwischen dem Vermittelnden und dem Ratsuchenden ein Beratungsvertrag besteht, selbst bei Eingehung einer eigenen vertraglichen Bindung mit dem Ratsuchenden nach § 278 BGB Erfüllungsgehilfe des Vermittelnden ist[730], widerspricht dies im Hinblick auf Art. 5 I 2 GG der gebotenen verfassungsrechtlichen Wertung. Zwar ist Erfüllungehilfe nach § 278 BGB auch derjenige, der in seinem Verhalten keinem Weisungsrecht des Schuldners unterliegt[731], so wie auch der Rechtsanwalt in der hier vorgeschlagenen Konstellation nicht einem Weisungsrecht einer Redaktion unterliegen darf. Diese zivilrechtliche Einordnung darf jedoch nicht dazu führen, daß aufgrund der mangelnden Rechtsberatungsbefugnis der Redaktion nach Art. 1 § 8 RBerG die Beteiligung[732] an einer unerlaubten Rechtsbesorgung angenommen wird[733]. Auch diese Einordnung ist unter dem Blickwinkel des Art. 5 I 2 GG nicht erforderlich, da gerade über das Hinzuziehen eines Rechtsanwaltes die Gesetzeszwecke in milderer und gleich wirksamer Weise[734] erreicht werden können[735].

cc. Möglichkeit der Anerkennung der Hinzuziehung eines Rechtsanwaltes

Es ist weiterhin nicht erforderlich, bei selbstständiger Durchführung juristischer Beratungen oder Besorgungen durch einen Rechtsanwalt darauf abzustellen, ob nach außen der Anschein erweckt wird oder besteht, die Redaktion selbst sei rechtsbesorgend tätig geworden[736]. Sofern die relevanten Tätigkeiten durch einen (unabhängigen) Rechtsanwalt durchgeführt werden, genügt dies, um Rechtsuchende und die Rechtspflege vor unqualifizierten Beratern zu schützen. Daß die Entscheidung, die den Hinweis auf anwaltliche Tätigkeit nicht ausreichen ließ, um eine verbotene Rechtsbesorgung zu verneinen[737], mit den Tatbe-

730 BGH NJW 1987, 3003, 3004.
731 BGHZ 62, 119, 124; NJW 1996, 451; Palandt-Heinrichs, § 278 Rz. 7.
732 Dazu: Rennen/Caliebe Art. 1 § 8 Rz. 8 f., wonach Beteiligter auch ist, wer selbst über eine Erlaubnis verfügt.
733 So aber Hartung/Holl, Anwaltliche Berufsordnung, Vor § 2 BerufsO, Rz. 22.
734 Ebenso unter einfachrechtlichem Blickwinkel: Grunewald, ZIP 2000, 2005, 2006.
735 Inwieweit die benannte Einordnung einer eigenständigen anwaltlichen Tätigkeit unter die Ordnungswidrigkeitstatbestände der § 14 I 2 OWiG i.V.m. Art. 1 § 8 RBerG verfassungsrechtlichen Vorgaben im übrigen genügt, ist an dieser Stelle nachrangig und bleibt einer anderen Untersuchung vorbehalten.
736 So auch Ricker, NJW 1999, 449, 453.
737 LG Köln, Urteil v. 23.12.1997, Az.: 31 O 601/97, Urteilsumdruck S. 32 f.

standsmerkmalen des § 1 UWG operiert und dies als Rechtsbesorgung einordnet, wurde bereits dargelegt[738].

dd. Möglichkeit der Gewährleistung juristisch korrekter Vorbereitung

Die juristisch korrekte Aufarbeitung eines Falles als Vorbereitung für den vermittelnd tätigen Redaktionsmitarbeiter in Verbindung mit dem Hinweis auf eine weiter mögliche und ebenfalls gebotene anwaltliche Beratung und Rechtsbesorgung ist zwar ein milderes, nicht aber gleich wirksames Mittel zur Erreichung der Gesetzeszwecke[739]. Daß der Hinweis darauf, daß eine anwaltliche Tätigkeit durch das mediale Vorgehen nicht ersetzt werden könne und kann, kein alternatives Mittel gleicher Wirksamkeit wie das Verbot ist, wurde bereits festgestellt[740]. Darüberhinaus ist das Kriterium der juristisch korrekten Aufbereitung allein nicht brauchbar: Zum einen ist kaum überprüfbar, ob und wie eine Redaktion diese Voraussetzung erfüllt hat. Zum anderen nutzt die beste juristische Aufbereitung nichts, wenn der Moderator oder das vermittelnd tätige Redaktionsmitglied dann doch mit einer unerwarteten Situation konfrontiert wird oder schlicht einen Fehler macht. Hier ist das umfassende Verbot wirksamer, um die Gesetzeszwecke zu gewährleisten.

ee. Möglichkeit der Hinzuziehung von Volljuristen

Volljuristen ohne Anwaltszulassung gewährleisten nicht in gleicher Weise Qualität der Rechtsberatung wie Rechtsanwälte; denn sie unterliegen nicht den besonderen Standesregeln[741]. Rechtsanwälte sind etwa zur Verschwiegenheit[742] verpflichtet, zur Unabhängigkeit[743], zur Fortbildung[744] oder zur Vermeidung von Interessenkollisionen[745]. Darüberhinaus ist Voraussetzung der Zulassung der Abschluß einer Berufshaftpflichtversicherung[746]. Durch diese ist der Rechtsuchende, der von einem Rechtsanwalt beraten wird, bei Schlecht- oder Falschberatung finanziell abgesichert. Volljuristen ohne Zulassung unterliegen gleichen Verpflichtungen nicht, insbesondere sind Rechtsuchende, die von ihnen beraten

738 Vgl. oben 1. Teil, capt. IV 3, S. 70 f.
739 A.A. aber Bethge, AfP 1999, 309, 315 und Bethge/v.Coelln, Rechtsberatung, S. 88.
740 Oben, 2. Teil B, capt. III 3 b aa, S. 171 ff.
741 Dazu auch: Henssler, AnwBl 2001, 525, 527.
742 § 43 a II BRAO.
743 § 43 a I BRAO.
744 § 43 a VI BRAO.
745 § 43 a IV BRAO.
746 § 51 BRAO.

werden, nicht durch eine Haftpflichtversicherung geschützt. Die Qualität der Beratungsleistung ist daher bei Rechtsanwälten zwar fachlich nicht zwingend höherwertiger als bei Volljuristen ohne Zulassung, sie ist aber begleitet von Schutzpositionen, die andere Berater nicht bieten und die die Qualität der Beratungsleistung für den Rechtsuchenden erhöhen und absichern[747].

ff. Zwischenergebnis

Es sind Mittel denkbar, die bei gleicher Wirksamkeit für die Erreichung der Gesetzeszwecke des Rechtsberatungsgesetzes milder sind als die umfassende Auslegung des Präventivverbotes. So gewährleistet es die Erreichung der Gesetzeszwecke in vollem Maße, Vermittlungstätigkeiten durch Rechtsanwälte durchführen zu lassen, die nicht weisungsgebunden arbeiten und dem anwaltlichen Berufsrecht unterliegen. Die Gefahr, daß der Anwalt sich nur in einer Weise verhalten werde, die sein Auftraggeber, nämlich das Sende- oder Presseunternehmen, von ihm verlangt, ist zu vernachlässigen, da der Rechtsanwalt dem anwaltlichen Berufsrecht in vollem Maße unterliegt (und außerdem öffentliche Blamage und Verlust seiner eigenen Reputation befürchten müßte).

Soweit Anwälte für Redaktionen tätig werden, indem sie direkt vor Behörden verhandeln, kann nicht nur davon ausgegangen werden, daß sie dies in qualifizierter Weise tun, sondern auch davon, daß sie Rechtsverletzungen, die zu Abwehrrechten, Gegenansprüchen und Strafbarkeiten der oben bezeichneten Art führen, vermeiden werden. Das Verbot von Rechtsberatung und -besorgung durch Laien in Rundfunk und Presse ist dagegen erforderlich, um die Erreichung der Schutzzwecke des Rechtsberatungsgesetzes zu gewährleisten.

c. Verhältnismäßigkeit im engeren Sinne

Was aber ist nun mit „Mahnman" und anderen Laien, die im Rundfunk rechtsbesorgende oder -beratende Tätigkeiten durchführen? Ist es im Hinblick auf Art. 5 I GG zulässig, ihre Tätigkeiten unter das Präventivverbot des Art. 1 § 1 RBerG zu stellen? Das Verbot solcher Tätigkeiten, d.h. von Vermittlungstätigkeiten durch Laien oder nichtzugelassene Juristen über ein Rundfunk- oder ein Pres-

747 A.A. der Richter am OLG Braunschweig a. D. Dr. Helmut Kramer, dessen Verfassungsbeschwerde seit April 2000 anhängig ist. Kramer will ohne Rechtsanwaltszulassung zu sozialen Zwecken und aus humanitären Gründen unentgeltlich rechtsberatend und rechtsbesorgend tätig sein. Er beruft sich auf die Verletzung von Art. 2 I, 3 I, 5 I 1, 5 III, 8 II und 17 GG. Quelle: http://www.betrifftjustiz.de Stand: 16.07.2001; Hennemann, Betrifft JUSTIZ 2000, 329 ff.; Süddeutsche Zeitung vom 17.6.2000, S. 57. Dazu auch: König, ZRP 2001, 409.

seunternehmen, muß dem Grundsatz der Verhältnismäßigkeit im engeren Sinne genügen[748].

aa. Der durch die Einschränkung erzielte Erfolg

Der durch die umfassende Verbots-Auslegung erzielte Erfolg liegt darin, daß die Laienberatung auch in Rundfunk und Presse konsequent unterbunden und durch unqualifizierten Rechtsrat entstehende Belastungen von Gerichten, Behörden und Ratsuchenden verhindert werden. Der Extremfall der permanenten Rechtsberatung oder –besorgung durch Laien oder nicht zugelassene Juristen im „Rechtsberatungskanal“ wird durch das umfassende Verbot ebenso verhindert wie die vereinzelt auftauchende rechtsbesorgende Tätigkeit in Verbrauchersendungen. Die Zwecke des Rechtsberatungsgesetzes werden damit vollständig erreicht.

bb. Einschränkungen bei den Kommunikationsfreiheiten

Die Rundfunk- und die Pressefreiheit werden insofern eingeschränkt, als „Live“-Rechtsberatungen oder solche mit „Echtheits-Zertifikat“ nicht Gegenstand von Berichterstattung und Unterhaltung werden dürfen. Von dem Verbot umfaßt sind auch satirische und komische Sendeformen, die Rechtsbesorgungen und die Erteilung von Rechtsrat – wenn auch in komische Form verpackt – zum ernsthaften Gegenstand haben. Dies kann wirtschaftliche Einschränkungen vor allem für die privaten Sendeanstalten bedeuten, die nicht mehr in diesem Umfeld Werbezeit verkaufen können[749], jedoch auch für öffentlich-rechtliche Rundfunkanstalten[750] und die Presse. Rundfunk- und Pressefreiheit können durch das pauschalierende

---

748 Dazu näher oben 2. Teil B, capt. I 3 c, S. 126 f. sowie capt. II 3 c, S. 143 f.

749 Die Quoten-Analyse der Sendung „Richterin Barbara Salesch“ (Sat 1) zeigt allerdings, daß es den Zuschauern nicht (nur) auf den Echtheits-Effekt ankommt: Solange echte Schiedsverfahren, (die dem Präventivverbot des RBerG nach Art. 1 § 2 RBerG nicht unterfallen), verhandelt wurden, lag der Marktanteil der Sendung etwa bei 8%. Aufgrund der geringen Quote änderte Sat 1 das Sendekonzept, verlegte die Sendung vom Frühabend auf den Nachmittag und ließ die Richterin fortan Strafverfahren verhandeln, die von Drehbuchautoren geschrieben und von Schauspielern dargestellt werden. Der Marktanteil schnellte auf 29%. Quelle: http://www.tv-quoten.de/tv/Hintergrunde/Quoten-Analyse/q_Barbara-Salesch/q_barbara-salesch.html. Stand: 29.11.01. Zur Faszination des Realen auch: Cole, NJW 2001, 795, 796.

750 Zu der ersatzlosen Streichung von Rechtssendungen in öffentlich-rechtlichen Sendern: Zuck, BRAK-Mitteilungen 2001, 105, 109.

Verbot sogar in ihren Kernbereichen im Sinne der Kernbereichrechtsprechung[751] getroffen sein.

Darüberhinaus müßten im gesamten Sendungsbereich von Verbraucherschutz, Lebenshilfe und Infotainment – eben in dem Bereich, in dem juristische Vermittlungstätigkeiten vorkommen – die Sendekonzepte und der Produktionsprozeß darauf überprüft und dahingehend abgesichert werden, daß nicht durch Vermittlungstätigkeiten von Laien eine fremde Rechtsangelegenheit gelöst wird[752]. Dies bedeutet, daß Sendetätigkeiten zu Lebenshilfe- und Verbraucherschutzthemen generell einer juristischen Überprüfung auf ihre juristische Relevanz bedürfen.

Das Gewicht dieser Einschränkung für die Rundfunk- und die Pressefreiheit läßt sich ebenso, wie sich die Gefahr der schrankenlosen Erlaubnis am Extremfall des „Rechtsberatungskanals" messen läßt, wiederum an zwei Extremfällen aufzeigen: Angenommen, ein Angeklagter wurde nach Durchführung eines Revisionsverfahrens wegen Mordes zu lebenslanger Haft verurteilt und befindet sich in Haft. Er selbst hat resigniert und die öffentliche Aufmerksamkeit für seinen Fall hat nach der Verurteilung nachgelassen. Ein Journalist recherchiert dennoch über den Fall für Rundfunk oder Presse und besucht den Verurteilten im Gefängnis, der ihn bittet, ihm irgendwie zu helfen, da er unschuldig verurteilt worden sei. Der Journalist durchforstet daraufhin die Akten und das Umfeld der Tat und des Täters und findet einen Entlastungszeugen, der möglicherweise aufgrund eines Verfahrensfehlers gar nicht vom Gericht gehört wurde oder der sich aus anderen Gründen nicht zur Verfügung gestellt hat. Der Journalist, der bisher, wie oben[753] aufgezeigt, in zulässiger Weise recherchiert hat, möchte nun durch seine Berichterstattung über den Fall und das Publizieren der Aussage des Zeugen außer öffentlicher Aufmerksamkeit und hohen Einschalt-Quoten oder einer hohen Auflage gerade erreichen, daß das Verfahren nach § 359 Nr. 5 StPO wieder aufgenommen und der Verurteilte freigesprochen wird[754]. Zu diesem Zwekke stellt er anläßlich der Veröffentlichung der Staatsanwaltschaft alle recherchierten Unterlagen sowie seine Filmaufnahmen der Zeugenaussage zur Verfü-

751 Dazu oben 2. Teil A, capt. IV 3, S. 99 ff.

752 Vgl. auch oben 2. Teil B, capt. I und II, jeweils 3 c bb, S. 127 f. und S. 144 f.

753 Vgl. das Kapitel zu den Recherchearbeiten, 2. Teil B, capt. I, S. 116 ff.

754 Ein Beispiel für einen solchen Fall (der allerdings in den USA spielt) war die Berichterstattung des Reporters Peter F. Müller zu einem US-Justizskandal, der am 3.5.2001 in der ARD („Häftling 113993. Ein Deutscher in der Todeszelle", 21.45 Uhr) gesendet wurde. Müller hatte als juristischer Laie die Akten geprüft, Kontakt zu einem in den USA in der „Todeszelle" einsitzenden Deutschen aufgenommen, nach jahrelanger Recherche einen Entlastungszeugen ausfindig gemacht und schließlich durch den Nachweis eines Verfahrensfehlers die Wiederaufnahme des Prozesses bewirkt. Quelle: Kölner Stadtanzeiger vom 3.5.2001, S. 42.

gung. Oder er informiert den Verurteilten, übergibt ihm die genannten Materialien und rät ihm, sich erneut einen Verteidiger zu suchen und die Wiederaufnahme des Verfahrens zu beantragen. Der Fall kann nun auf verschiedene Weise weitergehen: Entweder der Zeuge entlastet anschließend vor Gericht den Verurteilten, so daß dieser freigesprochen wird, oder er erweist sich als unglaubwürdig und es bleibt bei der Verurteilung.

In beiden Fällen hat das berichterstattende Medium seine Kontrollfunktion gegenüber dem Staat und seinen Einrichtungen erfüllt, im zweiten Fall aber letztlich – auch wenn das Verfahren selbst nach §§ 365, 296 StPO durch die Staatsanwaltschaft oder den Verurteilten beantragt wurde – die Funktionsfähigkeit der Rechtspflege durch Veranlassung unnützer Inanspruchnahme gehemmt. Die Formeln der Rechtsprechung zum Vorliegen von unerlaubt rechtsbesorgenden Tätigkeiten, die für die Beurteilung von Einzelfällen gefunden wurden, erforderten hier zu überprüfen, ob im Vordergrund der Tätigkeit das publizistische Interesse oder eine auf die unmittelbare Förderung einer fremden Rechtsangelegenheit gerichtete Tätigkeit standen. In dem hier gebildeten Fall war – ebenso wie bei „Mahnman" – das publizistische Interesse identisch mit der unmittelbaren Förderung einer fremden Rechtsangelegenheit. Die Recherche und die Berichterstattung sollten gerade bewirken, daß Dritte sich veranlaßt sahen, in der Rechtsangelegenheit zu handeln. Zwar soll die bloße Bekanntgabe eigenen Wissens über das Bestehen und Nichtbestehen von Rechten erst dann als Rechtsbesorgung zu beurteilen sein, wenn zu der Bekanntgabe des eigenen Wissens der Wille des Auskunftgebenden hinzutritt, durch die Bekanntgabe des Wissens eine Rechtsangelegenheit des anderen konkret zu fördern[755], dies war in der hier gebildeten Konstellation jedoch gerade der Fall. Das Stellen von Strafanträgen und das Erstatten von Strafanzeigen ist von der Rechtsprechung dementsprechend bereits als unmittelbare Förderung einer fremden Rechtsangelegenheit angesehen worden[756].

Nach den in der Rechtsprechung der Oberlandesgerichte gebildeten Kriterien wäre hier – vorausgesetzt, auch die Merkmale der Geschäftsmäßigkeit lägen vor – bereits in der Berichterstattung eine verbotene Rechtsbesorgung zu sehen. Denn zumindest der Teil der Berichterstattung, der die Zeugenaussage dokumentiert und in Zusammenhang mit der verurteilten Straftat stellt, erfolgt ja gerade mit der Zielsetzung, die öffentliche Aufmerksamkeit und damit auch die der Staatsanwaltschaft auf die Angelegenheit zu lenken und so die Rechtsangelegen-

755 BGH NJW 1953, 60, 61; Rennen/Caliebe Art. 1 § 1 Rz. 36; Erbs/Kohlhaas-Senge Art. 1 § 1 Rz. 17; Altenhoff/Busch/Chemnitz Art. 1 § 1 Rz. 58.
756 OVG Münster, AnwBl 1990, 103; AG Frankfurt, AnwBl 1985, 108.

heit des Verurteilten zu fördern. Gleiches gilt für die gezielte persönliche Information der Staatsanwaltschaft.

Dieser Fall zeigt, daß die beschriebene umfassende Auslegung der Begriffe Rechtsberatung und Rechtsbesorgung des Art. 1 § 1 RBerG den elementarsten Bereich der Medienfreiheiten treffen kann. Die Funktion der Medien Rundfunk und Presse für den Schutz der freiheitlichen Ordnung sowie vor Machtmißbrauch durch den Staat und Private, der nach der Rechtsprechung[757] eine grundlegende und unverzichtbare Bedeutung für den geistigen Meinungskampf in der Öffentlichkeit besitzt, ist hier betroffen. Die Wahrheitsfindung durch die Gerichte ist ebenso wie die Verfahrensgemäßheit gerichtlicher Verfahren eine Angelegenheit von hohem öffentlichen Interesse, das in § 169 GVG seinen gesetzlichen Ausdruck gefunden hat.

cc. Abwägung

Die beiden beschriebenen Extremfälle zeigen auf, daß auch die Laientätigkeit in den Medien, die auf die unmittelbare Förderung einer fremden Rechtsangelegenheit gerichtet ist, einerseits im Kernbereich der Medienfreiheit angesiedelt, andererseits aber auch als Gegenstand der Unterhaltung von geringerem öffentlichen Interesse sein kann.

Hier ist auf die Kriterien um die Kernbereichsrechtsprechung zurückzugreifen und jeweils eine Einzelfallabwägung durchzuführen: In verschiedenen Sachzusammenhängen sind auch die Kommunikationsgrundfreiheiten unterschiedlich zu gewichten.

Wie bereits festgestellt, erfordert die Rechtfertigung von Beschränkungen der Meinungs- oder Medienfreiheit eine besonders sorgfältige Begründung dort, wo sie zugleich die Funktionsvoraussetzungen der Demokratie gefährden könnten wie etwa bei politischen Auseinandersetzungen in der Öffentlichkeit[758]. Soweit es um Äußerungen geht, die einen Beitrag zum geistigen Meinungskampf in einer die Öffentlichkeit wesentlich berührenden Frage darstellen, spricht eine Vermutung für den Vorrang der Kommunikationsfreiheit[759], weil sonst die Meinungsfreiheit, die Vorraussetzung eines freien und offenen politischen Prozesses ist, in ihrem Kern betroffen wäre[760].

757 Vgl. oben 2. Teil A capt. IV, S. 95 ff.

758 Dreier-Schulze-Fielitz, Art. 5 I, II Rz. 130; vgl. auch oben 2. Teil A, capt. IV, S. 95 ff.

759 BVerfGE 93, 266, 294 f.; 85, 1, 16; 71, 206, 220; 68, 226, 232; 66, 116, 139; 61, 1, 11; 60, 234, 240;7, 198, 212.

760 BVerfGE 61, 1, 11.

Die Korrektheit des gerichtlichen Verfahrens und die Rechtmäßigkeit von gerichtlichen Entscheidungen sind Angelegenheiten, die die Öffentlichkeit wesentlich berühren. Dies folgt aus der verfassungsrechtlichen Verankerung des Rechtsstaatsprinzips in Art. 20 GG und dem daraus folgenden Gebot des fairen Strafverfahrens[761], das konkretisiert wird im Gebot der Wahrheitsfindung[762]. Dieser Öffentlichkeitsbezug spricht für einen Vorrang der Kommunikationsfreiheiten, so daß in dem Fall der Berichterstattung über den Verfahrensfehler und den Entlastungszeugen ein Verbot der medialen Tätigkeit nach dem Rechtsberatungsgesetz eine unzumutbare Einschränkung der Medienfreiheit wäre. Die nur möglicherweise durch das Tätigwerden von Laien bedingte Beeinträchtigung der Funktionsfähigkeit der Rechtspflege tritt hinter die Freiheit der Berichterstattung über Belange zurück, die besonderem verfassungsrechtlichem Schutz unterliegen.

Der Rechtsberatungskanal an sich, der grundsätzlich mit Laien arbeitete, könnte unter dem Gesichtspunkt der Rundfunkfreiheit nicht abschließend beurteilt werden, da sowohl die Behandlung und Sendung von Fällen, die rein der privaten Interessenverfolgung dienen, denkbar ist als auch von Fällen, die von herausragendem öffentlichen Interesse und damit wiederum dem sogenannten Kern der Rundfunkfreiheit zuzuordnen sind. Ein solcher Fall einer die Öffentlichkeit wesentlich berührenden Frage wurde angenommen bei der Auseinandersetzung der Presse mit Mißständen in einem ganzen Bereich der gewerblichen Wirtschaft, was letztlich zu einer Warnung geschäftsunerfahrener Personen vor Gefährdungen durch die kritisierten Geschäftspraktiken führte[763]. Dagegen wurde ein wesentliches Interesse der Öffentlichkeit verneint in Angelegenheiten, die nur um der Sensation willen berichtet oder in denen nur Privatangelegenheiten ans Licht geholt wurden[764]. Dies bedeutet, daß Tätigkeiten von juristischen Laien im Bereich der Förderung rein privater Rechtsangelegenheiten nur gerechtfertigt sein können, wenn sie gleichzeitig einen Bereich von hohem öffentlichen Interesse berühren. Dies dürfte in der Regel nicht der Fall sein, ist jedoch im Einzelfall zu prüfen.

Generell die gezielte unmittelbare Förderung fremder Rechtsangelegenheiten durch Rundfunk oder Presse zur verbotenen Rechtsbesorgung oder -beratung gemäß Art. 1 § 1 RBerG zu erklären, ist nach alldem nicht angemessen. Rundfunk und Presse werden bei einer solchen Auslegung Tätigkeiten aus dem Kernbereich ihrer Tätigkeitsfelder und ihrer grundrechtlichen Freiheit untersagt, ohne

---

761 BVerfGE 38, 105, 111; 63, 380, 390; 70, 297, 308.

762 BVerfGE 57, 250, 275 f.; 70, 297, 308 f.; 77, 65, 76; 80, 367, 378; dazu auch Dreier-Schulze-Fielitz, Art. 20 Rz. 204.

763 BVerfGE 60, 234, 240.

764 BVerfGE 71, 206, 220.

daß gezwungenermaßen Schäden an den vom Rechtsberatungsgesetz geschützten Rechtsgütern zu befürchten wären. Es sind also auch im Bereich der Laientätigkeit Fälle denkbar, in denen die Medienfreiheit das Verbot des allgemeinen Gesetzes überwiegt. Sofern ein „Rechtsberatungskanal" serienmäßig private Rechtsangelegenheiten durch Laien erledigen ließe, ginge aufgrund des geringen Öffentlichkeitsbezuges in der Regel das Verbot des allgemeinen Gesetzes vor. Soweit dies nicht der Fall wäre, also eine Angelegenheit von besonderen öffentlichen Interesse Gegenstand der medialen Tätigkeit und der Publikation wäre, würde das Kommunikationsgrundrecht dem Schutz der Verbraucher und der Rechtspflege vorgehen.

d. Zwischenergebnis

Im Ergebnis ist festzuhalten, daß anhand einer Einzelfallprüfung festgestellt werden muß, ob und in welchem Maße das Kommunikationsgrundrecht durch die Auslegung des Präventivverbotes eingeschränkt ist. Sofern es in seinem Kernbereich – und dies ist anzunehmen bei wesentlichem Öffentlichkeitsbezug – getroffen ist und kein wesentlicher Schaden für die Rechte Einzelner oder die Funktionsfähigkeit der Rechtspflege droht, kann das Kommunikationsgrundrecht aus Art. 5 I GG den Zwecken des Rechtsberatungsgesetzes vorgehen und auch die gezielte unmittelbare Förderung einer fremden Rechtsangelegenheit erlaubt sein[765].

4. Ergebnis

Die Zwecke des Rechtsberatungsgesetzes werden ebenso wirksam wie durch die umfassende Verbotsauslegung erreicht, wenn Rechtsanwälte die vermittelnden Tätigkeiten der Medien – sei es auch als Erfüllungsgehilfen – durchführen. In diesen Fällen liegt eine verbotene Rechtsberatung oder -besorgung nicht vor, so daß auch eine Beteiligung der Rechtsanwälte nach Ordnungswidrigkeitenrecht nicht in Frage steht. Der Hinweis darauf, daß Laien in Rechtsangelegenheiten tätig werden und dies anwaltlichen Rat nicht ersetzen kann, ist für den Bereich des Rundfunks zu unsicher und erreicht hinsichtlich der Gesetzeszwecke des Rechtsberatungsgesetzes nicht die gleiche Wirksamkeit wie ein umfassendes

765 A.A. im Ergebnis Bethge/v.Coelln, Rechtsberatung, S. 88 ff., S. 99, die es als generell von Art. 5 I GG gedeckt ansehen, wenn Rundfunkveranstalter sich des Verbraucherschutzes und der Konsumentenberatung annehmen. Dies soll das Recht beinhalten, exemplarische Fälle von allgemeinem Interesse aufzugreifen und auf eine gütliche Beilegung von konkreten Konflikten hinzuwirken.

Verbot. Das umfassende Verbot einer medialen rechtsbesorgenden Laientätigkeit kann im Einzelfall jedoch unangemessen sein, wenn die Tätigkeit dem Kernbereich der Kommunikationsfreiheiten zuzuordnen ist.

IV. Mündliche Beratungen in Telefonaktionen von Rundfunk oder Presse

Die Frage nach der Verhältnismäßigkeit eines Verbotes von Telefonaktionen ist nach den gleichen Grundsätzen zu lösen wie die der Vermittlungstätigkeiten. Soweit Laien tätig werden, ist im Einzelfall zu ermitteln, ob unzumutbare Einschränkungen um den sogenannten Kernbereich der Rundfunk- oder Pressefreiheit erfolgen, so daß ein Verbot der Aktion verfassungswidrig wäre. Soweit Rechtsanwälte – auch im Auftrag des Senders tätig werden – ist ein Verbot nicht zu rechtfertigen.

1. Der Begriff der Telefonaktion

Unter „Telefonaktion“ wird hier verstanden, daß eine Redaktion eine Möglichkeit für ihre Zuschauer oder Leser schafft, Telefonnummern der Redaktion anzuwählen und dort Rechtsfragen zu stellen. Denkbar ist, daß die Anrufer unmittelbar Personen erreichen, die ihnen Auskunft erteilen, oder daß sie zunächst mit Redaktionsmitarbeitern sprechen, die sie dann an solche Personen weiterverbinden. Die beratenden Personen können zugelassene Rechtsberater sein oder Personen, die über eine Erlaubnis zur Rechtsberatung nicht verfügen.

2. Die Problemstellung

Eine Telefonaktion der Presse, in der zugelassene Rechtsberater die Auskünfte erteilten, wurde von der Rechtsprechung mit der Begründung für zulässig erachtet, daß die Zeitung lediglich die Aktion angekündigt und ihre Telefonanschlüsse für eine gewisse Zeit zur Verfügung gestellt habe[766]. Für eine vergleichbare Aktion im Fernsehen wurde dagegen geurteilt, daß in dieser Konstellation die Beratungstätigkeit durch den Fernsehsender selbst erfolge, was mangels einer Erlaubnis zur Rechtsberatung nach Art. 1 § 1 RBerG unzulässig sei[767].

---

766 OLG Stuttgart, AfP 1995, 673; vgl. oben 1. Teil, capt. III 2 c, S. 41 f.
767 OLG Nürnberg, NJW-RR 1998, 137; vgl. oben 1. Teil, capt. III 4 b: Telefonaktion im Fernsehen, S. 56 ff.

In dieser zweiten Entscheidung zum Fernsehen ist argumentiert worden, die Erlaubnis für einen Fernsehsender zur telefonischen Rechtsberatung sei unentbehrlich, selbst wenn sich der Sender zugelassener Rechtsberater bediene[768]. Wer Rechtsberatung oder Rechtsbesorgungen für andere vornehme, müsse dazu in eigener Person befugt sein. Hier habe nach dem Eindruck der beteiligten Verkehrskreise der Fernsehsender die angekündigte Rechtsberatung erteilt und sich der eingeladenen Experten nur bedient, die dementsprechend auch nur als "unsere Experten" bezeichnet worden seien. Der Eindruck, daß nur der Kontakt zwischen Zuschauer und Experten vermittelt würde, sei nicht erweckt worden. Daß in dieser Entscheidung wettbewerbsrechtlich argumentiert wurde, wurde bereits dargestellt[769].

Dennoch stellen sich zwei Fragen: Zum einen ist zu klären, ob es im Hinblick auf die Rundfunk- und Pressefreiheit verhältnismäßig ist, die Redaktion, die eine solche Telefonaktion arrangiert, als den eigentlichen Berater zu betrachten, zum anderen, wie solche Aktionen zu beurteilen sind, wenn nicht zur Rechtsberatung zugelassene Personen Auskunft erteilen.

3. *Verhältnismäßigkeit der verbietenden Rechtsauslegung*

a. Geeignetheit

Das umfassende Verbot von Telefonberatungsaktionen in Redaktionen fördert die Zwecke des Rechtsberatungsgesetzes:

aa. Schutz des Einzelnen und der Rechtspflege

Auch hier bewahrt die umfassende Verbotsauslegung den Einzelnen wie auch Gerichte und Behörden konsequent davor, daß nicht sachkundige Personen in fremden Rechtsangelegenheiten in irgendeiner Weise tätig werden. Zwar werden auf diese Weise auch Beratungsaktionen erfaßt, in denen nur zugelassene Berater Auskunft erteilen, so daß es gute Gründe gibt, anzunehmen, die Verbotsauslegung sei bereits ungeeignet, Einzelne und die Allgemeinheit vor schlechtem Rechtsrat zu schützen. Denn als Berater werden in diesen Fällen gerade nur die Personen tätig, denen der Gesetzgeber zur Sicherung der Qualität des Rechtsra-

768 OLG Nürnberg, NJW-RR 1998, 137, 139 unter Bezugnahme auf BGHZ 98, 330, 335. In dieser Entscheidung hatte sich eine Wirtschaftsberatungsgesellschaft gegenüber ihren Kunden freiberuflicher Steuerberater für die Beantwortung von Steuerfragen bedient.

769 Vgl. oben 1. Teil, capt. IV 3, S. 70 ff.

tes die Beratung übertragen hat. Da das umfassende Verbot aber auch den Fall betrifft, daß nicht im Sinne des Rechtsberatungsgesetzes zugelassene Mitarbeiter der Redaktion oder Gäste ohne Rechtsberatungserlaubnis Rat erteilen, bewahrt die umfassende Auslegung den Einzelnen wie auch die Allgemeinheit vor Irrtümern und Mißverständnissen in diesem Bereich, so daß die Geeignetheit der Auslegung, den Schutz des Einzelnen und der Rechtspflege vor unsachkundigen Beratern zu fördern, bejaht werden kann.

bb. Schutz der Anwaltschaft vor Wettbewerb

Soweit der Konkurrenzschutz als zulässiger Gesetzeszweck gelten kann, verhindert das Verbot Wettbewerb zu Rechtsanwälten durch mediale Telefonaktionen. Soweit allerdings die Beratung von Rechtsanwälten in den Räumlichkeiten der Redaktion durchgeführt wird, ist die Verbotsauslegung bereits ungeeignet, die Anwaltschaft vor Wettbewerb zu bewahren, da der Schutz vor Konkurrenz durch andere Rechtsanwälte nicht Gesetzeszweck ist und insofern also kein geschützter Wettbewerb besteht. Für den eingeschränkten Konkurrenzschutz ist nur festzustellen, daß eine existenzbedrohende Konkurrenzsituation selbst bei der Annahme eines 24-h-Rechtsberatungskanals nicht anzunehmen ist[770].

Dagegen ist ein Verbot der Beratung durch nicht zugelassene Personen geeignet, vor schlechtem Rechtsrat zu schützen und den Gesetzeszweck des „reinen" Konkurrenzschutzes zu fördern.

b. Erforderlichkeit

Um schlechten Rechtsrat zu verhindern, ist das Verbot der Beratung durch Laien erforderlich. Ein milderes und gleich wirksames Mittel ist nicht ersichtlich. Daß Hinweise auf nicht umfassenden Rechtsrat nicht in gleicher Weise wirksam sind wie ein umfassendes Verbot, wurde bereits bezüglich der Vermittlungstätigkeiten festgestellt[771].

Allerdings ist es ein milderes und ebenso wirksames Mittel wie ein umfassendes Verbot, die Beratungen bei den Telefonaktionen durch zugelassene Rechtsberater und/oder Rechtsanwälte durchführen zu lassen, also das Verbot auf telefonische Beratung durch Laien bzw. nicht zugelassene Berater zu beschränken. Hier gelten die gleichen Überlegungen wie bezüglich der Vermittlungstätigkeiten.

---

770 Vgl. oben 2. Teil B, capt. III 3 a bb. (1) b, S. 165 ff.
771 Vgl. oben 2. Teil B, capt. III 3 b, S. 170 ff.

Dementsprechend ist auch die Einordnung der veranstaltenden Redaktion als eigentlichen Berater nicht erforderlich, wenn zugelassene Rechtsberater Auskünfte erteilen. Es entspricht zwar der Rechtsprechung des BGH, daß in eigener Person befugt sein muß, wer fremde Rechtsangelegenheiten besorgt[772]. In den vom BGH entschiedenen Fällen war allerdings ein Beratungsvertrag zwischen einer Beratungsgesellschaft und dem Kunden zustande gekommen, wobei die Beratungsgesellschaft nicht zur Rechtsbesorgung befugt war. Ein solcher Vertrag wird zwischen einem Sender oder einer Presseredaktion, die ihre Telefonanlagen für öffentliche Rechtsberatung zur Verfügung stellen, und dem Anrufer aber nicht abgeschlossen, wenn ein Rechtsanwalt die Beantwortung einer Frage sofort übernimmt.

Vielmehr stellt der Sender eine Plattform zur Verfügung, die von Zuschauern zur Klärung ihrer Fragen genutzt werden kann. Das Schaffen dieser Plattform mit dem Arrangement der Telefonaktion, an der auf Beraterseite nur zugelassene Rechtsberater teilnehmen, unterfällt sowohl als Vorbereitungs- als auch als Produktionstätigkeit der Rundfunkfreiheit und läuft den Zwecken des Rechtsberatungsgesetzes nicht zuwider. Der beratende Rechtsanwalt ist mit dieser Tätigkeit sowohl durch die Meinungsäußerungsfreiheit nach Art. 5 I 1 GG als auch durch die Berufsfreiheit nach Art. 12 I GG geschützt. Sofern die Moderation einer solchen Aktion ankündigt, daß „unsere Experten" nun „für Sie" tätig werden, ist diese Ankündigung unter dem Gesichtspunkt einer Verletzung von § 1 UWG i.V.m. Art. 1 § 1 RBerG bedenklich; dies ändert aber nichts daran, daß die Durchführung der Telefonaktion an sich nicht gegen das Rechtsberatungsgesetz verstößt, daß das Schaffen der Plattform nicht verboten ist und die Tätigkeit des Anwaltes nach einfachem und nach Verfassungsrecht zulässig ist.

Nur diese Beurteilung entspricht dem von Art. 5 I 2 GG geschützten Wesen des Mediums Fernsehen und seiner Funktion. Gerade im Bereich einer „live" ausgestrahlten Beratungssendung tritt das Fernsehen als Veranlasser oder Verbreiter von Äußerungen zurück und tritt als „Markt" der verschiedenen Ansichten in Erscheinung[773]. Soweit schlechter Rechtsrat durch die „Live"-Situation erteilt werden könnte, fällt dies in den Verantwortungsbereich des beratenden Rechtsanwaltes, der der üblichen anwaltlichen Haftung unterliegt[774]. Das

---

772 BGH NJW 1987, 3003, 3004; BGHZ 98, 330, 335 für Steuerberater; BGH MDR 1988, 26.

773 So BGHZ 66, 182, 188 = NJW 1976, 1198, 1199.

774 Eine Schwachstelle wie die Anonymität des beratenden Anwaltes und die mangelnde Rekonstruierbarkeit mangelhaften Rechtsrates, wie sie teilweise für die Anwaltshotlines befürchtet wird (bspw. Hartung, Anm. zu AnwGH NW v. 15.1.99 – 1 ZU 49/98, MDR 1999, 768, 769), besteht aufgrund der Öffentlichkeit der Sendesituation hier gerade nicht.

Rechtsberatungsgesetz gewährleistet seinen Schutz über das Erfordernis einer Zulassung, nicht über das Verbot spontanen Rechtsrates.

Dieses Argument gilt auch für die sogenannten Anwaltshotlines: Sie unterfallen zwar nicht dem Schutz der Rundfunk- oder Pressefreiheit, der Inhaber der Hotline wird vielmehr durch Art. 12 I GG geschützt. Die Konstellation der Beteiligten bei den Anwaltshotlines entspricht der der Beteiligten bei Telefonaktionen von Rundfunk und Presse[775]: In beiden Fällen ist am Zustandekommen der anwaltlichen Beratung ein Dritter beteiligt, im Falle der Hotlines ist es die Hotline-Inhaberin, die den Rechtsrat ankündigt, dafür sorgt, daß Anwälte erreichbar sind, und die die Abrechung durchführt, also sämtliche organisatorische Voraussetzungen schafft. Hier wie dort vermittelt der Dritte nur die Möglichkeit, sofort mit einem zugelassenen Rechtsberater zu sprechen, was bedeutet, daß die Gesetzeszwecke des Rechtsberatungsgesetzes nicht tangiert werden, ihnen vielmehr sogar Genüge getan wird. Soweit die Betreiber der Hotlines durch Art. 12 I GG und nicht durch Art. 5 I GG geschützt werden, ist kein überwiegender Grund des Allgemeinwohls ersichtlich, der die Einschränkung der Berufswahl oder der Berufsausübung durch das Rechtsberatungsgesetz rechtfertigen könnte. Denn es werden weder die Funktionsfähigkeit der Rechtspflege beeinträchtigt noch der Einzelne der Gefahr schlechten Rechtsrates ausgesetzt. Der Konkurrenzschutz als Gesetzeszweck kann in dieser Konstellation unberücksichtigt bleiben, da der Wettbewerb aus den eigenen Reihen der Anwaltschaft nicht dem Konkurrenzschutzgedanken des Rechtsberatungsgesetzes unterfällt.

Die rein technisch-organisatorische Vermittlung von Telefonkontakt zu Rechtsanwälten aus Art. 1 § 1 RBerG zu verbieten, ist nicht erforderlich, um die Zwecke des Rechtsberatungsgesetzes zu erreichen.

c. Verhältnismäßigkeit im engeren Sinne

Die Angemessenheit eines Verbotes der Beratung durch Laien ist nach denselben Grundsätzen zu beurteilen wie das Verbot der Vermittlungstätigkeiten. Die Beratung nach den oben benannten Kriterien kann zulässig sein, wenn der Kernbereich der Rundfunk- oder der Pressefreiheit durch ein Verbot getroffen würde. In Fällen besonderen öffentlichen Interesses ist also auch die Raterteilung durch einen nicht zugelassenen Mitarbeiter zulässig. Die regelmäßige Rechtsberatung von Privatpersonen in deren Privatangelegenheiten genügt diesen Anforderungen jedoch nicht.

---

775 Vgl. dazu oben 1. Teil, capt. III 2 c, S. 41 ff. und capt. III 4 b, S. 56 ff.

4. Ergebnis

Telefonaktionen von Rundfunk oder Presse, innerhalb derer nur zugelassene Rechtsberater Rechtsrat erteilen, sind zulässig. Rundfunk oder Presse stellen, soweit die Anrufer direkt mit Rechtsanwälten verbunden werden, nur eine Plattform zur Verfügung, auf der die anwaltliche Rechtsberatung öffentlich präsentiert wird. Die telefonische Rechtsberatung durch Laien ist nur im Einzelfall zulässig, wenn der Kernbereich der Rundfunkfreiheit durch ein Verbot berührt ist und die Abwägung ergibt, daß ein Verbot der Tätigkeit unzumutbar ist.

V. Schriftliche Beratungen

1. Weiterleitung an einen Rechtsanwalt, einen Erlaubnisinhaber oder den Kontrahenten

Die Fallkonstellation, in der eine auskunftgebende Stelle durch den Sender oder das Medienunternehmen, der oder das nach außen als Berater auftritt, eingeschaltet wird, betrifft den Fall, in dem das Medienunternehmen eine Beratung angekündigt hat, die Beratung aber durch einen Spezialisten durchführen lassen will. Nicht in diese Gruppe gehören daher die Fälle, in denen eine Redaktion sich bei einem Rechtsanwalt oder einem anderen zugelassenen Berater Rechtsrat holt und mit diesem juristischen Hintergrund wieder selbstständig vorgeht. Diese Tätigkeiten fallen unter die Vermittlungstätigkeiten[776]. Auskunftgebende Stellen werden dagegen eingeschaltet, wenn eine Redaktion Anfragen annimmt und diese an Personen weiterleitet, die die Beratung entweder direkt vornehmen oder schriftlich erteilen.

Soweit dies regelmäßig sozusagen als eigener Geschäftszweig erfolgt, ist bereits fraglich, ob eine solche Tätigkeit überhaupt von Rundfunk- oder Pressefreiheit nach Art. 5 I GG geschützt wird. Erste Voraussetzung ist also, daß diese Form von Rechtsratvermittlung als Vorbereitungs-, Produktions- oder Publikationstätigkeit angesehen werden kann. Wenn diese Voraussetzung bejaht werden kann, weil beispielsweise die durch einen zugelassenen Rechtsberater erfolgte Beratung wieder Gegenstand einer Publikation – wie einer allgemein rechtsbelehrenden Veröffentlichung – wird[777], dann ist wiederum die Verhältnismäßigkeit eines Verbotes zu überprüfen.

---

776 Dazu oben 2. Teil B, capt. III, S. 143 ff.
777 Vgl. Wenzel, AfP 1995, 646, 649.

Aus dieser Gruppe auszunehmen ist nach einem Beschluß des BGH[778] das Weiterleiten von Zuschriften ohne rechtliche Vorprüfung im Sinne einer juristisch-technischen Anspruchs-Prüfung. Dieses Weiterleiten nach einer von Rechtsgefühl geleiteten Vorprüfung hat der BGH als bloße Hilfeleistung im sozialen Bereich eingeordnet[779]. Die Übermittlung von Forderungen und Bitten der Leser an deren Kontrahenten allein jedenfalls soll nach dieser Entscheidung keine Rechtsbesorgung sein.

Im folgenden wird geklärt, ob das Verbot der Weiterleitungstätigkeiten nach dem Rechtsberatungsgesetz verhältnismäßig ist.

a. Geeignetheit

Die Geeignetheit der Einbeziehung dieser Konstellation in das Verbot ist zu bejahen, weil Rezipienten, die sich daran gewöhnt haben, daß die Redaktion eines Verlags- oder Rundfunkunternehmens Rechtsanwälte oder andere zugelassene Berater beraten läßt, nicht bedenken, daß die Auswahl und Vermittlung durch die Redaktion möglicherweise wertvolle Zeit verstreichen läßt, in der Rechtsverluste eintreten können.

Soweit die betreffende Redaktion Anfragen, Beschwerden und ähnliches zu einem bestimmten Rechtsfall an den oder die Kontrahenten dieses Rechtsfalles weiterleitet, ist ein Verbot als unzulässiger Rechtsrat ebenfalls den Zwecken des Rechtsberatungsgesetzes förderlich. Denn der Anfragende wird bei einem Verbot nicht im Vertrauen auf die Tätigkeit einer Redaktion Fristen verstreichen lassen oder Rechte gar nicht geltend machen, etwa weil die Redaktion die Weiterleitung nicht vorgenommen hat, der Zuschauer/Leser aber deshalb meint, eine Rechtsverfolgung sei chancenlos.

b. Erforderlichkeit

Dennoch ist es nicht erforderlich, die Auswahl- und Vermittlungstätigkeiten durch ein Medienunternehmen insgesamt durch ein umfassendes Verbot zu unterbinden. Da die Beratungstätigkeit durch Übertragung des Vermittlungsauftrages hier zunächst in die Hände des Medienunternehmens gelegt wird, bestehen allerdings in dieser Zeitspanne all die Gefahren durch unsachkundige Behand-

---

778 BGH, Beschluß v. 11.02.1999, I ZR 105/98, amtlicher Umdruck S. 3. Vgl. auch oben, 1. Teil, capt. III 2 b cc, S. 39 ff.

779 BGH, Beschluß v. 11.12.1999, Az. I ZR 105/98, amtlicher Umdruck S. 3 f.; dazu auch unten, S. 192 f.

lung von fremden Rechtsangelegenheiten, die der Gesetzgeber gerade vermeiden wollte.

aa. Im Bereich der Presse

Im Bereich der Presse ist es ausreichend und den Schutzzwecken des Rechtsberatungsgesetzes genügend, einen Hinweis dahingehend zu erteilen, daß das vorgetragene Rechtsproblem zur Beurteilung weitergeleitet werde, daß darüber Zeit verstreiche, eine möglicherweise stattfindende Auswahl nicht von fachkundigen Juristen durchgeführt werde und daß insgesamt eine individuelle anwaltliche Beratung durch die Aktion nicht ersetzt werden könne. Denn soweit die Redaktion nicht selbst Auskunft erteilte oder vermittelte, könnte sie ja allenfalls durch Verstreichenlassen von Zeit Schaden anrichten. Dies wäre – jedenfalls was die Presse betrifft – durch deutliche Hinweise an den Leser vermeidbar. Diese Hinweise müßten in der Gestaltung, d.h. in Schriftbild und Schriftgröße, deutlich wahrnehmbar sein, so daß ein Übersehen beim Lesen des Artikels und des Weiterleitungsangebotes nicht möglich erscheint. Weiter müßten sie allgemein verständlich geschrieben sein[780].

Der einzelne Rechtsuchende, der trotz solcher Hinweise meint, es genüge, sich der Weiterleitungsaktion einer Redaktion anzuvertrauen, unterfällt nicht mehr den Schutzzwecken des Rechtsberatungsgesetzes. Es ist nicht Schutzzweck des Gesetzes, einen informierten Rechtsuchenden davor zu bewahren, sich trotz Kenntnis der möglichen Dauer von Hilfeleistungen auf genau diese zu verlassen, wenn er darüber informiert worden ist, daß dies einen Rechtsverlust für ihn bedeuten kann. Wenn ein Verbot der Weiterleitungstätigkeit durch die Presse also nur bei Fehlen eines Hinweises erfolgte, wäre ein milderes, gleich effektives Mittel gefunden, um den Zwecken des Rechtsberatungsgesetzes Genüge zu tun und gleichzeitig die Tätigkeit der Presse so wenig wie möglich zu beschränken.

Der BGH hat das Weiterleiten von Forderungen und Bitten von Zeitungslesern an deren Kontrahenten durch die Redaktion unter Berücksichtigung der Art. 5 I und 12 I GG[781] als erlaubnisfreie Hilfeleistung und nicht als Rechtsbesorgung oder Rechtsberatung angesehen, sofern die Redaktion keine juristisch-technische Überprüfung, sondern lediglich eine Angemessenheits-Prüfung nach Rechtsge-

780 Ein vergleichbarer Hinweis ist in Art. 1 § 4 Abs. 5 Heilmittelwerbegesetz vorgesehen, der nach einer Werbung für Arzneimittel in audiovisuellen Medien einzublenden und im Fernsehen vor neutralem Hintergrund gut lesbar wiederzugeben und gleichzeitig zu sprechen ist: „Zu Risiken und Nebenwirkungen lesen Sie die Pakkungsbeilage und fragen Sie ihren Arzt oder Apotheker".

781 BGH, Beschluß v. 11.02.1999, I ZR 105/98, amtlicher Umdruck S. 2 ff.

fühl bei der Auswahl der Schreiben und vor der Weiterleitung angestellt habe[782]. Die Entscheidung, ob eine Rechtsbesorgung oder Rechtsberatung vorliegt, danach zu treffen, welcher Art die Auswahlprüfung der Redaktion vor der Weiterleitung ist, ist im Hinblick auf die Schutzzwecke des Rechtsberatungsgesetzes allerdings sehr zweifelhaft.

Nach dieser Entscheidung wäre der einzelne Zeitungsleser nicht mehr davor geschützt, Rechtsverluste zu erleiden, weil er die Art und Häufigkeit der Weiterleitung für eine umfassende Verfolgung seiner rechtlichen Interessen hielte, obwohl sie nur situativ erfolgte. Unter dem Gesichtspunkt der bisherigen Rechtsprechung zum Rechtsberatungsgesetz und der Erforderlichkeit nach Art. 5 I GG müßte diese Einordnung der Weiterleitungstätigkeit zum Schutz der Leser mit den bereits dargestellten Hinweisen[783] versehen sein. Soweit es um Beratungstätigkeiten in Angelegenheiten ginge, in denen durch Verzögerungen kein Rechtsverlust drohte[784], könnte, wenn alle Einsendungen tatsächlich weitergeleitet würden, auf den Hinweis sogar verzichtet werden, da in diesen Fällen kein Schaden eintreten könnte, die Schutzzwecke des Rechtsberatungsgesetzes also durch die Tätigkeit nicht beeinträchtigt wären.

bb. Im Bereich des Rundfunks

Im Rundfunk dagegen ist die Gefahr, daß die entsprechenden Hinweise überhört oder übersehen würden, größer. Denn im Rundfunk, insbesondere im Fernsehen, besteht aufgrund der Verschiedenartigkeit der gleichzeitig empfangenen visuellen und akustischen Eindrücke sowie der zeitlichen Abfolge dieser Eindrücke, die nicht wiederholbar, sondern flüchtig sind, eine größere Wahrscheinlichkeit, daß die Hinweise gar nicht wahrgenommen werden. Ein Hinweis wäre also auch hier, wie bereits an anderer Stelle festgestellt[785], in seiner Schutzfunktion einem Verbot nicht gleichwertig[786].

Allerdings kann die Gefahr von Irrtümern der Zuschauer und Zuhörer dadurch gebannt werden, daß die Themenwahl für Weiterleitungsaktionen so geschieht, daß die Gefahr eines Verschleppens von Fristsachen nicht gegeben ist. Hinzukommen kann die umfassende Information, daß individuelle und sofortige

---

782 Vgl oben 1. Teil, capt. III 2 b cc, S. 38.
783 Vgl. in diesem Kapitel, S. 192.
784 Dies könnte etwa das Angebot sein, im Einzelfall durch einen Rechtsanwalt prüfen zu lassen, wie die optimale persönliche Testamentsgestaltung aussehen könnte.
785 Vgl. oben 2. Teil B, capt. I 3 b aa, S. 124.
786 Anders Ricker, NJW 1999, 449, 453: Ricker hält auch im Rundfunk die Hinweiserteilung für ausreichend, wobei er sich auf § 4 V HeilmittelwerbeG bezieht und die dortigen Regelungen für audiovisuelle Medien und das Fernsehen.

anwaltliche Beratung nicht ersetzt werde. Und schließlich müßte, sofern nicht ein Weiterleiten aller eingegangenen Anschreiben erfolgte, durch ein Antwortschreiben die Anfrage unverzüglich zurückgesandt und mit den entsprechenden Hinweisen versehen werden. Die Absicherungsmöglichkeit der thematischen Begrenzung, verbunden mit zusätzlichen Hinweisen, würde gewährleisten, daß Weiterleitungsaktionen vom Rundfunk durchgeführt werden können, ohne die Zwecke des Rechtsberatungsgesetzes zu gefährden.

c. Verhältnismäßigkeit im engeren Sinne

In den übrigen Fällen kann die Angemessenheit des Verbotes festgestellt werden. Umfassende Angebote ohne thematische Begrenzung und Warnhinweis nach dem Motto „Wir lösen Ihre Rechtsprobleme durch Weiterleitung an einen kompetenten Rechtsanwalt" würden zwangsläufig dazu führen, daß in den Redaktionen zur Weiterleitung Rechtsangelegenheiten eintreffen würden, die der sofortigen anwaltlichen Beratung bedurft hätten. Auch unter Berücksichtigung des hohen Ranges der Kommunikationsfreiheiten ist ein Verbot von Weiterleitungstätigkeiten dieser Art angemessen. Diese Gruppe von Tätigkeiten ist ebenso wie die der Vermittlungstätigkeiten durch Laien nur ausnahmsweise zulässig und nach denselben Kriterien zu beurteilen.

d. Ergebnis

Ein generelles Verbot der Weiterleitung von vorgetragenen Rechtsproblemen an zugelassene Berater im Rahmen einer durch Art. 5 I GG geschützten Publikationstätigkeit ist für die Presse nicht erforderlich und somit verfassungswidrig. Ein milderes und ebenso wirksames Mittel ist eine Beschränkung des Verbotes auf die Fälle, in denen nicht in der Publikation deutlich darauf hingewiesen wird, daß die Weiterleitung nicht mit originärer anwaltlicher Rechtsbesorgung gleichzusetzen ist, da sie Zeit erfordert, durch Laien organisiert wird und möglicherweise eine Auswahl nach publizistischen Kriterien erfolgt.

Für den Rundfunk ist festzustellen, daß Weiterleitungsaktionen nur in Bereichen, in denen Rechtsverluste unmittelbar nicht drohen, zulässig sind. Hier ist also die thematische Begrenzung auf solche Rechtsfragen ein milderes, aber der umfassenden Verbotsauslegung gleichwertiges Mittel.

2. Zeitungsbriefkästen

Die Zulässigkeit der Rechtsberatung in konkreten Einzelfällen in Zeitungsbriefkästen richtet sich nach der Pressefreiheit aus Art. 5 I 2 GG. Die Zeitungsbriefkästen an sich sind als Publikationsform geschützt[787]. Die Einschränkung durch das Verbot, konkrete existierende Rechtsfälle in Zeitungsbriefkästen zu behandeln, ist auf ihre Verhältnismäßigkeit zu untersuchen.

Ein generelles Verbot konkreter Rechtsberatungen in der Presse ist geeignet, aber nicht erforderlich, um die Zwecke des Rechtsberatungsgesetzes zu erreichen. Denn es gibt mildere, aber gleich wirksame Mittel, die Zwecke des Rechtsberatungsgesetzes zu erreichen.

Zum einen ist es auch in der Presse möglich, die eigentliche Beratungstätigkeit einem Rechtsanwalt zu übertragen, so wie die Vermittlungstätigkeiten im Rundfunk von einem zugelassenen Berater vorgenommen werden können. Allerdings muß gewährleistet sein, daß der zugelassene Rechtsberater den eintreffenden Schriftsatz umgehend erhält. So können keine weiteren Verzögerungen durch den notwendigen Schriftverkehr, die Auswahl der Probleme, die abgedruckt und beantwortet werden, und die Erscheinungsweise des Presseorgans verursacht werden, innerhalb derer auch Fristen ablaufen oder Rechtsverluste eintreten könnten.

Eine weitere Möglichkeit ist die der thematischen Begrenzung[788] auf Briefkästen zu bestimmten Rechtsfragen in Bereichen, in denen keine Fristversäumnisse auftreten können. Im Falle dieser thematischen Begrenzung und der Durchführung der schriftlichen Beratung durch Rechtsanwälte werden die Schutzzwecke des Rechtsberatungsgesetzes nicht beeinträchtigt.

Bei Beratungstätigkeiten, die nur in gedruckter Form herausgegeben werden, kann in deutlich sichtbarer Weise ebenfalls schriftlich darauf hingewiesen werden, daß die Beratung durch Laien bzw. nicht zugelassene Rechtsberater erfolgt und anwaltliche Beratung nicht ersetzen kann. Da hier die Beratung nur über das Auge aufgenommen wird, der Rat gelesen werden muß, besteht weniger die Gefahr, daß der Hinweis wie ein Hinweis im Rundfunk überhört oder übersehen und durch andere Eindrücke überlagert werden könnte. Der Hinweis muß in Schriftgröße und Plazierung deutlich sichtbar sein und die Mitteilung enthalten, daß anwaltlicher oder anderer professioneller Rat hier nicht ersetzt werde, sondern daß die Ratgeberspalte „Briefkasten“ dafür gedacht sei, den Lesern Anregungen zu geben, nicht aber konkreten und verbindlichen Rechtsrat zu erteilen, und daß keine Haftung für Rechtsverluste übernommen werde. Damit ist dem

787 Dazu auch oben 2. Teil A, capt. I 1 2 b, S. 85 ff.
788 Vgl. dazu oben das Kapitel zu den Weiterleitungstätigkeiten, S. 190 f.

Leser, der sich vielleicht auch mit einer Anfrage an die Redaktion des Zeitungsbriefkastens wenden will, gegenüber in einer den Schutzzwecken des Rechtsberatungsgesetzes genügenden Weise klargestellt, daß kein qualifizierter Rechtsrat mit den Absicherungen anwaltlicher Tätigkeit erteilt wird.

Dieser Hinweis ist für den Fall der Presse ein milderes und dem Verbot gleichwertiges Mittel, so daß die Erforderlichkeit des Verbotes von Zeitungsbriefkästen verneint werden kann. Darüberhinaus sind die Mittel der thematischen Begrenzung und der anwaltlichen Betreuung des Zeitungsbriefkastens mildere, aber gleich wirksame Mittel. Das Verbot von Zeitungsbriefkästen ist daher nur insoweit erforderlich, als Laien, ohne daß auf die daraus möglicherweise entstehenden Gefahren aufmerksam gemacht wird, die Beratung in fremden Rechtsangelegenheiten übernehmen.

Das Verbot müßte hinsichtlich dieser Tätigkeit auf die Angemessenheit untersucht werden, insoweit kann aber auf die Erörterungen zur Angemessenheit des Verbotes von Vermittlungstätigkeiten durch Laien verwiesen werden[789]. Die Sach- und Rechtslage ist hier identisch, die Angemessenheit kann im Einzelfall zu verneinen sein, dies ist aber durch die Überprüfung der Verhältnismäßigkeit in jedem Einzelfall festzustellen.

3. Leser- und Zuschauerpostbeantwortung

Die Beantwortung von Leser- und Zuschauerpost ist in unterschiedlichen Varianten vorstellbar: Zum einen kann sie dazu dienen, über den Kontakt zu den Rezipienten Bedürfnisse derselben im Presse- und Rundfunkbereich zu erkunden und publizistisch zu bedienen[790], zum anderen ist sie aber als reiner Rechtsberatungsservice ohne Publikation oder Bezug zu einer solchen vorstellbar.

Der reine Service ohne publizistischen Bezug fällt nicht in den Schutzbereich der Pressefreiheit oder der Rundfunkfreiheit, da hier keine presse- oder rundfunkspezifische Tätigkeit im Zusammenhang mit Publikationen vorliegt. Die Kommunikation mit den Lesern oder Zuschauern dagegen, die der Vorbereitung einer Publikation oder der allgemeinen Informationsbeschaffung dient, ist durch die Presse- bzw. die Rundfunkfreiheit geschützt.

Im Bereich der Presse ist der generelle schriftliche und deutliche Hinweis[791], daß keine umfassende Rechtsberatung erfolge und die anwaltliche Beratung

---

789 Oben 2. Teil B, capt. III 3 c, S. 178 ff.

790 Dazu: Wenzel, AfP 1995, 646, 649; Runge, NJW 1957, 301, 302.

791 Dazu im einzelnen das vorhergehende capt. V 2 zu den Zeitungsbriefkästen, S. 195 f.

nicht ersetzt werde, selbst wenn in einem Antwortschreiben ein konkreter Rechtsrat erteilt wird, ebenfalls[792] ein milderes, aber in gleicher Weise wie das Verbot wirksames Mittel, um den Schutz vor schlechtem Rechtsrat zu gewährleisten. Das Verbot des Rechtsberatungsgesetzes umfassend auszulegen, ist für die Presse also nicht erforderlich. Der Presse bleibt bereits daher die Informationsquelle der eigenen Leserschaft wie auch die Möglichkeit, diese durch Antwortschreiben zu weiteren Antworten in zukünftigen Aufrufen zu motivieren, erhalten.

Das Verbot der Informationsbeschaffung ist im übrigen unverhältnismäßig, da es die Presse- und die Rundfunkfreiheit in unzumutbarer Weise einschränkt[793].

Soweit Laien die Briefe ohne den entsprechenden Hinweis beantworteten, ist für die Überprüfung der Verhältnismäßigkeit im engeren Sinne wiederum auf die Ausführungen im Kapitel der Vermittlungstätigkeiten zu verweisen[794]. Hier gelten dieselben Grundsätze wie in der dortigen Konstellation.

Bezüglich der oben beschriebenen Fälle der „7 Todsünden“[795] muß nach den hier festgestellten Erfordernissen im Hinblick auf die Gesetzeszwecke des Rechtsberatungsgesetzes – auch wenn die rechtliche Erörterung von konkreten existierenden Einzelfällen nur im Hintergrund der Berichterstattung steht – dennoch im Vorfeld der Bitte an die Leser um die Mitteilung eigener Fälle darauf hingewiesen werden, daß der Rechtsrat nicht professionell erfolge, mit Wartezeiten zu rechnen sei und nicht jeder eingesandte Fall auch eine Lösung erfahre. Bei Erteilung dieses Hinweises ist sowohl den von Art. 5 I GG geschützten publizistischen Erfordernissen als auch dem Gesetzeszweck „Schutz des Einzelnen vor schlechtem Rechtsrat“ Genüge getan. Soweit eine Auswahl der Anfragen und eine Weiterleitung an zugelassene Berater erfolgt, entspricht die Konstellation der im Kapitel „Weiterleitung“[796] behandelten Problematik[797].

---

792 Vgl. oben, capt. V 2 zu den Zeitungsbriefkästen, S. 195 f.
793 Vgl. oben 2. Teil B, capt. I zu den Recherchetätigkeiten, S. 116 ff.
794 Vgl. oben 2. Teil B, capt. III 3 b, S. 170 ff.
795 Vgl. oben 1. Teil, capt. III 2 d, S. 43 ff.
796 Vgl. oben 2. Teil, B capt. V 1, S. 190 ff.
797 Anders insofern Bürglen, WRP 2000, 846, 851, der es generell für ein notwendiges Anliegen der Presse hält, aktuelle allgemeine Problemlagen anhand von Einzelfällen aufzugreifen und sie ihren Lesern in den Rechtsfolgen darzustellen.

VI. Ergebnis des 2. Teils

1. Zusammenfassung

Die Rechtsprechung zu Rechtsberatungen und -besorgungen in den Medien ist gemessen an Art. 5 I 2 GG nur teilweise verfassungsgemäß. Mehrfach wurde die Reichweite der Rundfunk- und der Pressefreiheit verkannt und bei der Auslegung und Anwendung des Rechtsberatungsgesetzes nicht ausreichend berücksichtigt. Zwar ist das Rechtsberatungsgesetz ein allgemeines Gesetz im Sinne des Art. 5 II GG; dies allein ermöglicht aber noch nicht eine verfassungsgemäße Einschränkung von Rundfunk- und Pressefreiheit. Vielmehr ist auch in diesen Fällen anhand einer Verhältnismäßigkeitsprüfung festzustellen, ob die Einschränkungen zur Erreichung verfassungslegitimer Gesetzeszwecke geeignet und erforderlich sind und ob sie – gemessen an der Bedeutung der Kommunikationsfreiheiten aus Art. 5 I GG – angemessen sind.

Dabei kann festgestellt werden, daß die Einordnung der journalistischen Recherchearbeiten sowie der Herstellung von Öffentlichkeit als Rechtsbesorgungstätigkeit verfassungswidrig sind. Denn beide Tätigkeitsformen gehören zu den Grundvoraussetzungen grundrechtlich geschützten medialen Tätigwerdens, dessen Verbot nicht angemessen ist. Die Einbußen im Bereich der Kommunikationsfreiheiten durch eine Einbeziehung der Recherche sind gravierend, was angesichts der Funktion der journalistischen Recherche für die Tätigkeit der Medien nicht angemessen ist. Ebenso kann die Herstellung von Öffentlichkeit in einer existierenden Rechtsangelegenheit nicht als verbotene Rechtsbesorgung eingeordnet werden. Die Herstellung von Publizität ist Merkmal, Eigenschaft und Grundarbeitsmittel eines jeden Massenmediums. Aufgrund der Funktion der Medien Presse und Rundfunk in der demokratischen Freiheitsordnung ist es unverhältnismäßig, diese Grundarbeitsmittel in bestimmten Bereichen zu verbieten, da die Tätigkeiten der Medien damit grundlegend beschnitten würden.

Mit Art. 5 I GG kann das umfassend ausgelegte Verbot dagegen vereinbar sein, soweit es gezielte Vermittlungstätigkeiten in fremden Rechtsangelegenheiten in Rundfunk und Presse erfaßt. Aber auch hier ist im Einzelfall zu differenzieren: Soweit die Vermittlungstätigkeiten durch Rechtsanwälte oder andere zugelassene Rechtsberater in ihrem in Art. 1 § 1 RBerG bestimmten Bereich durchgeführt werden, ist ein Verbot dieser Tätigkeit nach Art. 1 § 1 RBerG nicht erforderlich, um die Zwecke des Rechtsberatungsgesetzes zu erreichen.

Bezüglich der Vermittlungstätigkeiten durch Laien ist ebenfalls zu differenzieren: Ist zwar grundsätzlich kein milderes Mittel ersichtlich zur Vermeidung unqualifizierten Rechtsrates und daraus resultierender Schäden für den Einzelnen und die Allgemeinheit als das Verbot der Tätigkeit von Laien, so kann dennoch, wenn die Tätigkeit der Laien in Rundfunk oder Presse erfolgt, im Einzelfall eine Unangemessenheit des Verbotes vorliegen. Dies ist dann der Fall, wenn eine Vermittlungstätigkeit den sogenannten „Kern“ der Rundfunk- oder Pressefreiheit berührt und/oder im besonderen öffentlichen Interesse liegt.

Telefonaktionen von Rundfunk und Presse, also mündliche Rechtsberatungen, sind zulässig, wenn sie durch zugelassene Berater oder Rechtsanwälte durchgeführt werden. Die Redaktionen stellen insoweit nur die technische Anlage zur Verfügung und schaffen so eine Plattform der öffentlichen Präsentation der Rechtsberatung. Die Beantwortung der Fragen durch Laien ist in der Regel nicht zulässig, Ausnahmen können sich allenfalls aus denselben Grundsätzen wie bei den Vermittlungstätigkeiten durch Laien ergeben.

Schriftliche Beratungen erfordern, soweit sie durch Laien durchgeführt werden, den deutlich sichtbaren Hinweis, daß kein konkreter Rechtsrat erteilt werde, sondern nur Anregungen gegeben würden, die eine anwaltliche Beratung weder in fachlicher noch in haftungsrechtlicher Hinsicht ersetzen können. Dies gilt sowohl für die Beantwortung von Leserpost als auch für die sogenannten Zeitungsbriefkästen. Beide Tätigkeiten sind weiterhin zulässig, wenn sie durch Rechtsanwälte in eigener Verantwortung durchgeführt werden. Das Weiterleiten von Anfragen und Rechtsproblemen an Rechtsanwälte oder zugelassene Rechtsberater ist nur zulässig, wenn sichergestellt ist, daß infolge der durch das Weiterleiten verursachten Verzögerungen keine Rechtsverluste eintreten können. Dies erfordert in der Presse den unübersehbaren Hinweis, daß juristische Laien die Anfragen weiterleiten, daß eine Auswahl nach publizistischen Kriterien erfolge, daß nicht jede Anfrage weitergeleitet und daß die direkte Kontaktaufnahme zu einem Rechtsanwalt nicht ersetzt werden könne. Im Rundfunk dagegen ist eine Beschränkung auf Themen notwendig, in denen Rechtsverluste durch Fristablauf nicht eintreten können.

Bezüglich des Gesetzeszweckes „Schutz der Anwaltschaft vor Wettbewerb“ ist festzuhalten, daß er, obwohl er in modifizierter Form verfassungslegitim ist, im Ergebnis keine wesentliche Bedeutung hat. Soweit er zu beachten ist, kann eine Bedrohung der Anwaltschaft in ihrer Leistungsfähigkeit durch Rundfunk oder Presse nicht festgestellt werden. Daß eine Existenzgefährdung durch mediale Konkurrenz eintreten würde, kann selbst für den fiktiven Fall der Einrichtung eines Rechtsberatungskanals verneint werden.

2. Auslegungsmöglichkeiten der Begriffe des Präventivverbotes

Im Hinblick auf Art. 5 I GG sind die Begriffe „Besorgung fremder Rechtsangelegenheiten“ und „Rechtsberatung“ des Art. 1 § 1 RBerG daher wie folgt auszulegen:

Unter Rechtsberatung und Rechtsbesorgung können alle Tätigkeiten verstanden werden, die objektiv und subjektiv darauf gerichtet sind, konkrete fremde Rechtsangelegenheiten umfassend zu fördern und/oder zu erledigen, ohne daß ein wesentliches Informationsinteresse der Allgemeinheit berührt oder die primäre Zielrichtung der Tätigkeit eine publizistische ist[798].

Dabei ist zu beachten, daß Rechtsberatungen und Rechtsbesorgungen, die durch zugelassene Berater, insbesondere Rechtsanwälte, durchgeführt werden, auch dann nicht dem Präventivverbot des Art. 1 § 1 RBerG unterfallen, wenn der Kontakt zu ihnen in einer Fernsehsendung oder einem Redaktionsgespräch hergestellt wird.

Ähnlich der Abgrenzung der Begriffe Rechtsangelegenheit und Wirtschaftsangelegenheit[799] muß nach der vorgeschlagenen Auslegung abgegrenzt werden zwischen Rechtsangelegenheit auf der einen Seite sowie Rundfunk- bzw. Presseangelegenheit auf der anderen Seite.

- Dies bedeutet, daß Recherchearbeiten und das Herstellen von Öffentlichkeit nicht unter die Begrifflichkeiten fallen können, weil sie nicht auf Förderung und Erledigung gerichtet sind oder jedenfalls die primäre Zielrichtung des Handelns eine publizistische ist.

- Zufallsergebnisse, weil ein Beteiligter auf die Berichterstattung reagiert, werden mangels Zielgerichtetheit der medialen Tätigkeit ebenfalls nicht von den Begriffen erfaßt.

- Die allgemeine Rechtsdarstellung anhand fiktiver oder vergangener Rechtsfälle fiele mangels einer konkreten Rechtsangelegenheit nicht unter die Definition.

798 Die vom LG Stade, MDR 1956, 311; Runge, NJW 1957, 301 und Schneider, MDR 1976, 1, 3 f. (dazu auch oben S. 58) vorgeschlagene modifizierende Auslegung, nach der unter Rechtsberatung und Rechtsbesorgung nur die Vertretung anderer vor Gerichten und Behörden verstanden wird, ist verfassungsrechtlich zwar nicht verboten, aber auch nicht geboten. Danach wäre die Laienvertretung in allen anderen Fällen als vor Gerichten und Behörden erlaubt.

799 Oben 1. Teil, capt. II 1 b, S. 24 f.

- Soweit konkrete, existierende Rechtsfälle typisierend herangezogen würden, wäre die Zielgerichtetheit wiederum zu verneinen; im übrigen wäre die Zielrichtung der Tätigkeit primär publizistischer Art[800].

- Die Fälle gezielter medialer Vermittlungstätigkeiten wären jeweils auf das Informationsinteresse der Allgemeinheit zu untersuchen. Dieses ist zu messen an der sogenannten Kernbedeutung der Kommunikationsfreiheiten. Vermittlungstätigkeiten durch Laien wären nicht in der primären Zielrichtung publizistisch, da sie ebenfalls und gerade auf die Förderung konkreter fremder Rechtsangelegenheiten gerichtet sind. Mediale Vermittlungstätigkeiten, die von zugelassenen Rechtsberatern, Rechtsanwälten oder anderen von der Erlaubnispflicht befreiten Personen durchgeführt würden, müßten den direkt tätigen Personen und nicht den Verlagen, Sendern oder Redaktionen zugerechnet werden.

- Die Fälle schriftlicher Beratung durch Laien wären als primär publizistisch einzuordnen. Aufgrund der zu erteilenden Hinweise, daß hier keinesfalls anwaltliche Beratung ersetzt werden kann, ist klargestellt, daß kein vollwertiger Rechtsrat erteilt wird, sondern nur Anregungen gegeben werden.

- Tätigkeiten, die der Kontaktpflege mit der Leserschaft dienen und zusätzlich die beschriebenen Hinweise enthalten, sind ebenfalls primär publizistischer Art.

800 Vgl. dazu auch die neuere Rechtsprechung des BGH vom 6.12.2001 bezüglich Rundfunksendungen, Pressemitteilung des Bundesgerichtshofes Nr. 93/2001, http://www.uni-karlsruhe.de/~BGH/Pressemitteilungen BGH/PM2001/PM 093 2001.htm; FAZ vom 8.12.2001, S. 21; BGH NJW 2002, 2877, 2878.

3.Teil
Gesamtergebnis und Zusammenfassung: Zulässige mediale Tätigkeiten in Rechtsangelegenheiten

Es können nun Grundzüge für die Zulässigkeit juristischer Tätigkeiten in den Medien formuliert werden.

Zulässig sind in Rundfunk und Presse nach alldem folgende Tätigkeiten und Publikationen:

1. Alle Publikationen, die sich allgemein mit Rechtsproblemen befassen, ohne konkrete, existierende Einzelfälle zu behandeln. Dazu gehören:

- alle allgemeinen Rechtsdarstellungen, die generell-abstrakt und theoretisch ohne Einzelfallbezug vorgehen, sowie
- Einzelfalldarstellungen, die sich auf fiktive oder vergangene Rechtsfälle beziehen.

Konkret benannt umfaßt diese Gruppe juristische Ratgeberbücher, juristische Fallösungsbücher, Repetitoriumsunterlagen, allgemeine Fachliteratur wie wissenschaftliche Beiträge in juristischen und anderen Zeitschriften, aber auch die sogenannten Zeitungsbriefkästen, soweit sie fiktive oder vergangene Einzelfälle behandeln, ferner entsprechende Darstellungen im Rundfunk, solange sie allgemein gehalten sind oder Einzelfälle behandeln, die fiktiv oder erledigt sind[801]. Diese Publikationen fallen mangels Einzelfallbezogenheit nicht in den Anwendungsbereich des Rechtsberatungsgesetzes.

Weiter sind zulässig Publikationen, die konkrete, existierende Einzelfälle typisierend heranziehen, ihre Schwerpunktsetzung aber im journalistischen Bereich, d.h., in der Berichterstattung zu einer allgemeinen Rechtsproblematik haben.

2. Journalistische Recherchearbeiten zur Vorbereitung von Berichterstattung und/oder Unterhaltung, d.h., zu journalistischen Zwecken, auch wenn die Art der Tätigkeit mit einer anwaltlichen vom Vorgehen her identisch ist, die Recherche auch anderen Zwecken als der Berichterstattung dienen kann und möglicherweise bereits auf die Recherche hin ein Rechtsfall durch Einigung oder ähnliches beigelegt wird, weil der potentielle Kontrahent die Veröffentlichung fürchtet.

---

801 Flechsig, ZUM 1999, 273, 275 f. zählt Indizien und Kriterien der allgemeinen Rechtsinformation durch Rundfunkprogramme auf; ihm kann insoweit gefolgt werden, als jedenfalls die von ihm aufgezählten Kriterien auf eine allgemeine Rechtsinformation schließen lassen.

Die Recherche umfaßt die schriftliche, die fernmündliche und die persönliche Nachfrage nach Unterlagen und anderen Informationen.

Sofern sich die Recherche auf einen konkreten Einzelrechtsfall bezieht, steht der Anwendungsbereich des Art. 1 § 1 RBerG in Frage. Der verfassungsrechtliche Stellenwert der journalistischen Recherche nach Art. 5 I GG erfordert jedoch eine verfassungskonforme Auslegung, so daß die Recherche und der möglicherweise damit verbundene drohende öffentliche Druck nicht als Rechtsberatung oder Rechtsbesorgung eingeordnet werden dürfen.

3. Die Berichterstattung über einen konkreten, existierenden Einzel-Rechtsfall auch in Form von Unterhaltungssendungen selbst und damit die Herstellung von Öffentlichkeit durch Publizieren und des damit verbundenen öffentlichen/publizistischen Drucks; dies gilt selbst wenn der potentielle Kontrahent dadurch subjektiv unter Druck gerät und, veranlaßt durch die Öffentlichkeit, zu einer Regelung des Rechtsproblems beiträgt, so daß im Ergebnis eine Förderung der fremden Rechtsangelegenheit bewirkt worden ist.

Auch hier ist eine verfassungskonforme Auslegung des Art. 1 § 1 RBerG erforderlich. Soweit die Ausübung öffentlichen Drucks eine Person in ihren Rechten, insbesondere in ihrem allgemeinen Persönlichkeitsrecht, beeinträchtigt, stellt die Rechtsordnung andere Abwehrmöglichkeiten zur Verfügung als die des Rechtsberatungsgesetzes[802]. Das Rechtsberatungsgesetz dient nicht dazu, Ehrverletzungen, falsche Verdächtigungen oder falsche Tatsachendarstellungen zu verhindern. Für diese Fälle stellen das Strafgesetzbuch, das presserechtliche Gegendarstellungsrecht und die bürgerlichrechtlichen Haftungsvorschriften ausreichende Möglichkeiten der Gegenwehr für Betroffene dar[803].

4. Vermittlungstätigkeiten und Beratungstätigkeiten in konkreten Einzelfällen in den Medien, soweit sie durch Rechtsanwälte oder andere zugelassene Berater oder solche, die von der Erlaubnispflicht befreit sind, durchgeführt werden. Dabei ist die zivilrechtliche Gestaltung nach den genannten Grundsätzen so zu wählen, daß der Ratsuchende nicht schlechter steht als in dem Fall, in dem er direkt einen Rechtsanwalt oder einen zugelassenen Rechtsberater konsultiert. Denn zur gesetzlichen Gewährleistung qualifizierten Rechtsrates zählen auch die damit verbundenen Absicherungen[804].

5. Durch Laien durchgeführte Vermittlungstätigkeiten in den Medien, die im sogenannten „Kernbereich“[805] der jeweiligen Medienfreiheit bzw. die zu die Öffentlichkeit wesentlich berührenden Fragen erfolgen. Dies bedeutet, daß im Ein-

---

802 Vgl. dazu das Kapitel zum öffentlichen Druck 3 a. aa (2), oben S. 135 ff.

803 Vgl. dazu das Kapitel zum öffentlichen Druck 3 a. aa (2), oben S. 135 ff.

804 Vgl. das Kapitel zu den Vermittlungstätigkeiten III 3 b. bb (1), oben S. 173.

805 Kernbereich im Sinne der Rechtsprechung des Bundesverfassungsgerichts, vgl. oben 2. Teil A, capt. IV 3 a, S. 99 ff.

zelfall überprüft werden muß, ob eine Vermittlungstätigkeit im Bereich der grundrechtlichen Kernfunktion der Medien, nämlich die öffentliche Meinungsbildung zu ermöglichen und zu fördern, erfolgt oder ob ein wesentliches öffentliches Interesse an der medialen Tätigkeit besteht. Der Kernbereich kann sowohl inhaltlich als auch funktional berührt sein; in beiden Fällen erhält die betroffene Medienfreiheit in der Abwägung eine Bedeutung, die den Belangen des Rechtsberatungsgesetzes vorgehen kann. In beiden Fällen besteht auch ein wesentliches Informationsinteresse der Allgemeinheit. Dieses kann weiterhin gegeben sein in Situationen, in denen für eine Vielzahl von Einzelnen oder sogar die Allgemeinheit ein Schaden droht oder eine Änderung der Rechtslage bevorsteht[806]. Vermittlungstätigkeiten können das persönliche Zusammenführen der Parteien, die persönliche oder schriftliche Aufforderung an dieselben, die Angelegenheit zu lösen, oder auch die nur publizierte Aufforderung sein. In diesen Fällen kann auch das Herstellen von Öffentlichkeit durch Publikation in einer solchen Weise instrumentalisiert werden, daß von einer vermittelnden Tätigkeit ausgegangen werden muß.

Diese Tätigkeiten bewegen sich im Anwendungsbereich des Art. 1 § 1 RBerG[807] und sind nach diesem einfachrechtlich verboten, da die Laien über keine Erlaubnis zur Rechtsberatung verfügen und auch nicht als Rechtsanwälte zugelassen sind. Es ist daher in denjenigen Fällen, in denen eine Verhältnismäßigkeitsprüfung nach Art. 5 I GG ergibt, daß ein Verbot der jeweiligen Tätigkeit unangemessen wäre, eine verfassungskonforme Auslegung des Verbotes vorzunehmen.

6. Telefonaktionen von Rundfunk oder Presse, bei denen Rechtsberatung durch Rechtsanwälte und andere zugelassene Rechtsberater erfolgt und bei denen die veranstaltende Redaktion keinen inhaltlichen Einfluß auf die Beantwortung der Fragen nimmt, sondern lediglich die Telefonanlage und die Räumlichkeiten zur Verfügung stellt, der Berater aber in eigener Verantwortung die Rechtsberatung erteilt.

7. Das Weiterleiten von Anfragen und vorgetragenen Rechtsproblemen an Rechtsanwälte oder zugelassene Rechtsberater, sofern diese Tätigkeit als Vorbereitungs-, Produktions- oder Publikationstätigkeit in den Schutzbereich von Art. 5 I GG fällt und weitere Voraussetzungen erfüllt sind: Rundfunk und Presse können mit einer thematischen Begrenzung solcher Aktionen erreichen, daß Rechtsverluste und Fristversäumnisse aufgrund der Weiterleitungsaktion nicht

---

806 Dazu oben, 2. Teil A, capt. IV 3 b, S. 101 ff.

807 Einschränkend nun der BGH, vgl. Pressemitteilung des Bundesgerichtshofes Nr. 93/2001, http://www.uni-karlsruhe.de/~BGH/PressemitteilungenBGH/PM2001/PM093 2001.htm; FAZ vom 8.12.01, S. 21; BGH NJW 2002, 2877; 2879; 2880; 2882; 2884.

eintreten können. Die Presse kann darüber hinaus in Fragenbereichen, in denen ebendiese Rechtsverluste eintreten könnten, durch deutliche und allgemeinverständliche warnende Hinweise gewährleisten, daß die Ratsuchenden ausreichend über den Charakter der Aktion informiert sind. Dies kann geschehen, indem den Ratsuchenden gegenüber bereits in der Aufforderung, die Anfragen dem Medienunternehmen zu übersenden, deutlich gemacht wird, daß das Weiterleiten Zeit verstreichen lasse, möglicherweise eine Auswahl erfolge, nicht jede Zusendung weitergegeben werde und schließlich daß das Weiterreichen unmittelbar erteiltem Rechtsrat durch einen Rechtsanwalt oder einen zugelassenen Berater nicht gleichkomme.

8. Schriftliche Beratungen in Zeitungsbriefkästen und bei Beantwortung von Leserpost, sofern sie im oben geschilderten Sinne thematisch begrenzt sind[808] oder durch Rechtsanwälte oder zugelassene Berater durchgeführt werden. Dabei ist eine sofortige Überprüfung, ob Rechtsverluste durch Zeitablauf eintreten können, erforderlich. In der Presse können diese Beratungen durch Laien erfolgen, sofern ausdrücklich, allgemeinverständlich und unübersehbar darauf hingewiesen wird, daß kein qualifizierter Rechtsrat durch einen Rechtsanwalt, sondern nur eine Anregung durch Laien erteilt werde und eine anwaltliche Beratung keinesfalls ersetzt werden könne.

Für die unter Nr. 2 - 8 aufgeführten Fallkonstellationen muß eine verfassungskonforme Auslegung der Normen des Rechtsberatungsgesetzes vorgenommen werden.

Eine im Hinblick auf Art. 5 I GG der Verfassung entsprechende Definition der Begriffe Rechtsbesorgung und Rechtsberatung lautet:

Unter Rechtsberatung und Rechtsbesorgung sind alle Tätigkeiten zu verstehen, die objektiv und subjektiv darauf gerichtet sind, konkrete fremde Rechtsangelegenheiten umfassend durch Beratung oder vermittelnde Tätigkeit zu fördern und/oder zu erledigen, ohne daß ein wesentliches Informationsinteresse der Allgemeinheit betroffen oder die primäre Zielrichtung der Tätigkeit eine publizistische ist.

---

808 Vgl. These Nr. 7, S. 205 sowie 2. Teil B, capt. V 2, S. 195 f.

Anhang: Vertragsgestaltungen zur Gewährleistung der Gleichwertigkeit medialer anwaltlicher Rechtsbesorgungen mit originärer anwaltlicher Tätigkeit

Es wird nun in einem zivilrechtlichen Exkurs dargestellt, wie die vertraglichen Bindungen gestaltet sein müssen, damit die anwaltliche Beratung im Zusammenhang mit Publikationen der vom Gesetz vorgesehenen originären anwaltlichen Beratung in ihren Schutzwirkungen gleichkommt. Was diese Tätigkeiten in anwaltlicher Verantwortlichkeit betrifft, stellen sie erlaubte Rechtsbesorgungen und -beratungen dar.

Es wurde darauf hingewiesen, daß ein Verbot von Vermittlungstätigkeiten nicht erforderlich im Hinblick auf Art. 5 I GG ist, soweit ein Rechtsanwalt die rechtsberatenden oder rechtsbesorgenden Tätigkeiten durchführt[809]. Mit der anwaltlichen Beratung ist außerhalb von Gefälligkeitsverhältnissen eine umfassende Haftung, die durch die anwaltliche Haftpflichtversicherung abgesichert ist, verbunden. Der Gesetzeszweck des Schutzes vor schlechtem Rechtsrat würde geschwächt oder sogar ins Leere laufen, wenn mit der anwaltlichen Tätigkeit im hier behandelten Zusammenhang mit Publikationen nicht ebendiese Haftung verbunden wäre[810]. Von Rundfunk und Presse, die Vermittlungs- und Beratungstätigkeiten durch Anwälte durchführen lassen, um sie zum Gegenstand von Publikationen zu machen, ist daher sicherzustellen, daß gegenüber den Ratsuchenden umfassende Haftung besteht, und die zivilrechtliche Vertragsgestaltung diesem Erfordernis anzupassen. Soweit der Rechtsanwalt einen eigenen Vertrag mit dem Ratsuchenden abschließt, ist hier ein Tätigwerden nur insoweit notwendig, als sicherzustellen ist, daß die eingegangenen Informationen und Anfragen unverzüglich dem Anwalt zugänglich sind. Soweit die Beratungssituation beispielsweise „live“ den Abschluß eines eigenen Auskunftsvertrages zwischen Anwalt und Ratsuchendem nicht zuläßt, muß das Medienunternehmen durch eigene Vertragsgestaltung und Vertragstreue sicherstellen, daß umfassende Haftung gewährleistet ist.

Wie die einzelnen zivilrechtlichen Konstellationen aussehen können und wie dabei die umfassende Haftung gewährleistet werden kann, wird im folgenden dargestellt. Dabei wird zunächst geklärt, wie der von einem Ratsuchenden direkt in Anspruch genommene Rechtsanwalt in welchen Vertragsverhältnissen haftet, wieweit Haftungsausschlüsse möglich sind und inwieweit eine Haftung gegen-

809 Oben 2. Teil B, capt. III 3 b. bb, S. 173 ff.
810 Vgl. oben 2. Teil B, capt. III 3 b. bb, S. 173.

über Dritten gegeben ist. Schließlich werden diese Grundsätze auf die Konstellation des Medienunternehmens, das die Beratung oder Rechtsbesorgung durch einen Rechtsanwalt initiiert und publizistisch verwertet, übertragen.

I. Umfang der anwaltlichen Haftung

1. Der Anwaltsvertrag und beschränktes Mandat

Der Rechtsanwalt haftet aus Vertrag für Vorsatz und Fahrlässigkeit nach den Grundsätzen der positiven Vertragsverletzung (pVV) bzw. nach § 280 I n. F. BGB[811] und aus Delikt aus den §§ 823 ff. BGB. Da die deliktische Haftung für fahrlässig verursachte Vermögensschäden weitgehend ausgeschlossen ist, ist die Anwaltshaftung aus Vertrag von entscheidender Bedeutung[812]. Der zwischen Rechtsanwalt und Mandant geschlossene Anwaltsvertrag ist in der Regel ein Dienstvertrag, der eine Geschäftsbesorgung zum Gegenstand hat (§§ 611, 675 I BGB), ausnahmsweise ein auf eine Geschäftsbesorgung gerichteter Werkvertrag (§§ 631, 675 I BGB). Er kommt nach §§ 145 ff. BGB zustande, wobei die Parteien das Honorar im Rahmen des § 3 BRAGO ausgestalten oder eine Haftungsbeschränkung nach § 51 a BRAO vereinbaren können[813]. Eine schriftliche Dokumentation dient der Absicherung, ist aber nicht Wirksamkeitsvoraussetzung: Angebot und Annahme können mündlich erklärt werden und auch ein Abschluß durch schlüssiges Verhalten[814] ist möglich. An die Annahme eines Vertragsschlusses durch schlüssiges Verhalten sind aufgrund der damit verbundenen Haftungsrisiken jedoch erhöhte Anforderungen zu stellen[815].

Aus dem Anwaltsvertrag ergeben sich als vertragliche Grundpflichten die Pflicht zur Sachverhaltsaufklärung, zur Rechtsprüfung, zur Beratung, zur Belehrung und zur Wahl des sichersten Weges[816].

---

811 Zur Haftung aus Mandat: Borgmann/Haug, Anwaltshaftung, § 25 Rz. 2 ff., S. 163. Seit dem 01.01.2002 gilt insoweit § 280 I n.F. BGB, in dem die pVV aufgegangen ist. Dazu: Däubler, NJW 2001, 3729, 3731; Brambring, in: Amann/Brambring/Hertel, Die Schuldrechtsreform, S. 43.

812 Zugehör-Sieg, S. 1 Rz. 2.

813 Zugehör-Sieg, S. 17 Rz. 9.

814 BGH NJW 1991, 2084, 2085; BGH VersR 1981, 460, 461; OLG Celle, JurBüro 1973, Sp.135; OLG Stuttgart, AnwBl 1976, 439, 441.

815 BGH NJW 1991, 2084, 2085; NJW 1991, 32; Zugehör-Sieg, S. 18, Rz. 11 ff.; Borgmann/Haug, Anwaltshaftung, § 12 Rz. 60, S. 63.

816 Henssler/Kilian, Jus 1999, 256, 257; Steinkraus/Schaaf, Jus 2001, 167, 170; weiterführend: Zugehör-Zugehör, S. 275 ff. Rz. 504 ff.

Obwohl der Rechtsanwalt zumeist ein unbeschränktes Mandat hat, ist auch die Übertragung eines beschränkten Mandates möglich: der Anwalt ist dann nur beauftragt, seinen Mandanten in einer Rechtsangelegenheit bezüglich eines Teils des Gegenstandes oder in einer bestimmten Art, Richtung und Reichweite zu vertreten[817]. Innerhalb der Grenzen dieses (beschränkten) Mandats und beschränkt auf diesen Gegenstand des Anwaltsvertrages hat der Anwalt auch die anwaltlichen Hauptpflichten aus dem Anwaltsvertrag zu erfüllen, nämlich den maßgeblichen Sachverhalt zu klären, die rechtliche Prüfung desselben vorzunehmen, den Auftraggeber über das Ergebnis dieser Prüfungen zu belehren und Nachteile des Mandanten zu verhindern[818]. Dennoch ergibt sich aus dem Grundsatz von Treu und Glauben (§ 242 BGB) eine Nebenpflicht zur Warnung des Auftraggebers vor Gefahren außerhalb des beschränkten Mandatsgegenstandes, wenn diese dem Anwalt bekannt und für ihn offenkundig sind[819].

Bei anwaltlichen Pflichtverletzungen haftet der Rechtsanwalt aus pVV des Anwaltsvertrages bzw. aus § 280 I n. F. BGB[820]; die nach § 51 BRAO erforderliche Berufshaftpflichtversicherung schützt die Rechtsuchenden wie auch den Rechtsanwalt vor Vermögensverlusten.

2. Auskunftsvertrag

Soweit zwischen den Parteien ein Anwaltsvertrag der oben beschriebenen Art abgeschlossen wurde, erstreckt sich die Haftpflicht des Rechtsanwalts auch auf Schäden des Mandanten infolge einer falschen oder unvollständigen Auskunft.

Denkbar ist auch der Abschluß eines Auskunftsvertrages nach § 675 I BGB[821], wenn Rat und Auskünfte erteilt werden sollen[822]. Der Auskunftsvertrag ist dann als besondere Form des beschränkten Mandates anzusehen, dessen Inhalt nur die Erteilung der Auskunft ist[823].

---

817 BGH WM 1996, 1832, 1834; Zugehör-Zugehör, S. 279 Rz. 519.

818 Zugehör-Zugehör, S. 280 Rz. 520.

819 BGH NJW 1997, 2168, 2169; BGHZ 128, 358, 361 f.; Zugehör-Zugehör, S. 281 Rz. 523.

820 Dazu im einzelnen: Borgmann/Haug, Anwaltshaftung, § 25, S. 163 ff. Seit dem 01.01.2002 gilt insoweit § 280 I n.F. BGB, in dem die pVV aufgegangen ist. Dazu: Däubler, NJW 2001, 3729, 3731; Brambring, in: Amann/Brambring/Hertel, Die Schuldrechtsreform, S. 43.

821 Dazu: Musielak, Haftung für Rat, Auskunft und Gutachten, S. 8 ff., Palandt-Putzo, Einf. v. § 611 Rz. 21.

822 Die Begriffe Rat, Empfehlung und Auskunft unterscheiden sich in der Problematik des Auskunftsvertrages nicht, vgl. Bell, Anwaltshaftung gegenüber Dritten, S. 44.

823 Vgl. Lammel, AcP 179 (1979), S. 336, 338.

§ 51 a BRAO ermöglicht eine vertragliche Haftungsbeschränkung.

Diese ist nach § 51 a I Nr. 1 BRAO möglich durch schriftliche Vereinbarung gemäß § 126 BGB bis zur Höhe der Mindestversicherungssumme von derzeit 500.000 DM[824]. Die Vereinbarung muß ausgehandelt sein in dem Sinne, daß die vorgeschlagene Abweichung von der gesetzlichen Haftungsregelung der unbeschränkten Haftung für jede schuldhafte Pflichtverletzung ernsthaft zur Disposition gestellt wird. Dabei muß der Verhandlungspartner Gestaltungsfreiheit zur Wahrung seiner eigenen Interessen und die reale Möglichkeit zur inhaltlichen Ausgestaltung der Vereinbarung haben[825]. Bestandteil des Aushandelns ist die Aufklärung des Auftraggebers über Bedeutung und Tragweite der Freizeichnungsvereinbarung[826].

In § 51 a I Nr. 2 BRAO ist weiterhin die Möglichkeit vorgesehen, durch vorformulierte Vertragsbedingungen für Fälle einfacher Fahrlässigkeit die Haftung auf den vierfachen Betrag der Mindestversicherungssumme, wenn insoweit Versicherungsschutz besteht, zu begrenzen. Insofern besteht eine Hinweispflicht, wobei der ausdrückliche Hinweis auf die vorformulierten Vertragsbedingungen genügt, falls sie dem Auftraggeber übergeben werden und ihm offen und unmißverständlich zur Kenntnis gebracht wird, daß das Mandat zu diesen Bedingungen übernommen wird[827]. Die Annahmeerklärung des Mandanten kann konkludent erfolgen. Da dem Anwalt die Darlegungs- und Beweislast für die Haftungsbeschränkung obliegt, ist es in seinem Interesse, die wirksame Einbeziehung seiner Vertragsbedingungen beweisgeeignet zu dokumentieren[828].

II. Haftung gegenüber Dritten

Auch gegenüber Dritten, die nicht seine Mandanten sind, muß der Anwalt unter Umständen haften[829]. Die Rechtsprechung hat hier zu einer Vertrauenshaftung der beruflichen Sachkenner geführt, die auf verschiedenen rechtlichen Grundlagen basiert.

Das Gesetz bietet die Möglichkeit, eine Haftung aus Vertrag zugunsten Dritter (§ 328 BGB) anzunehmen, wenn die Haftung des Anwalts aus einer Beratung

---

824 § 51 IV 1 BRAO.
825 Henssler/Prütting-Stobbe, BRAO, § 51 a Rz. 36 m.w.N.
826 Henssler/Prütting-Stobbe, BRAO, § 51 a Rz. 43.
827 Henssler/Prütting-Stobbe § 51 a Rz. 47.
828 Henssler/Prütting-Stobbe § 51 a Rz. 48.
829 Umfassend: Bell, Anwaltshaftung gegenüber Dritten. Hagen: 1996.

resultiert, die erkennbar an den Dritten gerichtet war[830]; weiter aus einem Vertrag mit Schutzwirkung für Dritte[831], in dem die Beratung dem Dritten nur zugute kommen soll[832], und schließlich eine Anwaltshaftung gegenüber Dritten aus Auskunftsvertrag, eine Anwaltshaftung aus Treuhandvertrag und eine Anwaltshaftung aus Verschulden bei Vertragsschluß[833]. Auch für Auskünfte und Testate gilt eine besondere Vertrauens- und Berufshaftung: Wer als Sachverständiger einen Auskunftsvertrag abschließt, haftet auch Dritten gegenüber, denen die Auskunft bestimmungsgemäß zugänglich war und die an die Auskunft bestimmungsgemäß eine vermögensrechtliche Entscheidung geknüpft haben[834]. Diese vertragliche Vertrauenshaftung betrifft Auskünfte und Gutachten gegenüber Dritten, die auf Richtigkeit und Vollständigkeit der anwaltlichen Auskunft vertrauen[835].

Die Rechtsprechung sieht den „stillschweigenden" Abschluß eines Auskunftsvertrages gemäß § 675 BGB zwischen Rechtsanwalt und Dritten als die Regel an[836], wobei der Rechtsanwalt dem Dritten dann aus pVV bzw. aus § 280 I BGB[837] haftet. Der Auskunftsvertrag kann von dem Auskunftgeber mit dem Empfänger wiederum so geschlossen werden, daß er Schutzwirkung für Dritte entfaltet, wenn der Auskunftgeber erkennbar auch die Interessen des Dritten wahren soll[838]. Im Falle eines Vertrages mit Schutzwirkung für Dritte muß der Dritte sich grundsätzlich nach § 334 BGB alle Einreden und Einwendungen aus dem Vertrag zwischen Rechtsanwalt und Auftraggeber entgegenhalten lassen; ferner gelten ihm gegenüber die zwischen den Vertragspartnern vereinbarten

830 Steinkraus/Schaaf, JuS 2001, 167, 171; Zugehör-Zugehör, S. 694 Rz. 1352 ff.

831 Auch als Vertrag mit Schutzwirkung zugunsten Dritter bezeichnet, vgl. Zugehör-Zugehör, S. 708 ff. Rz. 1383 ff. Zu den Voraussetzungen des Vertrages mit Schutzwirkung für Dritte im einzelnen: Bell, Anwaltshaftung gegenüber Dritten, S. 79 ff.; Medicus, JZ 1995, 308; zur Entwicklung: Lorenz, JZ 1960, 108.

832 Zugehör-Zugehör, S. 708 ff. Rz 1383 ff.

833 Zugehör-Zugehör Rz. 1431 ff.; 1475 ff.; 1527 ff.

834 BGH NJW 1984, 355; BGH JZ 1985, 951; BGH BB 1986, 1179; BGH NJW 1987, 1758; BGH WM 1989, 375; BGH NJW 1991, 352.

835 Zu diesen Fällen zählen sowohl diejenigen, in denen die Beratung des Dritten Inhalt der Absprache zwischen Anwalt und Auftraggeber ist, als auch die „third party legal opinions", Rechtsauskünfte, die auf Veranlassung und für eine Person erteilt werden, die gerade nicht Mandant des auskunftgebenden Rechtsanwalts ist, vgl. Grunewald, AnwBl 2000, 209; weiterführend: Adolff, Die zivilrechtliche Verantwortlichkeit deutscher Anwälte bei der Abgabe von Third Party Legal Opinions, 1997.

836 Vgl. Zugehör-Zugehör, S. 691, Rz. 1347, 1439; kritisch dazu: Grunewald, AnwBl 2000, 209, 210.

837 Bis zum 31.12.2001 aus pVV des Auskunftsvertrages, seitdem gilt § 280 I BGB i. d. F. vom 29.11.2001, BGBl I 2001, S. 3137 ff.

838 Zugehör-Zugehör, S. 741 f. Rz. 1444.

Haftungsbeschränkungen[839]. Diese Folge wendet der BGH ab, indem er annimmt, daß Rechtsanwalt und Mandant bei Abschluß des Auskunftsvertrages § 334 BGB konkludent abbedungen haben[840]. In der Literatur wird für die sogenannten „third party legal opinions“ teilweise eine Garantieübernahme als Fall der Vertrauenshaftung erwogen[841], wobei ein Haftungsausschluß durch direkte Erklärung dem Dritten gegenüber erreicht werden soll[842].

Soweit ein eigener Vertragsabschluß angenommen wird, gelten die oben beschriebenen Voraussetzungen der Haftungsbeschränkung. Und für die Lösung der Garantieübernahme als Fall der Vertrauenshaftung kann ein Haftungsausschluß wie auch die Haftungsbeschränkung nach § 51 a BRAO durch eindeutigen Hinweis dem Dritten gegenüber erreicht werden[843]. Allen Lösungen ist gemeinsam, daß der vertrauende Dritte die Vertragsbedingungen entweder selbst ausgehandelt hat oder die unbeschränkte Haftung des Auskunftgebers für die Auskunft genießt.

III. Haftungskonstellation Medienunternehmen – Rechtsanwalt – Ratsuchender

In Fällen, in denen ein Rechtsanwalt anwaltliche Beratung im Rahmen einer Fernsehsendung vornimmt, „live“ eine Auskunft auf eine telefonische Anfrage erteilt oder auch rechtsbesorgend tätig wird, gibt es ebenfalls die beschriebenen vertraglichen Gestaltungsmöglichkeiten.

1. Abschluß eines Anwaltsvertrages zwischen Ratsuchendem und Rechtsanwalt

Zunächst kann ein Anwaltsvertrag – dessen Gegenstand auch die Befreiung von der Verschwiegenheitspflicht aus Anwaltsvertrag § 43 a II BRAO, § 203 I Nr. 1 StGB sein muß – zwischen dem Anwalt auf der einen Seite und Zuschauer, Zuhörer oder Leser auf der anderen Seite geschlossen werden. Hier besteht die volle anwaltliche Haftung nach den dargestellten Grundsätzen. Haftungsbeschränkungen und beschränkte Mandate können auch hier nur ausdrücklich und unter den genannten Voraussetzungen vereinbart werden. Da diese mit einem

839 Grunewald, AnwBl 2000, 209, 210.
840 BGH JZ 1998, 624, 626; BGHZ 127, 378, 385; 93, 271, 275 f.
841 Grunewald, AnwBl 2000, 209, 210; Neuner, JZ 1999, 126, 135; grundlegend zur beruflichen Vertrauenshaftung: Lammel, AcP 179 (1979), S. 336, 345 ff., 364 ff.
842 Grunewald, AnwBl 2000, 209, 210.
843 Grunewald, AnwBl 2000, 209, 210.

gewissen Zeitaufwand verbunden sind, ist der Abschluß eines eigenen Anwaltsvertrages vor allem denkbar, wenn der Anwalt rechtsbesorgend tätig wird und die Rechtsbesorgung mit einem zeitlichen Vorlauf verbunden ist, der für eine individuelle Vereinbarung ausreicht. Hier besteht die Möglichkeit, die Beschränkung des Mandats auf den für die Publikation relevanten Teil festzulegen, so daß zum einen die Pflichten des Anwalts auf diesen Gegenstand beschränkt sind, zum anderen aber der Ratsuchende durch die Nebenpflicht zur Warnung vor Gefahren aus § 242 BGB weitergehend geschützt ist. Die Rolle des Medienunternehmens besteht dann in der Dokumentation der eigentlichen Rechtsbesorgung; darüber hinaus wird es im Regelfall die Verpflichtung des Mandanten, die Vergütung der anwaltlichen Tätigkeit zu bezahlen, übernehmen.

2. Auskunftsvertrag

a. Zwischen Rechtsanwalt und Ratsuchendem

Weiterhin können der Rechtsanwalt und der Ratsuchende einen Auskunftsvertrag abschließen. Dieser Vertragsschluß erfolgt ausdrücklich oder konkludent, wobei die Vereinbarung einer Vergütung nicht Voraussetzung ist[844]. Ein stillschweigender Abschluß ist – in Abgrenzung zu einer Gefälligkeit – dann anzunehmen, wenn die Auskunft für den Empfänger erkennbar von erheblicher Bedeutung ist und er sie zur Grundlage wesentlicher Entscheidung machen will. Dies gilt vor allem für Fälle der besonderen Sachkunde des Auskunftgebers oder in Fällen, in denen dieser ein eigenes wirtschaftliches Interesse verfolgt, wobei aber entscheidend ist, ob die Gesamtumstände des Falles mit Rücksicht auf die Verkehrsanschauung den Rückschluß zulassen, daß beide Teile nach dem objektiven Inhalt ihrer Erklärungen die Auskunft zum Gegenstand vertraglicher Rechte und Pflichten gemacht haben[845]. Im Falle der Rechtsberatung, die vor allem „live" stattfindet, ist im Interesse des Auskunftgebenden der Abschluß eines ausdrücklichen Auskunftsvertrages zu empfehlen, um den Auskunftsgegenstand und damit den Haftungsumfang genau festzulegen. Aufgrund der besonderen Sachkunde des Anwalts und der in einem öffentlichen Rahmen vorgetragenen Problemsituation des Ratsuchenden ist im übrigen von einem konkludenten Vertragsschluß auszugehen, da der Auskunftsempfänger die Anfrage ja gerade

844 BGH NJW 1992, 2080, 2082; 1973, 321, 323; 1972, 678, 680; Zugehör-Zugehör Rz. 1437.

845 BGH ZIP 1999, 275; WM 1995, 941, 943; NJW 1993, 3073, 3075; NJW 1992, 2080, 2082; WM 1988, 1828, 1829; NJW 1986, 180; Zugehör-Zugehör S. 739 Rz. 1429.

stellt, um ein Rechtsproblem zu lösen und die Auskunft zur Grundlage für ihn wesentlicher Entschlüsse zu machen[846].

Die Gesamtumstände sprechen folglich dafür, daß beide Seiten die Auskunft zum Gegenstand vertraglicher Rechte und Pflichten machen wollen. Der Ratsuchende wendet sich an einen Sachkundigen und der Sachkundige erklärt ihm, wie er vorzugehen habe. Dabei steht es dem Rechtsanwalt frei, die Auskunft dahingehend zu erteilen, daß die Sachlage zu unübersichtlich oder die Rechtslage in der gebotenen Kürze nicht zu klären sei und daß der Ratsuchende einen Rechtsanwalt aufsuchen müsse, der ihn verbindlich beraten könne, was hier nicht möglich sei.

b. Zwischen Medienunternehmen und Rechtsanwalt

Der Auskunftsvertrag kann aber auch zwischen Medienunternehmen und Rechtsanwalt bestehen und vertragliche Schutzwirkung für Dritte entfalten: Denkbar ist, daß ein Medienunternehmen für eine individuelle Anfrage einen Anwalt kontaktiert und zu einer Auskunft verpflichtet hat, die dieser beispielsweise auf die Verlesung des Schreibens eines Zuschauers erteilt. Hier ist die Auskunft erkennbar für einen Dritten, nämlich den Ratsuchenden, bestimmt, Vertragspartner des Anwalts ist aber allein das Medienunternehmen. Dieser Vertrag entfaltet daher bestimmungsgemäß und für den Anwalt erkennbar Schutzwirkung für den Ratsuchenden[847], der einen eigenen Haftungsanspruch gegenüber dem Rechtsanwalt hat. Ein Auskunftsvertrag des Anwalts mit „dem, den es angeht", ist hingegen in dieser Konstellation zu verneinen[848].

3. Geschäftsbesorgungsvertrag zwischen Medienunternehmen und Rechtsanwalt

Schließlich kann das Medienunternehmen mit dem Rechtsanwalt einen Geschäftsbesorgungsvertrag nach §§ 611, 675 I BGB oder §§ 631, 675 I BGB schließen, dessen Gegenstand es ist, die Beratung der Rechtsuchenden oder die Besorgung ihrer Rechtsangelegenheiten vorzunehmen. Die zivilrechtliche Konstellation hätte dann so auszusehen, daß der Rechtsanwalt das Angebot erhielte, in einem bestimmten Zeitrahmen die Beratung zu übernehmen, wobei für das

846 So wurde auch für die Anwaltshotlines der Abschluß eines Geschäftsbesorgungsvertrages zwischen Anrufer und Rechtsanwalt bejaht, vgl. OLG München, NJW 1999, 150, 151; LG Berlin, CR 1999, 369, 370.

847 Zu diesem Erfordernis: Zugehör-Zugehör, S. 741 f., Rz. 1444.

848 Vgl. zu vergleichbaren Konstellationen: Zugehör-Zugehör, Rz. 1443 m.w.N.; Lammel, AcP 179 (1979), S. 337, 343 m.w.N.

Angebot nach § 148 BGB eine Annahmefrist bestimmt werden müßte, die es dem Rechtsanwalt in der konkreten Fragesituation ermöglichte, eine Auskunft aus Sach- oder Rechtsgründen zu verweigern.

Ohne den Abschluß eines eigenen Vertrages zwischen Anwalt und Ratsuchendem erbringt der Anwalt hier aufgrund seiner vertraglichen Verpflichtung dem Medienunternehmen gegenüber die Tätigkeit gegenüber dem Ratsuchenden. Der Geschäftsbesorgungsvertrag ist dabei als echter Vertrag zugunsten Dritter nach § 328 BGB, aber auch als Vertrag mit Schutzwirkung für Dritte möglich. In beiden Fällen stehen dem Ratsuchenden eigene Schadensersatzansprüche wegen Schlechtleistung zu, so daß er umfassend durch die anwaltliche Haftpflichtversicherung geschützt ist. Soweit im Falle des Vertrages mit Schutzwirkung für Dritte der Anwalt seine eigenen Einwendungen und Einreden gegenüber dem Medienunternehmen auch dem Dritten entgegenhalten könnte, hat das Medienunternehmen im Interesse der Rechtmäßigkeit des eigenen Publikations- und Produktionsvorgehens sicherzustellen, daß solche Einwendungen und Einreden nicht entstehen. Der Rechtssicherheit halber könnte hier § 334 BGB ausdrücklich abbedungen werden.

Soweit in der Presse schriftliche Rechtsberatungen wie in Zeitungsbriefkästen erbracht werden, besteht ausreichend zeitlicher Vorlauf, um einen Auskunftsvertrag oder einen Anwaltsvertrag über einen genau bestimmten Gegenstand abzuschließen. Die Bestimmung des präzisen Vertragsgegenstandes ermöglicht es dem Anwalt, sein eigenes Haftungsrisiko gegenüber Dritten abzuschätzen. Im übrigen bietet sich auch hier der Abschluß eines Vertrages mit Schutzwirkung für Dritte an, so daß der Ratsuchende – wie oben dargestellt – geschützt wäre.

Literaturverzeichnis

Adolff, Johannes: Die zivilrechtliche Verantwortlichkeit deutscher Anwälte bei der Abgabe von Third Party Legal Opinions. München: 1997.

Altenhoff, Rudolf/Busch, Hans/Chemnitz, Jürgen: Rechtsberatungsgesetz (RBerG) Kommentar. Begr. von Rudolf Altenhoff und Hans Busch. Neubearbeitung von Jürgen Chemnitz. Münster, 10., neubearb. Aufl.: 1993.

Amann, Hermann/Brambring, Günter/Hertel, Christian: Die Schuldrechtsreform in der Vertragspraxis. Hrsg. und bearb. Von Hermann Amann, Günter Brambring und Christian Hertel. München: 2002.

Arnu, Titus: Der belehrte Zuschauer. In: Programmbereicht zur Lage und Entwicklung des Fernsehens in Deutschland 1998/99, S. 53-99. Hrsg. von: Arbeitsgemeinschaft der Landesmedienanstalten (ALM), 1999.

Baumbach, Adolf/Hefermehl, Wolfgang: Wettbewerbsrecht. Gesetz gegen den unlauteren Wettbewerb, Zugabeverordnung, Rabattgesetz und Nebengesetze. München, 22., neubearbeitete Auflage, Stand vom 1. September 2000: 2001.

Bell, Martin: Anwaltshaftung gegenüber Dritten. Bonn: 1996.

Benda, Ernst/Maihofer, Werner/Vogel, Hans-Jochen [Hrsg.]: Handbuch des Verfassungsrechts. Unter Mitwirkung von Konrad Hesse und Wolfgang Heyde. Berlin, New York: 1994.

Berger, Christian: Anwaltliche telefonische Rechtsberatung unter der Service-Nummer 0190. In: NJW 1999, S. 1353-1357.

Bethge, Herbert: Rechtsberatung durch Rundfunkveranstalter. In: AfP 1999, S. 309-317.

Bethge, Herbert/von Coelln, Christian: Rechtsberatung im privaten Rundfunk. Frankfurt [u.a.]: 2000.

Bissel, Christian: Berufsrechtliche Zulässigkeit von Anwaltshotlines. In: BRAK-Mitteilungen 2/2001, S. 50-57.

Bleckmann, Albert: Staatsrecht II – Die Grundrechte. Unter Mitarbeit von Ingo Erbereich, Sabine Schmeinck und Heinz-Gerd Suelmann. Köln [u.a.], 4., neubearb. Aufl.: 1997.

Das Bonner Grundgesetz: S.u. von Mangoldt/Klein bzw. von Mangoldt/Klein/Starck.

Bonner Kommentar: Bonner Kommentar zum Grundgesetz. Band 1, Art. 1 – 5. Hrsg. von Rudolf Dolzer und Klaus Vogel. Heidelberg, Stand: 96. Lief./Mai 2001.

Borgmann,Brigitte/Haug, Karl H.: Anwaltshaftung. Systematische Darstellung der Rechtsgrundlagen für die anwaltliche Berufstätigkeit. 3., völlig neubearbeitete Auflage, München: 1995.

Brangsch: Anm. zu OLG Hamm v. 13.11.1953. In: NJW 1954, S. 516-519.

Breidenbach, Stephan/Henssler, Martin (Hrsg.): Mediation für Juristen. Konfliktbehandlung ohne gerichtliche Entscheidung. Köln: 1997.

Brockhaus: Enzyklopädie in 24 Bänden. Mannheim, 19., völlig neu bearbeit. Aufl.: 1992.

Bullinger, Martin: Ordnung und Freiheit für Multimediadienste. In: JZ 1996, S. 385- 391.

Bundesregierung: Zukunft der Rechtsberatung. Antwort der Bundesregierung auf eine Große Anfrage. BT-Drucks 14/3959, S. 10. www.brak.de/aktuelles/grosseantwort.htm; Stand: 5.10.2000.

Büring, Ralf/Edenfeld, Stefan: Anwaltliche Beratung über Telefon-Hotline? In: MDR 1999, S. 532-535.

Bürglen, Bernd: Kritische Brennpunkte im Rechtsberatungsgesetz. In: WRP 2000, S. 846-854.

Buschbell, Hans: Telefonberatung - eine Herausforderung für die Anwaltschaft. In: AnwBl 1999, S. 579-586.

Busse, Felix: Rechtsberatungsgesetz – ein Ärgernis? In: NJW 1999, S. 1084-1085.

Caliebe, Gabriele/Ohle, Carsten D./Seitz, Walter: Inkasso-Handbuch. Recht und Praxis des Inkassowesens. Hrsg. Von Walter Seitz. München, 3. Aufl.: 2000.

Cole, Mark D.: Lebach II: Resozialisierung versus Rundfunkfreiheit – Sieg für das Fernsehen in Runde zwei. In: NJW 2001, S. 795-796.

Creutz, Marcus: Wenn der Wolf das Schaf berät. Das Rechtsberatungsgesetz kommt nicht aus der Diskussion. In: Anwaltsreport 2001 Heft 12, S. 14-15.

Creutz, Marcus: Wohin gehen die Trends im Internet? Digitales Beziehungsmanagement ist mehr als bloße Webpräsenz. In: Anwaltsreport 2001 Heft 7, S. 20-22.

Däubler, Wolfgang: Neues Schuldrecht – ein erster Überblick.. In: NJW 2001, S. 3729 – 3734.

Dallmayer, Peter/Eickmann, Dieter: Rechtspflegergesetz. München: 1996.

Degenhart, Christoph: Meinungs- und Medienfreiheit in Wirtschaft und Wettbewerb. In: Festschrift für Rudolf Lukes zum 65. Geburtstag. Hrsg. Von Herbert Leßmann, Bernhard Großfeld und Lothar Vollmer. Köln [u.a.]: 1989, S. 287-304.

Depenheuer, Otto: Informationsordnung und Informationsmarkt. Rechtliche Rahmenbedingungen einer Informationsordnung. In: AfP 1997, S. 669-675.

Dörr, Dieter/Eckl, Judith:Die Entwicklung des Medienrechts. In: NJW 1999, S. 1925-1936.
Dombek, Bernhard: „Rechtsberatungsmonopol" der Anwaltschaft – Berechtigung und Grenzen. In: BRAK-Mitteilungen 3/2001, S. 98-105.
Dreier, Horst: Grundgesetz: Kommentar. Band I Artikel 1-19. Hrsg. von Horst Dreier. Bearb. von Hartmut Bauer, Horst Dreier u.a. Tübingen: 1996.
Duden: Band 5: Das Fremdwörterbuch. Hrsg. und bearb. vom Wissenschaftlichen Rat der Dudenredaktion: Günter Drosdowski u.a. unter Mitwirkung von Maria Dose u.a. Mannheim [u.a.], 5., neubearb. und erw. Aufl.: 1990.
Duden: Band 7: Etymologie. Herkunftswörterbuch der deutschen Sprache. Hrsg. von Günther Drosdowski. Mannheim [u.a.], 2., völlig neu bearb. und erw. Aufl.: 1989.
Duden: Band 8: Sinn- und sachverwandte Wörter. Wörterbuch der treffenden Ausdrücke. Hrsg. und bearb. von Werner Müller. Mannheim [u.a.], 2., neu bearb., erw. und aktualisierte Aufl.: 1986.
Dütz, Wilhelm: Rechtsstaatlicher Gerichtsschutz im Privatrecht. Zum sachlichen Umfang der Zivilgerichtsbarkeit. Bad Homburg v. d. H. [u.a.]: 1970.
Dumoulin, Franz Josef: Rechtsberatung und Rechtsbesorgung der steuer- und wirtschaftsberatenden Berufe. In: NJW 1966, S. 810-815.
Ebbing, Frank: Beruf: Cyber-Anwalt. Wenn Kanzleien online gehen. In: Der Anwalt 5/2001; S. 6-8.
Edenfeld, Stefan: Der Schuldner am Pranger - Grenzen zivilrechtlicher Schuldbeitreibung. In: JZ 1998, S. 645-653.
Engels, Curt: Geschäftsgebühr bei Telefonberatung? Zu OLG Frankfurt v. 5.11.1998. In: AnwBl 1998, S. 661 u. 655. In: AnwBl 1999, S. 25.
Erbs/Kohlhaas/Senge: Strafrechtliche Nebengesetze. Rechtsberatungsgesetz. Begr. von Georg Erbs, vorm. hrsg. von Max Kohlhaas, hrsg. von Friedrich Ambs. Kommentiert von Lothar Senge. 140. Lief. Stand Dez. 2000.
Erichsen, Hans-Uwe: Das Grundrecht der Meinungsfreiheit. In: Jura 1996, S. 84-89.
Flechsig, Norbert: Ratgebersendungen versus Verbot der Rechtsberatung. In: ZUM 1999, S. 273-278.
Fohmann, Lothar H.: Konkurrenzen und Kollisionen im Grundrechtsbereich. In: EuGRZ 1985, S. 49-62.
Friauf, Heinrich/Höfling, Wolfram: Meinungsgrundrechte und Verfolgung von wirtschaftlichen Belangen. In: AfP 1985, S. 249-257.
Friedel, Angelo: Mehr Schein als Sein? Die Kanzlei als Online-Unternehmen. In: Anwalt Das Magazin 5/2001, S. 10-12.
Gehrlein, Markus: Der Girmes-Komplex: Ein Beispiel für die Grenzen zulässiger Rechtsberatung. In: NJW 1995, S. 487-491.

Gehrlein, Markus: Unzulässige Rechtsberatung eines Detektivs bei Durchführung von Entlaßgesprächen. In: AnwBl 1999, S. 137-140.
Gentz, Manfred: Zur Verhältnismäßigkeit von Grundrechtseingriffen. In: NJW 1968, S. 1600-1606.
Gersdorf, Hubertus: Teleshopping: Exerzitium für die Notwendigkeit einer Differenzierung zwischen Ausgestaltung und Beschränkung der Rundfunkfreiheit. In: ZUM 1995, S. 841-851.
Grimm, Dieter: Die Meinungsfreiheit in der Rechtsprechung des Bundesverfassungsgerichts. In: NJW 1995, S. 1697-1705.
Gross, Norbert: Die geschäftsmäßige Rechtsberatung. In: AnwBl 1989, S. 155-156.
Grunewald, Barbara: Die Haftung des Rechtsanwalts gegenüber Nichtvertragspartnern. In: AnwBl 2000, S. 209-213.
Grunewald, Barbara: Rechtsberatung durch Telefonhotlines. In: ZIP 2000, S. 2005-2010.
Grunewald, Barbara: Kurzkommentar zu OLG München, Urteil vom 2.3.2000, Az.: 4401/99. In: EWiR 5/2000, S. 693-694.
Häberle, Peter: Die Wesensgehaltsgarantie des Art. 19 Abs. 2 Grundgesetz. Zugleich ein Beitrag zum institutionellen Verständnis der Grundrechte und zur Lehre vom Gesetzesvorbehalt. Heidelberg, 3., stark erw. Auflage: 1983.
Hagenkötter, Andreas: Der Rechtsautomat. Rechtsberatung im 21. Jahrhundert. In: MC 2001, S. 19-20.
Hagenkötter, Andreas: Tätigkeitsbereiche innovativ – Beratungs-Hotline, Anwaltshäuser, Rechtsberatung im Kaufhaus, Rechtsberatungs-Café, Zweitberufe. In: AnwBl 2000, 81-83.
Hagenkötter, Andreas: Von Brillen und Festschriften - Realitäten und Möglichkeiten am Rechtsberatungsmarkt -. In: AnwBl 2001, S. 269-276.
Hagenkötter, Andreas/Härting, Niko: Anwälte im Netz: Praktische und rechtliche Tips: Praktische und rechtliche Tips für Kanzleien im Internet. Hrsg. von Andreas Hagenkötter und Niko Härting. Bonn: 2001.
Härting, Niko: Neues Geschäftsfeld oder modische Spielerei. In: Anwaltsreport 2001 Heft 1, S. 9-13.
Hartung, Wolfgang: Anmerkung zu AnwGH NRW, Beschluß vom 15.1.1999 – 1 ZU 49/98. In: MDR 1999, S. 768-769.
Hartung, Wolfgang/Holl, Thomas: Anwaltliche Berufsordnung. Fachanwaltsordnung Europäische Standesregeln – CCBE. Hrsg. von Wolfgang Hartung und Thomas Holl. München: 1997.
Henke, Udo: Pauschale Zeitvergütung für telefonische Rechtsberatung wettbewerbswidrig. In: AnwBl 1998, S. 655-656.

Hennemann, KlausDisziplinierungsinstrument Missbrauchsgesetz. Zu der Verurteilung Helmut Kramers wegen unerlaubter Rechtsberatung. Altruistisches Eintreten für den Nächsten durch uneigennützige Rechtsberatung ist mit Strafe bedroht. In: Betrifft JUSTIZ, Sept. 2000, S. 329-332.

Henssler, Martin: Die Zukunft des Rechtsberatungsgesetzes. In: AnwBl 2001, S. 525-533.

Henssler, Martin/Holthausen, Joachim: Kurzkommentar zu LG Duisburg, Urteil vom 7.1.1999, Az.: 41 O 180/98. In: EWiR 6/1999, S. 419-420.

Henssler, Martin/Kilian, Matthias: Anmerkung zu BGH, Urteil vom 17. Februar 2000 (IX ZR 50/98, Kammergericht). In: WuB IV A. § 812 BGB 4.00, S. 889-890.

Henssler, Martin/Kilian, Matthias: Der praktische Fall – Bürgerliches Recht: Der sorglose Rechtsanwalt. In: JuS 1999, S. 256-263.

Henssler, Martin/Koch, Ludwig: Mediation in der Anwaltspraxis. Hrsg. von Martin Henssler und Ludwig Koch. Bonn: 2000.

Henssler, Martin/Prütting, Hanns: Bundesrechtsanwaltsordnung. Kommentar. Hrsg. von Martin Henssler und Hanns Prütting. München: 1997.

Hermanns, Stephan: Grenzen zulässiger Rechtsberatung durch die öffentliche Hand und den privaten Unternehmer. Bonn (Deutscher Anwaltsverlag): 2000. 268 Seiten. Schriftenreihe des Instituts für Anwaltsrecht.

Heselhaus, Sebastian: Neue Entwicklungen bei der Bestimmung des Schutzbereichs der Meinungsfreiheit. In: NVwZ 1992, S. 740-743.

Heussen, Benno: Stärken und Schwächen der Anwaltschaft. Analyse, Kritik, Prognosen. In: AnwBl 1998, S. 551-560.

Hirte, Heribert: Mitteilung und Publikation von Gerichtsentscheidungen. Zum Spannungsverhältnis von Persönlichkeitsschutz und Interessen der Öffentlichkeit. In: NJW 1988, S. 1698-1705.

Hirtz, Bernd: Kurzkommentar zu OLG Düsseldorf vom 7.7.1998 – 20 U 20/98. In: EwiR 1998, S. 853-854.

Höfling, Wolfram: S.u. Friauf/Höfling.

Hoppe, Bernd: Die „allgemeinen Gesetze" als Schranke der Meinungsfreiheit. In: JuS 1991, S. 734–738.

Isensee, Josef/Axer, Peter: Jugendschutz im Fernsehen. Verfassungsrechtliche Vorgaben für staatsvertragliche Beschränkungen der Ausstrahlung indexbetroffener Sendungen. München: 1998.

Isensee, Josef/Kirchhof, Paul (Hrsg.): Handbuch des Staatsrechts der Bundesrepublik Deutschland. Band II. Demokratische Willensbildung – Die Staatsorgane des Bundes. Heidelberg: 1987.

Isensee, Josef/Kirchhof, Paul (Hrsg.): Handbuch des Staatsrechts der Bundesrepublik Deutschland. Band V Allgemeine Grundrechtslehren. Hrsg. von Josef Isensee und Paul Kirchhof. Heidelberg: 1992.

Isensee, Josef/Kirchhof, Paul (Hrsg.): Handbuch des Staatsrechts der Bundesrepublik Deutschland. Band VI Freiheitsrechte. Hrsg. von Josef Isensee und Paul Kirchhof. Heidelberg: 1989.

Hoffmann-Riem, Wolfgang: Kommunikations- und Medienfreiheit. In: Handbuch des Verfassungsrechts der Bundesrepublik Deutschland. Hrsg. von Ernst Benda, Werner Maihofer u. Hans-Jochen Vogel. Berlin, 2., neubearbeitete und erweiterte Auflage: 1994.

Janik, Viktor: Der deutsche Rundfunkbegriff im Spiegel technischer Entwicklungen. In: AfP 2000, S. 7-16.

Janisch, Wolfgang: Artikel 5 Abs. 1 GG und die legitime Neugier des Medienpublikums. In: AfP 2000, S. 32-34.

Jarass, Hans D.: Konflikte zwischen Polzei und Presse bei Demonstrationen. – Insbesondere zum Zeugnisverweigerungsrecht und zum Fotographieren von Polzisten -. In: JZ 1983, S. 280-284.

Jarass, Hans D./Pieroth, Bodo: Grundgesetz für die Bundesrepublik Deutschland. Kommentar. München, 5. Aufl.: 2000.

Jessnitzer, Kurt/Blumberg, Hanno: Bundesrechtsanwaltsordnung Kommentar. Köln [u.a.], 9., erneuerte und erweiterte Auflage: 2000.

Jonas, Martin: Das Gesetz zur Verhütung von Mißbräuchen auf dem Gebiete der Rechtsberatung vom 13. Dezember 1935 nebst der Ausführungsverordnung vom gleichen Tage. Erläutert von Dr. Martin Jonas, Ministerialrat im Reichsjustizministerium. Berlin: 1936.

Jonas, Martin: Das Gesetz zur Verhütung von Mißbräuchen auf dem Gebiete der Rechtsberatung. In: DJ 1935, S. 1817-1820.

Kerscher, Helmut: Die Prangerwirkung von Gerichtsberichten als Teilaspekt der Medienwirkung. In: DRiZ 1983, S. 442-443.

Kissel, Otto Rudolf: Gerichtsverfassungsgesetz Kommentar. München: 2., neubearbeitete Auflage: 1994.

Kleine-Cosack, Michael: Bundesrechtsanwaltsordnung Kommentar. München, 3. Auflage: 1997.

Kleine-Cosack, Michael: Vom Rechtsberatungsmonopol zum freien Wettbewerb. Erosion des Rechtsberatungsgesetzes. In: NJW 2000, S. 1593-1601.

Kleinknecht, Theodor/Meyer, Karlheinz/Meyer-Goßner, Lutz: Strafprozeßordnung, Gerichtsverfassungsgesetz, Nebengesetze und ergänzende Bestimmungen. München, 45., neubearbeitete Auflage: 2001.

König, Hartmut: Das Rechtsberatungsgesetz. Grundfragen und Reformbedürftigkeit. Essen (Deutscher Anwaltsverlag): 1993. Band 6 Schriftenreihe des Instituts für Anwaltsrecht an der Universität zu Köln.

König, Hartmut: Rechtsberatungsgesetz in Gefahr. In: ZRP 2001, S. 409-411.

König, Jürgen G.: Anwaltliche Beratung über sog. Hotline-Service mit Minutengebühren. In: AnwBl 1999, S. 25-26.

Kohl, Helmut: Wettbewerbrechtliche Schranken für Presseberichterstattung und Pressekritik. In: AfP 1984, S. 201-210.

Kraft, Holger: Mediation im Bereich des Wirtschaftsrechts. In: VersR 2000, S. 935-941.

Kunig, Philip: Die Pressefreiheit. In: Jura 1995, S. 589-595.

Ladeur, Karl-Heinz: Persönlichkeitsschutz und „Comedy“. Das Beispiel der Fälle SAT 1/Stahnke und RTL 2/Schröder. In: NJW 2000, S. 1977-1982.

Lammel, Siegbert: Zur Auskunftshaftung. In: AcP 179 (1979), S. 337-366.

Larenz, Karl/Canaris, Claus-Wilhelm: Methodenlehre der Rechtswissenschaft. Berlin [u.a.], 3. Aufl.: 1995.

Lauterbach, Anja: „Keine weiteren Fragen...“ Anwälte im deutschen Fernsehen. In: Anwalt Das Magazin 6/2001 (Beilage zur NJW), S. 6-8.

Leibholz, Gerhard/Rinck, Hans-Justus/Hesselberger, Dieter: Grundgesetz für die Bundesrepublik Deutschland. Kommentar an Hand der Rechtsprechung des Bundesverfassungsgerichts. Band I. Köln, 7. Aufl.: 1993; Stand: August 2001.

Leipziger Kommentar: Strafgesetzbuch Großkommentar. 14. Lieferung: §§ 15-18. Hrsg. Von Burkhard Jähnke, Heinrich Wilhelm Laufhütte; Walter Odersky. Bearb. von Friedrich-Christian Schroeder. 11., neubearb. Aufl.: 1994.

Leipziger Kommentar: Strafgesetzbuch Großkommentar. Hrsg. von Hans-Heinrich Jescheck, Wolfgang Ruß und Günther Willms. Fünfter Band §§ 185 bis 262. Berlin [u.a.] 10. Aufl.: 1989.

Lerche, Peter: Übermaß und Verfassungsrecht. Zur Bindung des Gesetzgebers an die Grundsätze der Verhältnismäßigkeit und der Erforderlichkeit. Köln [u.a.]: 1961.

Löffler, Martin/Ricker, Reinhart: Handbuch des Presserechts. Begr. von Martin Löffler und Reinhart Ricker. 4., neubearbeitete Auflage von Reinhart Ricker. München: 2000.

Löffler, Martin: Presserecht. Kommentar zu den Landespressegesetzen der Bundesrepublik Deutschland mit einem Besonderen Teil und einem Textanhang. Begründet von Martin Löffler. Fortgeführt von Karl Egbert Wenzel und Klaus Sedelmeier. 4., neubearbeitete und erweiterte Auflage. München: 1997.

Lohmeier, Martin: Der Abgeordnete und das Rechtsberatungsgesetz. In: DÖV 1980, S. 331-333.
Lorenz, Werner: Die Einbeziehung Dritter in vertragliche Schuldverhältnisse – Grenzen zwischen vertraglicher und deliktischer Haftung. In: JZ 1960, S. 108-114.
Lüer, Dieter Wolfgang: Online-Mediation – ein neuer Weg zur Beilegung von Konflikten. In: AnwBl. 2001, S. 601.
Lühn, Hans C.: Rechtsberatungsmonopol der Anwaltschaft in einem zusammenwachsenden Europa. In: AnwBl 2001, S. 319-327.
Lücke, Jörg: Die „allgemeinen" Gesetze (Art. 5 Abs. 2 GG): Versuch einer Neuinterpretation. Heidelberg: 1998.
Mackeprang, Rudolf: Ehrenschutz im Verfassungsstaat. Zugleich ein Beitrag zu den Grenzen der Freiheiten des Art. 5 Abs. 1 GG. Berlin: 1990.
Mähler, Gisela/Mähler, Hans-Georg: Mediation – eine interessengerechte Konfliktregelung. In: Breidenbach, Stephan/Henssler, Martin: Mediation für Juristen. Köln: 1997.
Von Mangoldt, Herrmann/Klein, Friedrich: Das Bonner Grundgesetz Band I. Berlin und Frankfurt a.M., 2. Aufl.: 1966.
Von Mangoldt, Herrmann/Klein, Friedrich/Starck, Christian: Das Bonner Grundgesetz. Kommentar. Band 1: Präambel, Artikel 1 bis 19. Hrsg. Von Christian Starck. München, 4., vollständig neubearbeitete Auflage: 1999.
Maunz, Theodor/Dürig, Günter: Grundgesetz Kommentar. Band I. Art. 1-11. Lieferungen 1 bis 37. München: 2001.
Maunz, Theodor/Dürig, Günter: Grundgesetz Kommentar. Band II. Art. 12-21. Lieferungen 1 bis 37. München: 2000.
Maurer, Hartmut: Allgemeines Verwaltungsrecht. München, 11., überarbeitete und ergänzte Auflage: 1997.
Medicus, Dieter: Anmerkung zu BGH vom 10.11.1994, Az. III ZR 50/94 (OLG Köln). In: JZ 1995, S. 308-309.
Metz, Frank: Rechtsberatungs-Hotlines. Zulässigkeit unter dem Gesichtspunkt des anwaltlichen Berufsrechts. In: MMR 1999, S. 447-452.
Müller, Roger: Anmerkung zu BGH, Beschluß vom 7.11.1995, Az. XI ZR 114/95. In: WuB VIII D. Art. 1 § 1 RBerG 1.96.
Von Münch, Ingo/Kunig, Philip: Grundgesetz-Kommentar. Band 1 (Präambel bis Art. 19). Begr. v. Ingo v. Münch, hrsg. v. Philip Kunig, bearb. v. Brun-Otto Bryde, Dagmar Coester-Waltjen, Manfred Gubelt u.a. München, 5. (neubearb.) Aufl.: 2000.
Münchner Kommentar: Zum Bürgerlichen Gesetzbuch. Band 4 Schuldrecht Besonderer Teil II (§§ 607-704). Redakteur: Harm Peter Westermann. München, 3. Aufl.: 1997.

Musielak, Hans-Joachim: Haftung für Rat, Auskunft und Gutachten. Berlin: 1974.
Nestler, Cornelius: Medienöffentlichkeit und die Hauptverhandlung im Strafverfahren. In: Kriminalität in den Medien. 5. Kölner Symposium [27.-29.September 1999]. Hrsg. vom Bundesministerium der Justiz. Mönchengladbach: 2000.
Neuner, Jörg: Der Schutz und die Haftung Dritter nach vertraglichen Grundsätzen. In: JZ 1999, S. 126-136.
Niemöller, Martin/Schuppert, Gunnar Folke: Die Rechtsprechung des Bundesverfassungsgerichts zum Strafverfahrensrecht. In: AöR 107 (1982), S. 387-498.
Ossenbühl, Fritz: Der Grundsatz der Verhältnismäßigkeit (Übermaßverbot) in der Rechtsprechung der Verwaltungsgerichte. In: Jura 1997, S. 617-621.
Palandt: Bürgerliches Gesetzbuch. Kommentar. Bearbeitet von Bassenge, Peter, Brudermüller, Gerd, Diederichsen, Uwe u.a. München, 61., neubearb. Aufl.: 2002.
Paschke, Marian: Medienrecht. Zweite, vollständig neu bearbeitete und erweiterte Auflage. Berlin [u.a.]: 2001.
Pernice, Ina Maria: Öffentlichkeit und Medienöffentlichkeit. Die Fernsehberichterstattung über öffentliche staatliche Sitzungen am Beispiel von Bundestag und Bundesrat, Gerichten und Gemeinderäten. Köln: 1998.
Peters, Butz: Kriminalitätsberichterstattung in den Medien: Wann dürfen Roß und Reiter genannt werden? – Die Medien im Spannungsverhältnis von Art. 5 GG und Art. 2 i.V.m. 1 GG. In: Kriminalität in den Medien. 5. Kölner Symposium [27.-29.September 1999]. Hrsg. vom Bundesministerium der Justiz. Mönchengladbach: 2000.
Pieroth, Bodo/Schlink, Bernhard: Grundrechte Staatsrecht II. Heidelberg, 17. Aufl.: 2001.
Prütting, Hanns: Rechtsberatung durch Medien? In: Kriminalität in den Medien. 5. Kölner Symposium [27.-29.September 1999]. Hrsg. vom Bundesministerium der Justiz. Mönchengladbach: 2000.
Rasehorn, Theo: Zur Pönalisierung der informellen Rechtsberatung durch das Rechtsberatungsgesetz. In: DRiZ 2000, S. 442-447.
Rennen, Günter/Caliebe, Gabriele: Rechtsberatungsgesetz mit Ausführungsverordnungen und Erläuterungen. München, 3., neubearbeitete Auflage: 2001.
Rick, Markus B.: Die verfassungsrechtliche Stellung des Rechtsanwalts. Bonn: 1998.
Ricker, Reinhart: Anzeigenwesen und Pressefreiheit. München: 1973.
Ricker, Reinhart: Das Rechtsberatungsgesetz im Konflikt mit den Grundrechten aus Art. 5 I GG. In: NJW 1999, S. 449-455.

Ricker, Reinhart: Handbuch des Presserechts. Begründet von Martin Löffler und Reinhart Ricker. 4., neu bearbeitete Auflage von Reinhart Ricker. München: 2000.

Rinsche, Franz-Josef: Strafjustiz und öffentlicher Pranger. In: ZRP 1987, S. 384-386.

Rinsche, Karin: Anmerkung zu OLG Düsseldorf vom 11.1.2000, AfP 2000, S. 195-196.

Römermann, Rachelle: Quo vadis? Die Zukunft von Rechtssendungen. Interview mit ZDF-Anwalt Bernhard Töpper. In: Anwalt Das Magazin 6/2001 (Beilage zur NJW), S. 10-12.

Römermann, Volker: Fast ein Glaubenskrieg – Zulässigkeit von Anwalts-Hotlines. In: Anwalt Das Magazin 1-2/ 2001, S. 10-12.

Römermann, Volker: Auskunft verboten. Zulässigkeit der TV-Rechtsberatung. In: Anwalt Das Magazin 6/2001 (Beilage zur NJW), S. 13-15.

Römermann, Volker/Funke, Abogada Sabina: Anwalts-Hotlines – Ein Überblick über System und Rechtsprechung. In: MDR 2001, S. 1-9.

Rossen, Helge: Freie Meinungsbildung durch den Rundfunk. Die Rundfunkfreiheit im Gewährleistungsgefüge des Art. 5 I GG. Baden-Baden: 1988.

Ruck, Silke: Zur Unterscheidung von Ausgestaltungs- und Schrankengesetzen im Bereich der Rundfunkfreiheit. In: AöR 117 (1992), S. 543-566.

Ruge, Peter: Produktionspraxis des Fernsehjournalisten, Schriftenreihe für die Mitarbeiter des ZDF, Heft 3, Mainz: 1973.

Runge, Kurt: Anmerkung zu BGH, Urteil vom 16.11.1956 – I ZR 69/55. In: NJW 1957, S. 301-302.

Sachs, Michael [Hrsg.]: Grundgesetz Kommentar. Bearb. v. Ulrich Battis, Herbert Bethge, Heinz Joachim Bonk u.a. München, 2. Aufl.: 1999.

Schaffors, Holger: Beratung am Telefon – Die Technik hinter den Hotlines. In: Anwalt Das Magazin 1-2/2001, S. 14-16.

Scheffler, Uwe: Zur Strafbarkeit der Schuldeintreibung mittels "Schwarzen Mannes". Zugleich eine Anmerkung zu LG Leipzig, Urteil vom 31.8.1994. In: Neue Justiz 1995, S. 573-576.

Scheuner, Ulrich: Pressefreiheit. In: VVDStRL Heft 22 (1965), S. 1-100.

Schick, Werner: Anmerkung zu LG Düsseldorf, ZIP 1991, 932. In: ZIP 1991, S. 938-940.

Schilken, Eberhard: Gerichtsverfassungsgesetz. Köln, Berlin [u.a.], 2., neubearbeitete und ergänzte Auflage: 1994.

Schlink, Bernhard: Abwägung im Verfassungsrecht. Berlin: 1976.

Schmidt, Walter: Der Verfassungsvorbehalt der Grundrechte. In: AöR 106 (1981). S. 497-525.

Schmidt-Bleibtreu, Bruno/Klein, Franz: Kommentar zum Grundgesetz. Unter Mitarbeit von Hans Bernhard Brockmeyer u.a. Neuwied, 9. Aufl.: 1999.

Schmitt Glaeser, Walter: Meinungsfreiheit, Ehrenschutz und Toleranzgebot. In: NJW 1996, S. 873-879.

Schmitt Glaeser, Walter: Die Meinungsfreiheit in der Rechtsprechung des Bundesverfassungsgerichts. In: AöR 97 (1972), S. 276-298.

Schmitt Glaeser, Walter: Die Meinungsfreiheit in der Rechtsprechung des Bundesverfassungsgerichts. In: AöR 113 (1988), S. 52-100.

Schnapp, Friedrich E.: Die Verhältnismäßigkeit des Grundrechtseingriffs. In: JuS 1983, S. 850-855.

Schneider, Egon: Zur Notwendigkeit einer verfassungskonformen Auslegung des Rechtsberatungsgesetzes. In: MDR 1976, S. 1-5.

Schneider, Peter: Pressefreiheit und Staatssicherheit. Mainz: 1968.

Schoch, Friedrich: Öffentlich-rechtliche Rahmenbedingungen einer Informationsordnung. In: VVDStRL Band 57 (1998), S. 158-215.

Schönke, Adolf/Schröder, Horst: Strafgesetzbuch Kommentar. München, 26. (neubearb.) Aufl.: 2001.

Schöpflin, MartinVerhandeln und Mediation. In: JA 2000, S. 157-164.

Schomburg, Wolfgang: Die öffentliche Bekanntmachung einer strafrechtlichen Verurteilung. In: ZRP 1986. S. 65-68.

Schorn, Hubert: Die Rechtsberatung. 2. neubearb. und erweiterte Auflage. Darmstadt: 1967.

Schorn, Hubert: Rechtsberatungsmißbrauchsgesetz. Nürnberg [u.a.]: 1. Aufl.: 1959.

Schorn, Hubert: Steuerberatung und Rechtsberatung. In: NJW 1961, S. 993-996.

von Schweinitz, Wolf Bernhard: Rechtsberatung durch Juristen und Nichtjuristen, insbesondere durch Wirtschaftsprüfer. Eine Studie zur Entwicklung und zum Umfang der Rechtsberatungsbeschränkungen. Berlin: 1975.

Seelmann-Eggebert, Sebastian: Die Dogmatik der Rundfunkfreiheit gem. Art. 5 Abs. 1 Satz 2 GG aus der Sicht des Bundesverfassungsgerichts. In: ZUM 1992, S. 79-87.

Seitz, Walter: Das Inkasso-Handbuch: Recht und Praxis des Inkassowesens. Hrsg.: Walter Seitz. Bearb. von Walter Seitz, Gabriele Caliebe, Carsten D. Ohle. 3. Aufl. München: 1999.

Smend, Rudolf: Das Recht der freien Meinungsäußerung. In: VVDStRL 4 (1928), S. 44-74.

Steinkraus, Astrid/Schaaf, Christian: Zur Einführung: Das Berufsrecht der Rechtsanwälte. In: JuS 2001, S. 167-172, S. 275-279, S. 377-382.

Stern, Klaus: Das Staatsrecht der Bundesrepublik Deutschland Band II. Staatsorgane, Staatsfunktionen, Finanz- und Haushaltsverfassung, Notstandsverfassung. München: 1980.

Stern, Klaus: Das Staatsrecht der Bundesrepublik Deutschland. Band III/2 Allgemeine Lehren der Grundrechte. Von Klaus Stern unter Mitwirkung von Michael Sachs. München: 1994.

Systematischer Kommentar zum Strafgesetzbuch: Band II, Besonderer Teil (§§ 80-358) von Hans-Joachim Rudolphi, Eckhard Horn, Erich Samson, Hans-Ludwig Günther, Andreas Hoyer. Neuwied: 5., bzw. 6. neubearbeitete Aufl. Stand: 50. Lief. (April 2000).

Tettinger, Peter J.: Schutz der Kommunikationsfreiheiten im deutschen Verfassungsrecht. In: JZ 1990, S. 846-854.

Töpper, Bernhard: Rechtsberatung im Fernsehen. In: AnwBl 2000, S. 83-85.

Töpper, Bernhard: Rechtsberatung im Fernsehen – eine gefährliche Gratwanderung. In: DRiZ 1999, S. 172-173.

Treffer, Gerd: Das Prangersyndrom – ein Phänomen, das durch die sogenannten Neuen Medien akzentuiert wurde – zugleich eine Würdigung der vielschichtigen Aspekte, die eine Berichterstattung im Einzelfall nach sich ziehen kann. In: ZUM 1989, S. 433-440.

Tröndle, Herbert/Fischer, Thomas: Strafgesetzbuch und Nebengesetze. München 50. neubearbeitete Auflage des von Otto Schwarz begr. U. in der 23. bis 37. Aufl. von Eduard Dreher bearb. Werkes: 2001.

Vogl, Thorsten: Rechtsberatung durch nicht zugelassene Personen. Vergütungsanspruch und Erstattungsfähigkeit bei Prozeßvertretung. In: Rpfleger 1998, S. 138-145.

Wendt, Rudolf: Der Garantiegehalt der Grundrechte und das Übermaßverbot. Zur maßstabsetzenden Kraft der Grundrechte in der Übermaßprüfung. In: AöR 104 (1979), S. 414-474.

Wente, Jürgen K.: Das Recht der journalistischen Recherche. Ein Beitrag zum Konflikt zwischen den Medienfreiheiten und der informationellen Selbstbestimmung. Baden-Baden: 1987.

Wenzel, Karl Egbert: Die Kollision der Kommunikationsfreiheit mit dem Rechtsberatungsgesetz. In: AfP 1995, S. 646-650.

Wessels, Johannes/Beulke, Werner: Strafrecht Allgemeiner Teil. 30., neubearb. Aufl. Heidelberg: 2000.

Wilde, Lutz: Onlineberatung mit Durchschlagseffekt. In: AnwBl 2001, S. 220.

Zöller: Zivilprozeßordnung mit Gerichtsverfassungsgesetz und den Einführungsgesetzen, mit Internationalem Zivilprozeßrecht, Kostenanmerkungen. Begründet von Richard Zöller. Bearbeitet von Reinhold Geimer, Kurt Herget u.a. Köln, 22. neubearbeitete Auflage: 2001.

Zuck, Rüdiger: Court TV: Das will ich sehen! In: NJW 1995, S. 2082-2083.
Zuck, Rüdiger: Wer darf in Rechtsfragen beraten? In: BRAK-Mitteilungen 3/2001, S. 105-110.
Zugehör, Horst: Handbuch der Anwaltshaftung. Hrsg. von Horst Zugehör. Unter Mitarbeit von Gero Fischer, Oliver Sieg und Wolfgang Römer. Herne; Berlin: 1999.

Peter Lang · Europäischer Verlag der Wissenschaften

Stefan Sporn

Die Ländermedienanstalt

Zur Zukunft der Aufsicht über den privaten Rundfunk in Deutschland und Europa

Frankfurt/M., Berlin, Bern, Bruxelles, New York, Oxford, Wien, 2001.
XIX, 213 S.
Studien zum deutschen und europäischen Medienrecht. Bd. 11
Herausgegeben von Dieter Dörr
ISBN 3-631-37796-7 · br. € 43.00*

Das Ziel der Arbeit ist einerseits eine Analyse der Aufsicht über den privaten Rundfunk in Deutschland und auf europäischer Ebene und anderseits die Konstruktion verschiedener Modelle für die zukünftige Organisation dieser Aufsicht. Methodisch wird die bestehende Organisation in Deutschland und in einigen Vergleichsstaaten dargestellt und der Frage nach der Notwendigkeit einer speziellen Rundfunkaufsicht und der Reformbedürftigkeit der bisherigen Rundfunkregulierung nachgegangen. Es folgt eine Auseinandersetzung mit Organisationsmodellen für die Aufsicht über den privaten Rundfunk und elektronische Medien generell. Das Ergebnis der Untersuchung ist die Forderung nach Gründung einer „Ländermedienanstalt" als gemeinsame Anstalt der Länder in Deutschland und eines „Europäischen Medienrates" als Kooperationsgremium auf europäischer Ebene.

Aus dem Inhalt: Bisherige Organisation der Aufsicht über den privaten Rundfunk · Notwendigkeit einer speziellen Rundfunkaufsicht · Reformbedürftigkeit der bisherigen Rundfunkregulierung · Organisation einer zukünftigen Aufsicht über den privaten Rundfunk · Zur Zukunft nationaler Aufsicht über den privaten Rundfunk in Europa

Diese Arbeit wurde mit dem Förderpreis der Dr. Feldbausch-Stiftung für wissenschaftliche Arbeiten auf dem Gebiet des Rundfunkrechts und der Rundfunkökonomie 2000 ausgezeichnet.

Frankfurt/M · Berlin · Bern · Bruxelles · New York · Oxford · Wien
Auslieferung: Verlag Peter Lang AG
Moosstr. 1, CH-2542 Pieterlen
Telefax 00 41 (0) 32 / 376 17 27

*inklusive der in Deutschland gültigen Mehrwertsteuer
Preisänderungen vorbehalten

Homepage http://www.peterlang.de

FSC
www.fsc.org
MIX
Papier | Fördert gute Waldnutzung
FSC® C083411

Kolibri 360 GmbH
Ferdinand-Jühlke-Straße 7
99095 Erfurt, Deutschland
produktsicherheit@kolibri360.de

Druck:
CPI Druckdienstleistungen GmbH
im Auftrag der
Kolibri 360 GmbH
Ferdinand-Jühlke-Str. 7
99095 Erfurt